T&P BOOKS

# HOLANDÊS

## VOCABULÁRIO

**PALAVRAS MAIS ÚTEIS**

# PORTUGUÊS HOLANDÊS

Para alargar o seu léxico e apurar
as suas competências linguísticas

**7000 palavras**

# Vocabulário Português-Holandês - 7000 palavras

Por Andrey Taranov

Os vocabulários da T&P Books destinam-se a ajudar a aprender, a memorizar, e a rever palavras estrangeiras. O dicionário é dividido em temas, cobrindo todas as principais esferas de atividades quotidianas, negócios, ciência, cultura, etc.

O processo de aprendizagem, utilizando os dicionários baseados em temáticas da T&P Books dá-lhe as seguintes vantagens:

- Informação de origem corretamente agrupada predetermina o sucesso em fases subsequentes da memorização de palavras
- Disponibilização de palavras derivadas da mesma raiz, o que permite a memorização de unidades de texto (em vez de palavras separadas)
- Pequenas unidades de palavras facilitam o processo de estabelecimento de vínculos associativos necessários para a consolidação do vocabulário
- O nível de conhecimento da língua pode ser estimado pelo número de palavras aprendidas

T&P Books Publishing
www.tpbooks.com

ISBN: 978-1-78400-881-9

Este livro também está disponível em formato E-book.
Por favor visite www.tpbooks.com ou as principais livrarias on-line.

# VOCABULÁRIO HOLANDÊS
## palavras mais úteis

Os vocabulários da T&P Books destinam-se a ajudar a aprender, a memorizar, e a rever palavras estrangeiras. O vocabulário contém mais de 7000 palavras de uso comum organizadas tematicamente.

O vocabulário contém as palavras mais comummente usadas
Recomendado como adicional para qualquer curso de línguas
Satisfaz as necessidades dos iniciados e dos alunos avançados de línguas estrangeiras
Conveniente para o uso diário, sessões de revisão e atividades de auto-teste
Permite avaliar o seu vocabulário

## Características especias do vocabulário

*   As palavras estão organizadas de acordo com o seu significado, e não por ordem alfabética
*   As palavras são apresentadas em três colunas para facilitar os processos de revisão e auto-teste
*   As palavras compostas são divididas em pequenos blocos para facilitar o processo de aprendizagem
*   O vocabulário oferece uma transcrição simples e adequada de cada palavra estrangeira

## O vocabulário contém 198 tópicos incluindo:

Conceitos básicos, Números, Cores, Meses, Estações do ano, Unidades de medida, Roupas & Acessórios, Alimentos & Nutrição, Restaurante, Membros da Família, Parentes, Caráter, Sentimentos, Emoções, Doenças, Cidade, Passeios, Compras, Dinheiro, Casa, Lar, Escritório, Trabalho no Escritório, Importação & Exportação, Marketing, Pesquisa de Emprego, Desportos, Educação, Computador, Internet, Ferramentas, Natureza, Países, Nacionalidades e muito mais ...

# TABELA DE CONTEÚDOS

# GUIA DE PRONUNCIAÇÃO

| Alfabeto fonético T&P | Exemplo Holandês | Exemplo Português |
|---|---|---|
| [a] | plasje | chamar |
| [ā] | kraag | rapaz |
| [o], [ɔ] | zondag | noite |
| [o] | geografie | lobo |
| [ō] | oorlog | albatroz |
| [e] | nemen | metal |
| [ē] | wreed | plateia |
| [ɛ] | ketterij | mesquita |
| [ɛ:] | crème | plateia |
| | | |
| [ə] | tachtig | milagre |
| [i] | alpinist | sinónimo |
| [ī] | referee | cair |
| [ʏ] | stadhuis | questionar |
| [œ] | druif | orgulhoso |
| [ø] | treurig | orgulhoso |
| [u] | schroef | bonita |
| [ʉ] | zuchten | nacional |
| [ū] | minuut | trabalho |
| | | |
| [b] | oktober | barril |
| [d] | diepte | dentista |
| [f] | fierheid | safári |
| [g] | golfclub | gosto |
| [h] | horizon | [h] aspirada |
| [j] | jaar | géiser |
| [k] | klooster | kiwi |
| [l] | politiek | libra |
| | | |
| [m] | melodie | magnólia |
| [n] | netwerk | natureza |
| [p] | peper | presente |
| [r] | rechter | riscar |
| [s] | smaak | sanita |
| [t] | telefoon | tulipa |
| [v] | vijftien | fava |
| [w] | waaier | página web |
| [z] | zacht | sésamo |
| | | |
| [dʒ] | manager | adjetivo |
| [ʃ] | architect | mês |

**Alfabeto fonético T&P**   **Exemplo Holandês**       **Exemplo Português**

| | | |
|---|---|---|
| [ŋ] | behang | alcançar |
| [tʃ] | beertje | Tchau! |
| [ʒ] | bougie | talvez |
| [x] | acht, gaan | arte |

# ABREVIATURAS
## usadas no vocabulário

## Abreviaturas do Português

| | | |
|---|---|---|
| adj | - | adjetivo |
| adv | - | advérbio |
| anim. | - | animado |
| conj. | - | conjunção |
| desp. | - | desporto |
| etc. | - | etecetra |
| ex. | - | por exemplo |
| f | - | nome feminino |
| f pl | - | feminino plural |
| fem. | - | feminino |
| inanim. | - | inanimado |
| m | - | nome masculino |
| m pl | - | masculino plural |
| m, f | - | masculino, feminino |
| masc. | - | masculino |
| mat. | - | matemática |
| mil. | - | militar |
| pl | - | plural |
| prep. | - | preposição |
| pron. | - | pronome |
| sb. | - | sobre |
| sing. | - | singular |
| v aux | - | verbo auxiliar |
| vi | - | verbo intransitivo |
| vi, vt | - | verbo intransitivo, transitivo |
| vr | - | verbo reflexivo |
| vt | - | verbo transitivo |

## Abreviaturas do Holandês

| | | |
|---|---|---|
| mv. | - | plural |

# Artigos do Holandês

| | | |
|---|---|---|
| **de** | - | género comum |
| **de/het** | - | neutro, género comum |
| **het** | - | neutro |

# CONCEITOS BÁSICOS

## Conceitos básicos. Parte 1

### 1. Pronomes

| | | |
|---|---|---|
| eu | ik | [ik] |
| tu | jij, je | [jɛj], [jə] |
| ele | hij | [hɛj] |
| ela | zij, ze | [zɛj], [zə] |
| ele, ela (neutro) | het | [ət] |
| nós | wij, we | [wɛj], [wə] |
| vocês | jullie | ['juli] |
| eles, elas | zij, ze | [zɛj], [zə] |

### 2. Cumprimentos. Saudações. Despedidas

| | | |
|---|---|---|
| Olá! | Hallo! Dag! | [ha'lɔ dax] |
| Bom dia! (formal) | Hallo! | [ha'lɔ] |
| Bom dia! (de manhã) | Goedemorgen! | ['xudə·'mɔrxən] |
| Boa tarde! | Goedemiddag! | ['xudə·'midax] |
| Boa noite! | Goedenavond! | ['xudən·'avɔnt] |
| cumprimentar (vt) | gedag zeggen | [xe'dax 'zexən] |
| Olá! | Hoi! | [hɔj] |
| saudação (f) | groeten (het) | ['xrutən] |
| saudar (vt) | verwelkomen | [vər'wɛlkɔmən] |
| Como vai? | Hoe gaat het? | [hu xāt ət] |
| O que há de novo? | Is er nog nieuws? | [is ɛr nɔx 'nius] |
| Adeus! (formal) | Tot ziens! | [tɔt 'tsins] |
| Até à vista! (informal) | Doei! | ['dui] |
| Até breve! | Tot snel! | [tɔt snɛl] |
| Adeus! | Vaarwel! | [vār'wɛl] |
| despedir-se (vr) | afscheid nemen | ['afsxɛjt 'nemən] |
| Até logo! | Tot kijk! | [tɔt kɛjk] |
| Obrigado! -a! | Dank u! | [dank ju] |
| Muito obrigado! -a! | Dank u wel! | [dank ju wɛl] |
| De nada | Graag gedaan | [xrāx xə'dān] |
| Não tem de quê | Geen dank! | [xēn dank] |
| De nada | Geen moeite. | [xēn 'mujtə] |
| Desculpa! -pe! | Excuseer me, … | [ɛkskʉ'zēr mə] |
| desculpar (vt) | excuseren | [ɛkskʉ'zerən] |

| desculpar-se (vr) | zich verontschuldigen | [zih vərɔnt'sxʉldəxən] |
| As minhas desculpas | Mijn excuses | [mɛjn ɛks'kʉzəs] |
| Desculpe! | Het spijt me! | [ət spɛjt mə] |
| perdoar (vt) | vergeven | [vər'xevən] |
| Não faz mal | Maakt niet uit! | [māk nit œyt] |
| por favor | alsjeblieft | [alstʉ'blift] |

| Não se esqueça! | Vergeet het niet! | [vər'xēt ət nit] |
| Certamente! Claro! | Natuurlijk! | [na'tūrlək] |
| Claro que não! | Natuurlijk niet! | [na'tūrlək nit] |
| Está bem! De acordo! | Akkoord! | [a'kōrt] |
| Basta! | Zo is het genoeg! | [zɔ is ət xə'nux] |

## 3. Números cardinais. Parte 1

| zero | nul | [nʉl] |
| um | een | [en] |
| dois | twee | [twē] |
| três | drie | [dri] |
| quatro | vier | [vir] |

| cinco | vijf | [vɛjf] |
| seis | zes | [zɛs] |
| sete | zeven | ['zevən] |
| oito | acht | [axt] |
| nove | negen | ['nexən] |

| dez | tien | [tin] |
| onze | elf | [ɛlf] |
| doze | twaalf | [twālf] |
| treze | dertien | ['dɛrtin] |
| catorze | veertien | ['vērtin] |

| quinze | vijftien | ['vɛjftin] |
| dezasseis | zestien | ['zɛstin] |
| dezassete | zeventien | ['zevəntin] |
| dezoito | achttien | ['axtin] |
| dezanove | negentien | ['nexəntin] |

| vinte | twintig | ['twintəx] |
| vinte e um | eenentwintig | ['ēnən·'twintəx] |
| vinte e dois | tweeëntwintig | ['twēɛn·'twintəx] |
| vinte e três | drieëntwintig | ['driɛn·'twintəx] |

| trinta | dertig | ['dɛrtəx] |
| trinta e um | eenendertig | ['ēnən·'dɛrtəx] |
| trinta e dois | tweeëndertig | ['twēɛn·'dɛrtəx] |
| trinta e três | drieëndertig | ['driɛn·'dɛrtəx] |

| quarenta | veertig | ['vērtəx] |
| quarenta e um | eenenveertig | ['ēnən·'vertəx] |
| quarenta e dois | tweeënveertig | ['twēɛn·'vertəx] |
| quarenta e três | drieënveertig | ['driɛn·'vērtəx] |
| cinquenta | vijftig | ['vɛjftəx] |

| | | |
|---|---|---|
| cinquenta e um | eenenvijftig | ['ēnən·'vɛjftəx] |
| cinquenta e dois | tweeënvijftig | ['twēɛn·'vɛjftəx] |
| cinquenta e três | drieënvijftig | ['driɛn·'vɛjftəx] |
| | | |
| sessenta | zestig | ['zɛstəx] |
| sessenta e um | eenenzestig | ['ēnən·'zɛstəx] |
| sessenta e dois | tweeënzestig | ['twēɛn·'zɛstəx] |
| sessenta e três | drieënzestig | ['driɛn·'zɛstəx] |
| | | |
| setenta | zeventig | ['zevəntəx] |
| setenta e um | eenenzeventig | ['ēnən·'zevəntəx] |
| setenta e dois | tweeënzeventig | ['twēɛn·'zevəntəx] |
| setenta e três | drieënzeventig | ['driɛn·'zevəntəx] |
| | | |
| oitenta | tachtig | ['tahtəx] |
| oitenta e um | eenentachtig | ['ēnən·'tahtəx] |
| oitenta e dois | tweeëntachtig | ['twēɛn·'tahtəx] |
| oitenta e três | drieëntachtig | ['driɛn·'taxtəx] |
| | | |
| noventa | negentig | ['nexəntəx] |
| noventa e um | eenennegentig | ['ēnən·'nexəntəx] |
| noventa e dois | tweeënnegentig | ['twēɛn·'nexəntəx] |
| noventa e três | drieënnegentig | ['driɛn·'nexəntəx] |

## 4. Números cardinais. Parte 2

| | | |
|---|---|---|
| cem | honderd | ['hɔndərt] |
| duzentos | tweehonderd | [twē·'hɔndərt] |
| trezentos | driehonderd | [dri·'hɔndərt] |
| quatrocentos | vierhonderd | [vir·'hɔndərt] |
| quinhentos | vijfhonderd | [vɛjf·'hɔndərt] |
| | | |
| seiscentos | zeshonderd | [zɛs·'hɔndərt] |
| setecentos | zevenhonderd | ['zevən·'hɔndərt] |
| oitocentos | achthonderd | [axt·'hɔndərt] |
| novecentos | negenhonderd | ['nexən·'hɔndərt] |
| | | |
| mil | duizend | ['dœyzənt] |
| dois mil | tweeduizend | [twē·'dœyzənt] |
| De quem são ...? | drieduizend | [dri·'dœyzənt] |
| dez mil | tienduizend | [tin·'dœyzənt] |
| cem mil | honderdduizend | ['hɔndərt·'dœyzənt] |
| um milhão | miljoen (het) | [mi'ljun] |
| mil milhões | miljard (het) | [mi'ljart] |

## 5. Números. Frações

| | | |
|---|---|---|
| fração (f) | breukgetal (het) | ['brøkxə'tal] |
| um meio | half | [half] |
| um terço | een derde | [en 'dɛrdə] |
| um quarto | kwart | ['kwart] |
| um oitavo | een achtste | [en 'axtstə] |

| um décimo | een tiende | [en 'tində] |
| dois terços | twee derde | [twē 'dɛrdə] |
| três quartos | driekwart | ['drikwart] |

## 6. Números. Operações básicas

| subtração (f) | aftrekking (de) | ['aftrɛkiŋ] |
| subtrair (vi, vt) | aftrekken | ['aftrɛkən] |
| divisão (f) | deling (de) | ['deliŋ] |
| dividir (vt) | delen | ['delən] |

| adição (f) | optelling (de) | ['ɔptɛliŋ] |
| somar (vt) | erbij optellen | [ɛr'bɛj 'ɔptɛlən] |
| adicionar (vt) | optellen | ['ɔptɛlən] |
| multiplicação (f) | vermenigvuldiging (de) | [vər'menix·'vʉldixiŋ] |
| multiplicar (vt) | vermenigvuldigen | [vər'menix·'vʉldixən] |

## 7. Números. Diversos

| algarismo, dígito (m) | cijfer (het) | ['sɛjfər] |
| número (m) | nummer (het) | ['nʉmər] |
| numeral (m) | telwoord (het) | [tɛl'wõrt] |
| menos (m) | minteken (het) | ['min·tekən] |
| mais (m) | plusteken (het) | ['plʉs·tekən] |
| fórmula (f) | formule (de) | [fɔr'mʉlə] |
| cálculo (m) | berekening (de) | [bə'rekəniŋ] |
| contar (vt) | tellen | ['tɛlən] |
| calcular (vt) | bijrekenen | [bɛj'rekənən] |
| comparar (vt) | vergelijken | [vɛrxə'lɛjkən] |

| Quanto, -os, -as? | Hoeveel? | [hu'vēl] |
| soma (f) | som (de), totaal (het) | [sɔm], [tɔ'tāl] |
| resultado (m) | uitkomst (de) | ['œytkɔmst] |
| resto (m) | rest (de) | [rɛst] |
| alguns, algumas ... | enkele | ['ɛnkələ] |
| um pouco de ... | weinig | ['wɛjnəx] |
| um pouco (~ de vinho) | een beetje | [en 'bētʃə] |
| resto (m) | restant (het) | [rɛs'tant] |
| um e meio | anderhalf | [andər'half] |
| dúzia (f) | dozijn (het) | [dɔ'zɛjn] |

| ao meio | middendoor | [midən'dõr] |
| em partes iguais | even | ['ɛvən] |
| metade (f) | helft (de) | [hɛlft] |
| vez (f) | keer (de) | [kēr] |

## 8. Os verbos mais importantes. Parte 1

| abrir (vt) | openen | ['ɔpənən] |
| acabar, terminar (vt) | beëindigen | [be'ɛjndəxən] |

| | | |
|---|---|---|
| aconselhar (vt) | adviseren | [atvi'zirən] |
| adivinhar (vt) | goed raden | [xut 'radən] |
| advertir (vt) | waarschuwen | ['wãrsxjuvən] |

| | | |
|---|---|---|
| ajudar (vt) | helpen | ['hɛlpən] |
| almoçar (vi) | lunchen | ['lʉnʃən] |
| alugar (~ um apartamento) | huren | ['hʉrən] |
| amar (vt) | liefhebben | ['lifhɛbən] |
| ameaçar (vt) | bedreigen | [bə'drɛjxən] |

| | | |
|---|---|---|
| anotar (escrever) | opschrijven | ['ɔpsxrɛjvən] |
| apanhar (vt) | vangen | ['vaŋən] |
| apressar-se (vr) | zich haasten | [zix 'hãstən] |
| arrepender-se (vr) | betreuren | [bə'trørən] |
| assinar (vt) | ondertekenen | ['ɔndər'tekənən] |

| | | |
|---|---|---|
| atirar, disparar (vi) | schieten | ['sxitən] |
| brincar (vi) | grappen maken | ['xrapən 'makən] |
| brincar, jogar (crianças) | spelen | ['spelən] |
| buscar (vt) | zoeken | ['zukən] |
| caçar (vi) | jagen | ['jaxən] |

| | | |
|---|---|---|
| cair (vi) | vallen | ['valən] |
| cavar (vt) | graven | ['xravən] |
| cessar (vt) | ophouden | ['ɔphaudən] |
| chamar (~ por socorro) | roepen | ['rupən] |
| chegar (vi) | aankomen | ['ãnkɔmən] |
| chorar (vi) | huilen | ['hœylən] |

| | | |
|---|---|---|
| comparar (vt) | vergelijken | [vɛrxə'lɛjkən] |
| compreender (vt) | begrijpen | [bə'xrɛjpən] |
| concordar (vi) | instemmen | ['instɛmən] |
| confiar (vt) | vertrouwen | [vər'trauwən] |

| | | |
|---|---|---|
| confundir (equivocar-se) | verwarren | [vər'warən] |
| conhecer (vt) | kennen | ['kɛnən] |
| contar (fazer contas) | tellen | ['tɛlən] |
| contar com (esperar) | rekenen op ... | ['rekənən ɔp] |
| continuar (vt) | vervolgen | [vər'vɔlxən] |

| | | |
|---|---|---|
| controlar (vt) | controleren | [kontrɔ'lerən] |
| convidar (vt) | uitnodigen | ['œytnɔdixən] |
| correr (vi) | rennen | ['renən] |
| criar (vt) | creëren | [kre'jerən] |
| custar (vt) | kosten | ['kɔstən] |

## 9. Os verbos mais importantes. Parte 2

| | | |
|---|---|---|
| dar (vt) | geven | ['xevən] |
| dar uma dica | een hint geven | [en hint 'xevən] |
| decorar (enfeitar) | versieren | [vər'sirən] |
| defender (vt) | verdedigen | [vər'dedixən] |
| deixar cair (vt) | laten vallen | ['latən 'valən] |
| descer (para baixo) | afdalen | ['afdalən] |

| desculpar (vt) | excuseren | [ɛkskʉ'zerən] |
| desculpar-se (vr) | zich verontschuldigen | [zih verɔnt'sxʉldəxən] |
| dirigir (~ uma empresa) | beheren | [bə'herən] |
| discutir (notícias, etc.) | bespreken | [bə'sprekən] |
| dizer (vt) | zeggen | ['zexən] |

| duvidar (vt) | twijfelen | ['twɛjfelən] |
| encontrar (achar) | vinden | ['vindən] |
| enganar (vt) | bedriegen | [bə'drixən] |
| entrar (na sala, etc.) | binnengaan | ['binənxãn] |
| enviar (uma carta) | sturen | ['stʉrən] |

| errar (equivocar-se) | zich vergissen | [zih vər'xisən] |
| escolher (vt) | kiezen | ['kizən] |
| esconder (vt) | verbergen | [vər'bɛrxən] |
| escrever (vt) | schrijven | ['sxrɛjvən] |
| esperar (o autocarro, etc.) | wachten | ['waxtən] |
| esperar (ter esperança) | hopen | ['hɔpən] |
| esquecer (vt) | vergeten | [vər'xetən] |
| estudar (vt) | studeren | [stʉ'derən] |
| exigir (vt) | eisen | ['ɛjsən] |
| existir (vi) | existeren | [ɛksis'tɛrən] |

| explicar (vt) | verklaren | [vər'klarən] |
| falar (vi) | spreken | ['sprekən] |
| faltar (clases, etc.) | verzuimen | [vər'zœʏmən] |
| fazer (vt) | doen | [dun] |
| ficar em silêncio | zwijgen | ['zwɛjxən] |
| gabar-se, jactar-se (vr) | opscheppen | ['ɔpsxepən] |

| gostar (apreciar) | bevallen | [bə'valən] |
| gritar (vi) | schreeuwen | ['sxrẽwən] |
| guardar (cartas, etc.) | bewaren | [bə'warən] |
| informar (vt) | informeren | [infɔr'merən] |
| insistir (vi) | aandringen | ['ãndriŋən] |

| insultar (vt) | beledigen | [bə'ledəxən] |
| interessar-se (vr) | zich interesseren voor ... | [zix interə'serən võr] |
| ir (a pé) | gaan | [xãn] |
| ir nadar | gaan zwemmen | [xãn 'zwɛmən] |
| jantar (vi) | souperen | [su'perən] |

## 10. Os verbos mais importantes. Parte 3

| ler (vt) | lezen | ['lezən] |
| libertar (cidade, etc.) | bevrijden | [bə'vrɛjdən] |
| matar (vt) | doden | ['dɔdən] |
| mencionar (vt) | vermelden | [vər'mɛldən] |
| mostrar (vt) | tonen | ['tɔnən] |

| mudar (modificar) | veranderen | [və'randərən] |
| nadar (vi) | zwemmen | ['zwɛmən] |
| negar-se a ... | weigeren | ['wɛjxərən] |
| objetar (vt) | weerspreken | [wẽr'sprekən] |

| observar (vt) | waarnemen | ['wārnemən] |
|---|---|---|
| ordenar (mil.) | bevelen | [bə'velən] |
| ouvir (vt) | horen | ['hɔrən] |
| pagar (vt) | betalen | [bə'talən] |
| parar (vi) | stoppen | ['stɔpən] |

| participar (vi) | deelnemen | ['dēlnemən] |
|---|---|---|
| pedir (comida) | bestellen | [bə'stɛlən] |
| pedir (um favor, etc.) | verzoeken | [vər'zukən] |
| pegar (tomar) | nemen | ['nemən] |
| pensar (vt) | denken | ['dɛnkən] |

| perceber (ver) | opmerken | ['ɔpmɛrkən] |
|---|---|---|
| perdoar (vt) | vergeven | [vər'xevən] |
| perguntar (vt) | vragen | ['vraxən] |
| permitir (vt) | toestaan | ['tustān] |
| pertencer a ... | toebehoren aan ... | ['tubəhɔrən ān] |

| planear (vt) | plannen | ['planən] |
|---|---|---|
| poder (vi) | kunnen | ['kʉnən] |
| possuir (vt) | bezitten | [bə'zitən] |
| preferir (vt) | prefereren | [prəfe'rerən] |
| preparar (vt) | bereiden | [bə'rɛjdən] |

| prever (vt) | voorzien | [vōr'zin] |
|---|---|---|
| prometer (vt) | beloven | [bə'lɔvən] |
| pronunciar (vt) | uitspreken | ['œytsprekən] |
| propor (vt) | voorstellen | ['vōrstɛlən] |
| punir (castigar) | bestraffen | [bə'strafən] |

## 11. Os verbos mais importantes. Parte 4

| quebrar (vt) | breken | ['brekən] |
|---|---|---|
| queixar-se (vr) | klagen | ['klaxən] |
| querer (desejar) | willen | ['wilən] |
| recomendar (vt) | aanbevelen | ['āmbəvelən] |
| repetir (dizer outra vez) | herhalen | [hɛr'halən] |

| repreender (vt) | uitvaren tegen | ['œytvarən 'texən] |
|---|---|---|
| reservar (~ um quarto) | reserveren | [rezɛr'verən] |
| responder (vt) | antwoorden | ['antwōrdən] |
| rezar, orar (vi) | bidden | ['bidən] |
| rir (vi) | lachen | ['laxən] |

| roubar (vt) | stelen | ['stelən] |
|---|---|---|
| saber (vt) | weten | ['wetən] |
| sair (~ de casa) | uitgaan | ['œytxān] |
| salvar (vt) | redden | ['rɛdən] |
| seguir ... | volgen | ['vɔlxən] |

| sentar-se (vr) | gaan zitten | [xān 'zitən] |
|---|---|---|
| ser necessário | nodig zijn | ['nɔdəx zɛjn] |
| ser, estar | zijn | [zɛjn] |
| significar (vt) | betekenen | [bə'tekənən] |

| | | |
|---|---|---|
| sorrir (vi) | glimlachen | ['xlimlahən] |
| subestimar (vt) | onderschatten | ['ɔndər'sxatən] |
| surpreender-se (vr) | verbaasd zijn | [vər'bãst zɛjn] |
| tentar (vt) | proberen | [prɔ'berən] |

| | | |
|---|---|---|
| ter (vt) | hebben | ['hɛbən] |
| ter fome | honger hebben | ['hɔŋər 'hɛbən] |
| ter medo | bang zijn | ['baŋ zɛjn] |
| ter sede | dorst hebben | [dɔrst 'hɛbən] |

| | | |
|---|---|---|
| tocar (com as mãos) | aanraken | ['ãnrakən] |
| tomar o pequeno-almoço | ontbijten | [ɔn'bɛjtən] |
| trabalhar (vi) | werken | ['wɛrkən] |
| traduzir (vt) | vertalen | [vər'talən] |
| unir (vt) | verenigen | [və'rɛnixən] |

| | | |
|---|---|---|
| vender (vt) | verkopen | [vɛr'kɔpən] |
| ver (vt) | zien | [zin] |
| virar (ex. ~ à direita) | afslaan | ['afslãn] |
| voar (vi) | vliegen | ['vlixən] |

## 12. Cores

| | | |
|---|---|---|
| cor (f) | kleur (de) | ['klør] |
| matiz (m) | tint (de) | [tint] |
| tom (m) | kleurnuance (de) | ['klør·nʉ'waŋsə] |
| arco-íris (m) | regenboog (de) | ['rexən·bõx] |

| | | |
|---|---|---|
| branco | wit | [wit] |
| preto | zwart | [zwart] |
| cinzento | grijs | [xrɛjs] |

| | | |
|---|---|---|
| verde | groen | [xrun] |
| amarelo | geel | [xēl] |
| vermelho | rood | [rõt] |

| | | |
|---|---|---|
| azul | blauw | ['blau] |
| azul claro | lichtblauw | ['lixt·blau] |
| rosa | roze | ['rɔzə] |
| laranja | oranje | [ɔ'ranjə] |
| violeta | violet | [viɔ'lɛt] |
| castanho | bruin | ['brœyn] |

| | | |
|---|---|---|
| dourado | goud | ['xaut] |
| prateado | zilverkleurig | ['zilvər·'klørəx] |

| | | |
|---|---|---|
| bege | beige | ['bɛːʒ] |
| creme | roomkleurig | ['rõm·'klørix] |
| turquesa | turkoois | [tʉrk'was] |
| vermelho cereja | kersrood | ['kɛrs·rõt] |
| lilás | lila | ['lila] |
| carmesim | karmijnrood | ['karmɛjn·'rõt] |
| claro | licht | [lixt] |
| escuro | donker | ['dɔnkər] |

| vivo | fel | [fel] |
| de cor | kleur-, kleurig | ['klør], ['klørəx] |
| a cores | kleuren- | ['klørən] |
| preto e branco | zwart-wit | [zwart-wit] |
| unicolor | eenkleurig | [ēn'klørəx] |
| multicor | veelkleurig | [vēl'klørəx] |

## 13. Questões

| Quem? | Wie? | [wi] |
| Que? | Wat? | [wat] |
| Onde? | Waar? | [wãr] |
| Para onde? | Waarheen? | [wãr'hēn] |
| De onde? | Waarvandaan? | [ʊãr·van'dãn] |
| Quando? | Wanneer? | [wa'nēr] |
| Para quê? | Waarom? | [wãr'ɔm] |
| Porquê? | Waarom? | [wãr'ɔm] |

| Para quê? | Waarvoor dan ook? | [wãr'võr dan 'õk] |
| Como? | Hoe? | [hu] |
| Qual? | Wat voor ...? | [wat vɔr] |
| Qual? (entre dois ou mais) | Welk? | [wɛlk] |

| A quem? | Aan wie? | [ãn wi] |
| Sobre quem? | Over wie? | ['ɔvər wi] |
| Do quê? | Waarover? | [wãr'ɔvər] |
| Com quem? | Met wie? | [mɛt 'wi] |

| Quanto, -os, -as? | Hoeveel? | [hu'vēl] |
| De quem? (masc.) | Van wie? | [van 'wi] |

## 14. Palavras funcionais. Advérbios. Parte 1

| Onde? | Waar? | [wãr] |
| aqui | hier | [hir] |
| lá, ali | daar | [dãr] |

| em algum lugar | ergens | ['ɛrxəns] |
| em lugar nenhum | nergens | ['nɛrxəns] |

| ao pé de ... | bij ... | [bɛj] |
| ao pé da janela | bij het raam | [bɛj het 'rãm] |

| Para onde? | Waarheen? | [wãr'hēn] |
| para cá | hierheen | [hir'hēn] |
| para lá | daarheen | [dãr'hēn] |
| daqui | hiervandaan | [hirvan'dãn] |
| de lá, dali | daarvandaan | [darvan'dãn] |

| perto | dichtbij | [dix'bɛj] |
| longe | ver | [vɛr] |
| perto de ... | in de buurt | [in də bũrt] |

| ao lado de | dichtbij | [dix'bɛj] |
| perto, não fica longe | niet ver | [nit vɛr] |

| esquerdo | linker | ['linkər] |
| à esquerda | links | [links] |
| para esquerda | linksaf, naar links | ['linksaf], [nãr 'links] |

| direito | rechter | ['rɛxtər] |
| à direita | rechts | [rɛxts] |
| para direita | rechtsaf, naar rechts | ['rɛxtsaf], [nãr 'rɛxts] |

| à frente | vooraan | [võ'rãn] |
| da frente | voorste | ['võrstə] |
| em frente (para a frente) | vooruit | [võr'œyt] |

| atrás de ... | achter | ['axtər] |
| por detrás (vir ~) | van achteren | [van 'axtərən] |
| para trás | achteruit | ['axtərœyt] |

| meio (m), metade (f) | midden (het) | ['midən] |
| no meio | in het midden | [in ət 'midən] |

| de lado | opzij | [ɔp'sɛj] |
| em todo lugar | overal | [ɔvə'ral] |
| ao redor (olhar ~) | omheen | [ɔm'hẽn] |

| de dentro | binnenuit | ['binənœyt] |
| para algum lugar | naar ergens | [nãr 'ɛrxəns] |
| diretamente | rechtdoor | [rɛx'dõr] |
| de volta | terug | [te'rux] |

| de algum lugar | ergens vandaan | ['ɛrxəns van'dãn] |
| de um lugar | ergens vandaan | ['ɛrxəns van'dãn] |

| em primeiro lugar | ten eerste | [tən 'ẽrstə] |
| em segundo lugar | ten tweede | [tən 'twẽdə] |
| em terceiro lugar | ten derde | [tən 'dɛrdə] |

| de repente | plotseling | ['plɔtseliŋ] |
| no início | in het begin | [in ət bə'xin] |
| pela primeira vez | voor de eerste keer | [võr də 'ẽrstə kẽr] |
| muito antes de ... | lang voor ... | [laŋ võr] |
| de novo, novamente | opnieuw | [ɔp'niu] |
| para sempre | voor eeuwig | [võr 'ẽwəx] |

| nunca | nooit | [nõjt] |
| de novo | weer | [wẽr] |
| agora | nu | [nʉ] |
| frequentemente | vaak | [vãk] |
| então | toen | [tun] |
| urgentemente | urgent | [jurxənt] |
| usualmente | meestal | ['mẽstal] |

| a propósito, ... | trouwens, ... | ['trauwəns] |
| é possível | mogelijk | ['mɔxələk] |
| provavelmente | waarschijnlijk | [wãr'sxɛjnlək] |

23

| talvez | misschien | [mis'xin] |
| além disso, ... | trouwens | ['trauwəns] |
| por isso ... | daarom ... | [dā'rom] |
| apesar de ... | in weerwil van ... | [in 'wērwil van] |
| graças a ... | dankzij ... | [dank'zɛj] |

| que (pron.) | wat | [wat] |
| que (conj.) | dat | [dat] |
| algo | iets | [its] |
| alguma coisa | iets | [its] |
| nada | niets | [nits] |

| quem | wie | [wi] |
| alguém (~ teve uma ideia ...) | iemand | ['imant] |
| alguém | iemand | ['imant] |

| ninguém | niemand | ['nimant] |
| para lugar nenhum | nergens | ['nɛrxəns] |
| de ninguém | niemands | ['nimants] |
| de alguém | iemands | ['imants] |

| tão | zo | [zɔ] |
| também (gostaria ~ de ...) | ook | [ōk] |
| também (~ eu) | alsook | [al'sōk] |

## 15. Palavras funcionais. Advérbios. Parte 2

| Porquê? | Waarom? | [wār'ɔm] |
| por alguma razão | om een bepaalde reden | [ɔm en be'pāldə 'redən] |
| porque ... | omdat ... | [ɔm'dat] |
| por qualquer razão | voor een bepaald doel | [vōr en be'pālt dul] |

| e (tu ~ eu) | en | [en] |
| ou (ser ~ não ser) | of | [ɔf] |
| mas (porém) | maar | [mãr] |
| para (~ a minha mãe) | voor | [vōr] |

| demasiado, muito | te | [te] |
| só, somente | alleen | [a'lēn] |
| exatamente | precies | [prə'sis] |
| cerca de (~ 10 kg) | ongeveer | [ɔnxə'vēr] |

| aproximadamente | ongeveer | [ɔnxə'vēr] |
| aproximado | bij benadering | [bɛj bə'nadəriŋ] |
| quase | bijna | ['bɛjna] |
| resto (m) | rest (de) | [rɛst] |

| o outro (segundo) | de andere | [də 'andərə] |
| outro | ander | ['andər] |
| cada | elk | [ɛlk] |
| qualquer | om het even welk | [ɔm ət ɛvən wɛlk] |
| muito | veel | [vēl] |
| muitas pessoas | veel mensen | [vēl 'mɛnsən] |
| todos | iedereen | [idə'rēn] |

| em troca de … | in ruil voor … | [in 'rœyl vōr] |
| em troca | in ruil | [in 'rœyl] |
| à mão | met de hand | [mɛt də 'hant] |
| pouco provável | onwaarschijnlijk | [ɔnwār'sxɛjnlək] |
| | | |
| provavelmente | waarschijnlijk | [wār'sxɛjnlək] |
| de propósito | met opzet | [mɛt 'ɔpzət] |
| por acidente | toevallig | [tu'valəx] |
| | | |
| muito | zeer | [zēr] |
| por exemplo | bijvoorbeeld | [bɛj'vōrbēlt] |
| entre | tussen | ['tʉsən] |
| entre (no meio de) | tussen | ['tʉsən] |
| tanto | zoveel | [zɔ'vēl] |
| especialmente | vooral | [vō'ral] |

# Conceitos básicos. Parte 2

## 16. Opostos

| | | |
|---|---|---|
| rico | rijk | [rɛjk] |
| pobre | arm | [arm] |
| doente | ziek | [zik] |
| são | gezond | [xə'zɔnt] |
| grande | groot | [xrõt] |
| pequeno | klein | [klɛjn] |
| rapidamente | snel | [snɛl] |
| lentamente | langzaam | ['laŋzãm] |
| rápido | snel | [snɛl] |
| lento | langzaam | ['laŋzãm] |
| alegre | vrolijk | ['vrɔlək] |
| triste | treurig | ['trørəx] |
| juntos | samen | ['samən] |
| separadamente | apart | [a'part] |
| em voz alta (ler ~) | hardop | ['hartɔp] |
| para si (em silêncio) | stil | [stil] |
| alto | hoog | [hõx] |
| baixo | laag | [lãx] |
| profundo | diep | [dip] |
| pouco fundo | ondiep | [ɔn'dip] |
| sim | ja | [ja] |
| não | nee | [nẽ] |
| distante (no espaço) | ver | [vɛr] |
| próximo | dicht | [dixt] |
| longe | ver | [vɛr] |
| perto | dichtbij | [dix'bɛj] |
| longo | lang | [laŋ] |
| curto | kort | [kɔrt] |
| bom, bondoso | vriendelijk | ['vrindələk] |
| mau | kwaad | ['kwãt] |
| casado | gehuwd | [xə'hʉwt] |

| solteiro | ongehuwd | [ɔnhə'hʉwt] |
| proibir (vt) | verbieden | [vər'bidən] |
| permitir (vt) | toestaan | ['tustān] |
| fim (m) | einde (het) | ['ɛjndə] |
| começo (m) | begin (het) | [bə'xin] |
| esquerdo | linker | ['linkər] |
| direito | rechter | ['rɛxtər] |
| primeiro | eerste | ['ērstə] |
| último | laatste | ['lātstə] |
| crime (m) | misdaad (de) | ['misdāt] |
| castigo (m) | bestraffing (de) | [bə'strafiŋ] |
| ordenar (vt) | bevelen | [bə'velən] |
| obedecer (vt) | gehoorzamen | [xə'hōrzamən] |
| reto | recht | [rɛxt] |
| curvo | krom | [krɔm] |
| paraíso (m) | paradijs (het) | [para'dajs] |
| inferno (m) | hel (de) | [hɛl] |
| nascer (vi) | geboren worden | [xə'bɔrən 'wɔrdən] |
| morrer (vi) | sterven | ['stɛrvən] |
| forte | sterk | [stɛrk] |
| fraco, débil | zwak | [zwak] |
| idoso | oud | ['aut] |
| jovem | jong | [jɔŋ] |
| velho | oud | ['aut] |
| novo | nieuw | [niu] |
| duro | hard | [hart] |
| mole | zacht | [zaxt] |
| tépido | warm | [warm] |
| frio | koud | ['kaut] |
| gordo | dik | [dik] |
| magro | dun | [dʉn] |
| estreito | smal | [smal] |
| largo | breed | [brēt] |
| bom | goed | [xut] |
| mau | slecht | [slɛxt] |
| valente | moedig | ['mudəx] |
| cobarde | laf | [laf] |

## 17. Dias da semana

| | | |
|---|---|---|
| segunda-feira (f) | maandag (de) | ['māndax] |
| terça-feira (f) | dinsdag (de) | ['dinsdax] |
| quarta-feira (f) | woensdag (de) | ['wunsdax] |
| quinta-feira (f) | donderdag (de) | ['dondərdax] |
| sexta-feira (f) | vrijdag (de) | ['vrɛjdax] |
| sábado (m) | zaterdag (de) | ['zatərdax] |
| domingo (m) | zondag (de) | ['zɔndax] |
| | | |
| hoje | vandaag | [van'dãx] |
| amanhã | morgen | ['mɔrxən] |
| depois de amanhã | overmorgen | [ɔvər'mɔrxən] |
| ontem | gisteren | ['xistərən] |
| anteontem | eergisteren | [ēr'xistərən] |
| | | |
| dia (m) | dag (de) | [dax] |
| dia (m) de trabalho | werkdag (de) | ['wɛrk·dax] |
| feriado (m) | feestdag (de) | ['fēst·dax] |
| dia (m) de folga | verlofdag (de) | [vər'lɔfdax] |
| fim (m) de semana | weekend (het) | ['wikənt] |
| | | |
| o dia todo | de hele dag | [də 'helə dah] |
| no dia seguinte | de volgende dag | [də 'vɔlxəndə dax] |
| há dois dias | twee dagen geleden | [twē 'daxən xə'ledən] |
| na véspera | aan de vooravond | [ān də võ'ravɔnt] |
| diário | dag-, dagelijks | [dax], ['daxələks] |
| todos os dias | elke dag | ['ɛlkə dax] |
| | | |
| semana (f) | week (de) | [wēk] |
| na semana passada | vorige week | ['vɔrixə wēk] |
| na próxima semana | volgende week | ['vɔlxəndə wēk] |
| semanal | wekelijks | ['wekələks] |
| cada semana | elke week | ['ɛlkə wēk] |
| duas vezes por semana | twee keer per week | [twē ker pər vēk] |
| cada terça-feira | elke dinsdag | ['ɛlkə 'dinsdax] |

## 18. Horas. Dia e noite

| | | |
|---|---|---|
| manhã (f) | morgen (de) | ['mɔrxən] |
| de manhã | 's morgens | [s 'mɔrxəns] |
| meio-dia (m) | middag (de) | ['midax] |
| à tarde | 's middags | [s 'midax] |
| | | |
| noite (f) | avond (de) | ['avɔnt] |
| à noite (noitinha) | 's avonds | [s 'avɔnts] |
| noite (f) | nacht (de) | [naxt] |
| à noite | 's nachts | [s naxts] |
| meia-noite (f) | middernacht (de) | ['midər·naxt] |
| | | |
| segundo (m) | seconde (de) | [se'kɔndə] |
| minuto (m) | minuut (de) | [mi'nūt] |
| hora (f) | uur (het) | [ūr] |

| meia hora (f) | halfuur (het) | [half 'ūr] |
| quarto (m) de hora | kwartier (het) | ['kwar'tir] |
| quinze minutos | vijftien minuten | ['vɛjftin mi'nʉtən] |
| vinte e quatro horas | etmaal (het) | ['ɛtmāl] |

| nascer (m) do sol | zonsopgang (de) | [zɔns'ɔpxaŋ] |
| amanhecer (m) | dageraad (de) | ['daxərāt] |
| madrugada (f) | vroege morgen (de) | ['vruxə 'mɔrxən] |
| pôr do sol (m) | zonsondergang (de) | [zɔns'ɔndərxaŋ] |

| de madrugada | 's morgens vroeg | [s 'mɔrxəns vrux] |
| hoje de manhã | vanmorgen | [van'mɔrxən] |
| amanhã de manhã | morgenochtend | ['mɔrxən·'ɔhtənt] |

| hoje à tarde | vanmiddag | [van'midax] |
| à tarde | 's middags | [s 'midax] |
| amanhã à tarde | morgenmiddag | ['mɔrxən·'midax] |

| hoje à noite | vanavond | [va'navɔnt] |
| amanhã à noite | morgenavond | ['mɔrxən·'avɔnt] |

| às três horas em ponto | klokslag drie uur | ['klɔkslax dri ūr] |
| por volta das quatro | ongeveer vier uur | [ɔnxə'vēr vir ūr] |
| às doze | tegen twaalf uur | ['texən twālf ūr] |

| dentro de vinte minutos | over twintig minuten | ['ɔvər 'twintix mi'nʉtən] |
| dentro duma hora | over een uur | ['ɔvər en ūr] |
| a tempo | op tijd | [ɔp tɛjt] |

| menos um quarto | kwart voor ... | ['kwart vōr] |
| durante uma hora | binnen een uur | ['binən en ūr] |
| a cada quinze minutos | elk kwartier | ['ɛlk kwar'tir] |
| as vinte e quatro horas | de klok rond | [də klɔk rɔnt] |

## 19. Meses. Estações

| janeiro (m) | januari (de) | [janʉ'ari] |
| fevereiro (m) | februari (de) | [febrʉ'ari] |
| março (m) | maart (de) | [mārt] |
| abril (m) | april (de) | [ap'ril] |
| maio (m) | mei (de) | [mɛj] |
| junho (m) | juni (de) | ['juni] |

| julho (m) | juli (de) | ['juli] |
| agosto (m) | augustus (de) | [au'xʉstʉs] |
| setembro (m) | september (de) | [sɛp'tɛmbər] |
| outubro (m) | oktober (de) | [ɔk'tɔbər] |
| novembro (m) | november (de) | [nɔ'vɛmbər] |
| dezembro (m) | december (de) | [de'sɛmbər] |

| primavera (f) | lente (de) | ['lɛntə] |
| na primavera | in de lente | [in də 'lɛntə] |
| primaveril | lente- | ['lɛntə] |
| verão (m) | zomer (de) | ['zɔmər] |

| no verão | in de zomer | [in də 'zɔmər] |
| de verão | zomer-, zomers | ['zɔmər], ['zɔmərs] |

| outono (m) | herfst (de) | [hɛrfst] |
| no outono | in de herfst | [in də hɛrfst] |
| outonal | herfst- | [hɛrfst] |

| inverno (m) | winter (de) | ['wintər] |
| no inverno | in de winter | [in də 'wintər] |
| de inverno | winter- | ['wintər] |
| mês (m) | maand (de) | [mãnt] |
| este mês | deze maand | ['dezə mãnt] |
| no próximo mês | volgende maand | ['vɔlxəndə mãnt] |
| no mês passado | vorige maand | ['vɔrixə mãnt] |

| há um mês | een maand geleden | [en mãnt xə'ledən] |
| dentro de um mês | over een maand | ['ɔvər en mãnt] |
| dentro de dois meses | over twee maanden | ['ɔvər twẽ 'mãndən] |
| todo o mês | de hele maand | [də 'helə mãnt] |
| um mês inteiro | een volle maand | [en 'vɔlə mãnt] |

| mensal | maand-, maandelijks | [mãnt], ['mãndələks] |
| mensalmente | maandelijks | ['mãndələks] |
| cada mês | elke maand | ['ɛlkə mãnt] |
| duas vezes por mês | twee keer per maand | [twẽ ker per mãnt] |

| ano (m) | jaar (het) | [jãr] |
| este ano | dit jaar | [dit jãr] |
| no próximo ano | volgend jaar | ['vɔlxənt jãr] |
| no ano passado | vorig jaar | ['vɔrəx jãr] |
| há um ano | een jaar geleden | [en jãr xə'ledən] |
| dentro dum ano | over een jaar | ['ɔvər en jãr] |
| dentro de 2 anos | over twee jaar | ['ɔvər twẽ jãr] |
| todo o ano | het hele jaar | [ət 'helə jãr] |
| um ano inteiro | een vol jaar | [en vɔl jãr] |

| cada ano | elk jaar | [ɛlk jãr] |
| anual | jaar-, jaarlijks | [jãr], ['jãrləks] |
| anualmente | jaarlijks | ['jãrləks] |
| quatro vezes por ano | 4 keer per jaar | [vir kẽr per 'jãr] |

| data (~ de hoje) | datum (de) | ['datʉm] |
| data (ex. ~ de nascimento) | datum (de) | ['datʉm] |
| calendário (m) | kalender (de) | [ka'lɛndər] |

| meio ano | een half jaar | [en half jãr] |
| seis meses | zes maanden | [zɛs 'mãndən] |
| estação (f) | seizoen (het) | [sɛj'zun] |
| século (m) | eeuw (de) | [ẽw] |

## 20. Tempo. Diversos

| tempo (m) | tijd (de) | [tɛjt] |
| momento (m) | ogenblik (het) | ['ɔxənblik] |

| instante (m) | moment (het) | [mɔ'mɛnt] |
| instantâneo | ogenblikkelijk | ['ɔxən'blikələk] |
| lapso (m) de tempo | tijdsbestek (het) | ['tɛjts·bɛstək] |
| vida (f) | leven (het) | ['levən] |
| eternidade (f) | eeuwigheid (de) | ['ēwəxhɛjt] |

| época (f) | epoche (de), tijdperk (het) | [ɛ'pɔxə], ['tɛjtpɛrk] |
| era (f) | era (de), tijdperk (het) | ['ɛra], ['tɛjtpɛrk] |
| ciclo (m) | cyclus (de) | ['siklʉs] |
| período (m) | periode (de) | [peri'ɔdə] |
| prazo (m) | termijn (de) | [tɛr'mɛjn] |

| futuro (m) | toekomst (de) | ['tukɔmst] |
| futuro | toekomstig | [tu'kɔmstəx] |
| da próxima vez | de volgende keer | [də 'vɔlxəndə kēr] |
| passado (m) | verleden (het) | [vər'ledən] |
| passado | vorig | ['vɔrəx] |
| na vez passada | de vorige keer | [də 'vɔrixə kēr] |
| mais tarde | later | ['latər] |
| depois | na | [na] |
| atualmente | tegenwoordig | ['texən·'wōrdəx] |
| agora | nu | [nʉ] |
| imediatamente | onmiddellijk | [ɔn'midələk] |
| em breve, brevemente | snel | [snɛl] |
| de antemão | bij voorbaat | [bɛj võr'bāt] |

| há muito tempo | lang geleden | [laŋ xə'ledən] |
| há pouco tempo | kort geleden | [kɔrt xə'ledən] |
| destino (m) | noodlot (het) | ['nōtlɔt] |
| recordações (f pl) | herinneringen | [hɛ'rinəriŋ] |
| arquivo (m) | archief (het) | [ar'xif] |
| durante … | tijdens … | ['tɛjdəns] |
| durante muito tempo | lang | [laŋ] |
| pouco tempo | niet lang | [nit laŋ] |
| cedo (levantar-se ~) | vroeg | [vrux] |
| tarde (deitar-se ~) | laat | [lāt] |

| para sempre | voor altijd | [võr al'tɛjt] |
| começar (vt) | beginnen | [bə'xinən] |
| adiar (vt) | uitstellen | ['œʏtstɛlən] |

| simultaneamente | tegelijkertijd | [təxəlɛjkər'tɛjt] |
| permanentemente | voortdurend | [võr'dʉrənt] |
| constante (ruído, etc.) | voortdurend | [võr'dʉrənt] |
| temporário | tijdelijk | ['tɛjdələk] |

| às vezes | soms | [sɔms] |
| raramente | zelden | ['zɛldən] |
| frequentemente | vaak | [vãk] |

## 21. Linhas e formas

| quadrado (m) | vierkant (het) | ['virkant] |
| quadrado | vierkant | ['virkant] |

| | | |
|---|---|---|
| círculo (m) | cirkel (de) | ['sirkəl] |
| redondo | rond | [rɔnt] |
| triângulo (m) | driehoek (de) | ['drihuk] |
| triangular | driehoekig | [dri'hukəx] |

| | | |
|---|---|---|
| oval (f) | ovaal (het) | [ɔ'vāl] |
| oval | ovaal | [ɔ'vāl] |
| retângulo (m) | rechthoek (de) | ['rɛxthuk] |
| retangular | rechthoekig | [rɛht'hukəx] |

| | | |
|---|---|---|
| pirâmide (f) | piramide (de) | [pira'midə] |
| rombo, losango (m) | ruit (de) | ['rœyt] |
| trapézio (m) | trapezium (het) | [tra'pezijum] |
| cubo (m) | kubus (de) | ['kʉbʉs] |
| prisma (m) | prisma (het) | ['prizma] |

| | | |
|---|---|---|
| circunferência (f) | omtrek (de) | ['ɔmtrɛk] |
| esfera (f) | bol, sfeer (de) | [bɔl], [sfēr] |
| globo (m) | bal (de) | [bal] |
| diâmetro (m) | diameter (de) | ['diametər] |
| raio (m) | straal (de) | [strāl] |
| perímetro (m) | omtrek (de) | ['ɔmtrɛk] |
| centro (m) | middelpunt (het) | ['midəl·pʉnt] |

| | | |
|---|---|---|
| horizontal | horizontaal | [hɔrizɔn'tāl] |
| vertical | verticaal | [vərti'kāl] |
| paralela (f) | parallel (de) | [para'lɛl] |
| paralelo | parallel | [para'lɛl] |

| | | |
|---|---|---|
| linha (f) | lijn (de) | [lɛjn] |
| traço (m) | streep (de) | [strēp] |
| reta (f) | rechte lijn (de) | ['rɛxtə lɛjn] |
| curva (f) | kromme (de) | ['krɔmə] |
| fino (linha ~a) | dun | [dʉn] |
| contorno (m) | omlijning (de) | [ɔm'lɛjniŋ] |

| | | |
|---|---|---|
| interseção (f) | snijpunt (het) | ['snɛj·punt] |
| ângulo (m) reto | rechte hoek (de) | ['rɛxtə huk] |
| segmento (m) | segment (het) | [sɛx'mɛnt] |
| setor (m) | sector (de) | ['sɛktɔr] |
| lado (de um triângulo, etc.) | zijde (de) | ['zɛjdə] |
| ângulo (m) | hoek (de) | [huk] |

## 22. Unidades de medida

| | | |
|---|---|---|
| peso (m) | gewicht (het) | [xə'wixt] |
| comprimento (m) | lengte (de) | ['lɛŋtə] |
| largura (f) | breedte (de) | ['brētə] |
| altura (f) | hoogte (de) | ['hōxtə] |
| profundidade (f) | diepte (de) | ['diptə] |
| volume (m) | volume (het) | [vɔ'lʉmə] |
| área (f) | oppervlakte (de) | ['ɔpərvlaktə] |
| grama (m) | gram (het) | [xram] |
| miligrama (m) | milligram (het) | ['milixram] |

| quilograma (m) | kilogram (het) | [kilɔxram] |
| tonelada (f) | ton (de) | [tɔn] |
| libra (453,6 gramas) | pond (het) | [pɔnt] |
| onça (f) | ons (het) | [ɔns] |

| metro (m) | meter (de) | ['metər] |
| milímetro (m) | millimeter (de) | ['milimetər] |
| centímetro (m) | centimeter (de) | ['sɛnti'metər] |
| quilómetro (m) | kilometer (de) | [kilɔmetər] |
| milha (f) | mijl (de) | [mɛjl] |

| polegada (f) | duim (de) | ['dœʏm] |
| pé (304,74 mm) | voet (de) | [vut] |
| jarda (914,383 mm) | yard (de) | [jart] |

| metro (m) quadrado | vierkante meter (de) | ['virkantə 'metər] |
| hectare (m) | hectare (de) | [hɛk'tarə] |

| litro (m) | liter (de) | ['litər] |
| grau (m) | graad (de) | [xrãt] |
| volt (m) | volt (de) | [vɔlt] |
| ampere (m) | ampère (de) | [am'pɛrə] |
| cavalo-vapor (m) | paardenkracht (de) | ['pārdən·kraxt] |

| quantidade (f) | hoeveelheid (de) | [hu'vēlhɛjt] |
| um pouco de … | een beetje … | [en 'bētʃə] |
| metade (f) | helft (de) | [hɛlft] |
| dúzia (f) | dozijn (het) | [dɔ'zɛjn] |
| peça (f) | stuk (het) | [stʉk] |

| dimensão (f) | afmeting (de) | ['afmetiŋ] |
| escala (f) | schaal (de) | [sxãl] |

| mínimo | minimaal | [mini'māl] |
| menor, mais pequeno | minste | ['minstə] |
| médio | medium | ['medijum] |
| máximo | maximaal | [maksi'māl] |
| maior, mais grande | grootste | ['xrõtstə] |

## 23. Recipientes

| boião (m) de vidro | glazen pot (de) | ['xlazən pɔt] |
| lata (~ de cerveja) | blik (het) | [blik] |
| balde (m) | emmer (de) | ['ɛmər] |
| barril (m) | ton (de) | [tɔn] |

| bacia (~ de plástico) | ronde waterbak (de) | ['watər·bak] |
| tanque (m) | tank (de) | [tank] |
| cantil (m) de bolso | heupfles (de) | ['høp·flɛs] |
| bidão (m) de gasolina | jerrycan (de) | ['dʒɛrikən] |
| cisterna (f) | tank (de) | [tank] |

| caneca (f) | beker (de) | ['bekər] |
| chávena (f) | kopje (het) | ['kɔpjə] |

| pires (m) | schoteltje (het) | ['sxɔteltʃə] |
| copo (m) | glas (het) | [xlas] |
| taça (f) de vinho | wijnglas (het) | ['wɛjn·xlas] |
| panela, caçarola (f) | pan (de) | [pan] |

| garrafa (f) | fles (de) | [fles] |
| gargalo (m) | flessenhals (de) | ['flesən·hals] |

| jarro, garrafa (f) | karaf (de) | [ka'raf] |
| jarro (m) de barro | kruik (de) | ['krœʏk] |
| recipiente (m) | vat (het) | [vat] |
| pote (m) | pot (de) | [pɔt] |
| vaso (m) | vaas (de) | [vãs] |

| frasco (~ de perfume) | flacon (de) | [fla'kɔn] |
| frasquinho (ex. ~ de iodo) | flesje (het) | ['fleçə] |
| tubo (~ de pasta dentífrica) | tube (de) | ['tʉbə] |

| saca (ex. ~ de açúcar) | zak (de) | [zak] |
| saco (~ de plástico) | tasje (het) | ['taçə] |
| maço (m) | pakje (het) | ['pakjə] |

| caixa (~ de sapatos, etc.) | doos (de) | [dõs] |
| caixa (~ de madeira) | kist (de) | [kist] |
| cesta (f) | mand (de) | [mant] |

## 24. Materiais

| material (m) | materiaal (het) | [materi'ãl] |
| madeira (f) | hout (het) | ['haut] |
| de madeira | houten | ['hautən] |

| vidro (m) | glas (het) | [xlas] |
| de vidro | glazen | ['xlazən] |

| pedra (f) | steen (de) | [stẽn] |
| de pedra | stenen | ['stenən] |

| plástico (m) | plastic (het) | ['plastik] |
| de plástico | plastic | ['plastik] |

| borracha (f) | rubber (het) | ['rʉbər] |
| de borracha | rubber-, rubberen | ['rʉbər], ['rʉberən] |

| tecido, pano (m) | stof (de) | [stɔf] |
| de tecido | van stof | [van 'stɔf] |

| papel (m) | papier (het) | [pa'pir] |
| de papel | papieren | [pa'pirən] |

| cartão (m) | karton (het) | [kar'tɔn] |
| de cartão | kartonnen | [kar'tɔnən] |
| polietileno (m) | polyethyleen (het) | [pɔlieti'lẽn] |
| celofane (m) | cellofaan (het) | [sɛlɔ'fãn] |

| contraplacado (m) | multiplex (het) | ['mʉltiplɛks] |
| porcelana (f) | porselein (het) | [pɔrsə'lɛjn] |
| de porcelana | porseleinen | [pɔrsə'lɛjnən] |
| barro (f) | klei (de) | [klɛj] |
| de barro | klei-, van klei | [klɛj], [van klɛj] |
| cerâmica (f) | keramiek (de) | [kera'mik] |
| de cerâmica | keramieken | [ke'ramikən] |

## 25. Metais

| metal (m) | metaal (het) | [me'tāl] |
| metálico | metalen | [me'talən] |
| liga (f) | legering (de) | [le'xɛriŋ] |

| ouro (m) | goud (het) | ['xaut] |
| de ouro | gouden | ['xaudən] |
| prata (f) | zilver (het) | ['zilvər] |
| de prata | zilveren | ['zilvərən] |

| ferro (m) | ijzer (het) | ['ɛjzər] |
| de ferro | ijzeren | ['ɛjzərən] |
| aço (m) | staal (het) | [stāl] |
| de aço | stalen | ['stalən] |
| cobre (m) | koper (het) | ['kɔpər] |
| de cobre | koperen | ['kɔpərən] |

| alumínio (m) | aluminium (het) | [alʉ'minijum] |
| de alumínio | aluminium | [alʉ'minijum] |
| bronze (m) | brons (het) | [brɔns] |
| de bronze | bronzen | ['brɔnzən], [van brɔns] |

| latão (m) | messing (het) | ['mesiŋ] |
| níquel (m) | nikkel (het) | ['nikəl] |
| platina (f) | platina (het) | ['platina] |
| mercúrio (m) | kwik (het) | ['kwik] |
| estanho (m) | tin (het) | [tin] |
| chumbo (m) | lood (het) | [lōt] |
| zinco (m) | zink (het) | [zink] |

# O SER HUMANO

## O ser humano. O corpo

### 26. Humanos. Conceitos básicos

| | | |
|---|---|---|
| ser (m) humano | mens (de) | [mɛns] |
| homem (m) | man (de) | [man] |
| mulher (f) | vrouw (de) | ['vrau] |
| criança (f) | kind (het) | [kint] |
| | | |
| menina (f) | meisje (het) | ['mɛjɕə] |
| menino (m) | jongen (de) | ['joŋən] |
| adolescente (m) | tiener, adolescent (de) | ['tinər], [adɔlɛ'sɛnt] |
| velho (m) | oude man (de) | ['audə man] |
| velha, anciã (f) | oude vrouw (de) | ['audə 'vrau] |

### 27. Anatomia humana

| | | |
|---|---|---|
| organismo (m) | organisme (het) | [ɔrxa'nismə] |
| coração (m) | hart (het) | [hart] |
| sangue (m) | bloed (het) | [blut] |
| artéria (f) | slagader (de) | ['slaxadər] |
| veia (f) | ader (de) | ['adər] |
| | | |
| cérebro (m) | hersenen | ['hɛrsənən] |
| nervo (m) | zenuw (de) | ['zenʉw] |
| nervos (m pl) | zenuwen | ['zenʉwən] |
| vértebra (f) | wervel (de) | ['wɛrvəl] |
| coluna (f) vertebral | ruggengraat (de) | ['rʉxə·xrãt] |
| | | |
| estômago (m) | maag (de) | [mãx] |
| intestinos (m pl) | darmen | ['darmən] |
| intestino (m) | darm (de) | [darm] |
| fígado (m) | lever (de) | ['levər] |
| rim (m) | nier (de) | [nir] |
| | | |
| osso (m) | been (het) | [bẽn] |
| esqueleto (m) | skelet (het) | [ske'lɛt] |
| costela (f) | rib (de) | [rib] |
| crânio (m) | schedel (de) | ['sxedəl] |
| | | |
| músculo (m) | spier (de) | [spir] |
| bíceps (m) | biceps (de) | ['bisɛps] |
| tríceps (m) | triceps (de) | ['trisɛps] |
| tendão (m) | pees (de) | [pẽs] |
| articulação (f) | gewricht (het) | [xə'wriht] |

| pulmões (m pl) | longen | ['loŋən] |
| órgãos (m pl) genitais | geslachtsorganen | [xə'slahts·or'xanən] |
| pele (f) | huid (de) | ['hœʏt] |

## 28. Cabeça

| cabeça (f) | hoofd (het) | [hõft] |
| cara (f) | gezicht (het) | [xə'ziht] |
| nariz (m) | neus (de) | ['nøs] |
| boca (f) | mond (de) | [mɔnt] |

| olho (m) | oog (het) | [õx] |
| olhos (m pl) | ogen | ['ɔxən] |
| pupila (f) | pupil (de) | [pʉ'pil] |
| sobrancelha (f) | wenkbrauw (de) | ['wɛnk·brau] |
| pestana (f) | wimper (de) | ['wimpər] |
| pálpebra (f) | ooglid (het) | ['õx·lit] |

| língua (f) | tong (de) | [tɔŋ] |
| dente (m) | tand (de) | [tant] |
| lábios (m pl) | lippen | ['lipən] |
| maçãs (f pl) do rosto | jukbeenderen | [juk'·bēndərən] |
| gengiva (f) | tandvlees (het) | ['tand·vlēs] |
| palato (m) | gehemelte (het) | [xə'heməltə] |

| narinas (f pl) | neusgaten | ['nøsxatən] |
| queixo (m) | kin (de) | [kin] |
| mandíbula (f) | kaak (de) | [kāk] |
| bochecha (f) | wang (de) | [waŋ] |

| testa (f) | voorhoofd (het) | ['võrhõft] |
| têmpora (f) | slaap (de) | [slāp] |
| orelha (f) | oor (het) | [õr] |
| nuca (f) | achterhoofd (het) | ['axtər·hõft] |
| pescoço (m) | hals (de) | [hals] |
| garganta (f) | keel (de) | [kēl] |

| cabelos (m pl) | haren | ['harən] |
| penteado (m) | kapsel (het) | ['kapsəl] |
| corte (m) de cabelo | haarsnit (de) | ['hārsnit] |
| peruca (f) | pruik (de) | ['prœʏk] |

| bigode (m) | snor (de) | [snɔr] |
| barba (f) | baard (de) | [bārt] |
| usar, ter (~ barba, etc.) | dragen | ['draxən] |
| trança (f) | vlecht (de) | [vlɛxt] |
| suíças (f pl) | bakkebaarden | [bakə'bārtən] |

| ruivo | ros | [rɔs] |
| grisalho | grijs | [xrɛjs] |
| calvo | kaal | [kāl] |
| calva (f) | kale plek (de) | ['kalə plɛk] |
| rabo-de-cavalo (m) | paardenstaart (de) | ['pārdən·stārt] |
| franja (f) | pony (de) | ['pɔni] |

## 29. Corpo humano

| | | |
|---|---|---|
| mão (f) | hand (de) | [hant] |
| braço (m) | arm (de) | [arm] |
| dedo (m) | vinger (de) | ['viŋər] |
| dedo (m) do pé | teen (de) | [tēn] |
| polegar (m) | duim (de) | ['dœɣm] |
| dedo (m) mindinho | pink (de) | [pink] |
| unha (f) | nagel (de) | ['naxəl] |
| punho (m) | vuist (de) | ['vœɣst] |
| palma (f) da mão | handpalm (de) | ['hantpalm] |
| pulso (m) | pols (de) | [pɔls] |
| antebraço (m) | voorarm (de) | ['vōrarm] |
| cotovelo (m) | elleboog (de) | ['ɛləbōx] |
| ombro (m) | schouder (de) | ['sxaudər] |
| perna (f) | been (het) | [bēn] |
| pé (m) | voet (de) | [vut] |
| joelho (m) | knie (de) | [kni] |
| barriga (f) da perna | kuit (de) | ['kœɣt] |
| anca (f) | heup (de) | ['høp] |
| calcanhar (m) | hiel (de) | [hil] |
| corpo (m) | lichaam (het) | ['lixām] |
| barriga (f) | buik (de) | ['bœɣk] |
| peito (m) | borst (de) | [bɔrst] |
| seio (m) | borst (de) | [bɔrst] |
| lado (m) | zijde (de) | ['zɛjdə] |
| costas (f pl) | rug (de) | [rɵx] |
| região (f) lombar | lage rug (de) | [laxə rɵx] |
| cintura (f) | taille (de) | ['tajə] |
| umbigo (m) | navel (de) | ['navəl] |
| nádegas (f pl) | billen | ['bilən] |
| traseiro (m) | achterwerk (het) | ['axtərwɛrk] |
| sinal (m) | huidvlek (de) | ['hœɣt·vlɛk] |
| sinal (m) de nascença | moedervlek (de) | ['mudər·vlɛk] |
| tatuagem (f) | tatoeage (de) | [tatu'aʒə] |
| cicatriz (f) | litteken (het) | ['litekən] |

# Vestuário & Acessórios

## 30. Roupa exterior. Casacos

| | | |
|---|---|---|
| roupa (f) | kleren (mv.) | ['klerən] |
| roupa (f) exterior | bovenkleding (de) | ['bɔvən·'klediŋ] |
| roupa (f) de inverno | winterkleding (de) | ['wintər·'klediŋ] |
| | | |
| sobretudo (m) | jas (de) | [jas] |
| casaco (m) de peles | bontjas (de) | [bɔnt jas] |
| casaco curto (m) de peles | bontjasje (het) | [bɔnt 'jaçə] |
| casaco (m) acolchoado | donzen jas (de) | ['dɔnzən jas] |
| | | |
| casaco, blusão (m) | jasje (het) | ['jaçə] |
| impermeável (m) | regenjas (de) | ['rexən jas] |
| impermeável | waterdicht | ['watərdixt] |

## 31. Vestuário de homem & mulher

| | | |
|---|---|---|
| camisa (f) | overhemd (het) | ['ɔvərhɛmt] |
| calças (f pl) | broek (de) | [bruk] |
| calças (f pl) de ganga | jeans (de) | [dʒins] |
| casaco (m) de fato | colbert (de) | ['kɔlbər] |
| fato (m) | kostuum (het) | [kɔs'tūm] |
| | | |
| vestido (ex. ~ vermelho) | jurk (de) | [jurk] |
| saia (f) | rok (de) | [rɔk] |
| blusa (f) | blouse (de) | ['blus] |
| casaco (m) de malha | wollen vest (de) | ['wɔlən vɛst] |
| casaco, blazer (m) | blazer (de) | ['blezər] |
| | | |
| T-shirt, camiseta (f) | T-shirt (het) | ['tiʃøt] |
| calções (Bermudas, etc.) | shorts | [ʃɔrts] |
| fato (m) de treino | trainingspak (het) | ['trɛjniŋs·pak] |
| roupão (m) de banho | badjas (de) | ['batjas] |
| pijama (m) | pyjama (de) | [pi'jama] |
| | | |
| suéter (m) | sweater (de) | ['swetər] |
| pulôver (m) | pullover (de) | [pʉ'lɔvər] |
| | | |
| colete (m) | gilet (het) | [ʒi'lɛt] |
| fraque (m) | rokkostuum (het) | [rɔk·kɔs'tūm] |
| smoking (m) | smoking (de) | ['smɔkiŋ] |
| | | |
| uniforme (m) | uniform (het) | ['junifɔrm] |
| roupa (f) de trabalho | werkkleding (de) | ['wɛrk·'klediŋ] |
| fato-macaco (m) | overall (de) | [ɔvə'ral] |
| bata (~ branca, etc.) | doktersjas (de) | ['dɔktərs jas] |

## 32. Vestuário. Roupa interior

| | | |
|---|---|---|
| roupa (f) interior | ondergoed (het) | ['ɔndərxut] |
| cuecas boxer (f pl) | herenslip (de) | ['herən·slip] |
| cuecas (f pl) | slipjes | ['slipjes] |
| camisola (f) interior | onderhemd (het) | ['ɔndərhɛmt] |
| peúgas (f pl) | sokken | ['sɔkən] |
| | | |
| camisa (f) de noite | nachthemd (het) | ['naxthɛmt] |
| sutiã (m) | beha (de) | [be'ha] |
| meias longas (f pl) | kniekousen | [kni·'kausən] |
| meia-calça (f) | panty (de) | ['pɛnti] |
| meias (f pl) | nylonkousen | ['nɛjlɔn·'kausən] |
| fato (m) de banho | badpak (het) | ['bad·pak] |

## 33. Adereços de cabeça

| | | |
|---|---|---|
| chapéu (m) | hoed (de) | [hut] |
| chapéu (m) de feltro | deukhoed (de) | ['døkhut] |
| boné (m) de beisebol | honkbalpet (de) | ['hɔnkbal·'pɛt] |
| boné (m) | kleppet (de) | ['klɛpɛt] |
| | | |
| boina (f) | baret (de) | [ba'rɛt] |
| capuz (m) | kap (de) | [kap] |
| panamá (m) | panamahoed (de) | [pa'nama·hut] |
| gorro (m) de malha | gebreide muts (de) | [xəb'rɛjdə mʉts] |
| | | |
| lenço (m) | hoofddoek (de) | ['hõftduk] |
| chapéu (m) de mulher | dameshoed (de) | ['daməs·hut] |
| | | |
| capacete (m) de proteção | veiligheidshelm (de) | ['vɛjləxhɛjts·hɛlm] |
| bibico (m) | veldmuts (de) | ['vɛlt·mʉts] |
| capacete (m) | helm, valhelm (de) | [hɛlm], ['valhɛlm] |
| | | |
| chapéu-coco (m) | bolhoed (de) | ['bɔlhut] |
| chapéu (m) alto | hoge hoed (de) | ['hɔxə hut] |

## 34. Calçado

| | | |
|---|---|---|
| calçado (m) | schoeisel (het) | ['sxuisəl] |
| botinas (f pl) | schoenen | ['sxunən] |
| sapatos (de salto alto, etc.) | vrouwenschoenen | ['vrauwən·'sxunən] |
| botas (f pl) | laarzen | ['lãrzən] |
| pantufas (f pl) | pantoffels | [pan'tɔfəls] |
| | | |
| ténis (m pl) | sportschoenen | ['spɔrt·'sxunən] |
| sapatilhas (f pl) | sneakers | ['snikərs] |
| sandálias (f pl) | sandalen | [san'dalən] |
| | | |
| sapateiro (m) | schoenlapper (de) | ['sxun·'lapər] |
| salto (m) | hiel (de) | [hil] |

| par (m) | paar (het) | [pãr] |
| atacador (m) | veter (de) | ['vetər] |
| apertar os atacadores | rijgen | ['rɛjxən] |
| calçadeira (f) | schoenlepel (de) | ['sxun·'lepəl] |
| graxa (f) para calçado | schoensmeer (de/het) | ['sxun·smẽr] |

## 35. Têxtil. Tecidos

| algodão (m) | katoen (de/het) | [ka'tun] |
| de algodão | katoenen | [ka'tunən] |
| linho (m) | vlas (het) | [vlas] |
| de linho | vlas-, van vlas | [vlas], [van vlas] |

| seda (f) | zijde (de) | ['zɛjdə] |
| de seda | zijden | ['zɛjdən] |
| lã (f) | wol (de) | [wɔl] |
| de lã | wollen | ['wɔlən] |

| veludo (m) | fluweel (het) | [flʉ'wẽl] |
| camurça (f) | suède (de) | ['svɛdə] |
| bombazina (f) | ribfluweel (het) | ['rib·flʉ'wẽl] |

| náilon (m) | nylon (de/het) | ['nɛjlɔn] |
| de náilon | nylon-, van nylon | ['nɛjlɔn], [van 'nɛjlɔn] |
| poliéster (m) | polyester (het) | [pɔli'ɛstər] |
| de poliéster | polyester- | [pɔli'ɛstər] |

| couro (m) | leer (het) | [lẽr] |
| de couro | leren | ['lerən] |
| pele (f) | bont (het) | [bɔnt] |
| de peles, de pele | bont- | [bɔnt] |

## 36. Acessórios pessoais

| luvas (f pl) | handschoenen | ['xand 'sxunən] |
| mitenes (f pl) | wanten | ['wantən] |
| cachecol (m) | sjaal (de) | [çãl] |

| óculos (m pl) | bril (de) | [bril] |
| armação (f) de óculos | brilmontuur (het) | [bril·mɔn'tūr] |
| guarda-chuva (m) | paraplu (de) | [parap'lʉ] |
| bengala (f) | wandelstok (de) | ['wandəl·stɔk] |
| escova (f) para o cabelo | haarborstel (de) | [hãr·'bɔrstəl] |
| leque (m) | waaier (de) | ['wãjər] |

| gravata (f) | das (de) | [das] |
| gravata-borboleta (f) | strikje (het) | ['strikjə] |
| suspensórios (m pl) | bretels | [brə'tɛls] |
| lenço (m) | zakdoek (de) | ['zagduk] |

| pente (m) | kam (de) | [kam] |
| travessão (m) | haarspeldje (het) | [hãr·'spɛldjə] |

| gancho (m) de cabelo | schuifspeldje (het) | ['sxœyf·'spɛldjə] |
| fivela (f) | gesp (de) | [xɛsp] |

| cinto (m) | broekriem (de) | ['bruk·rim] |
| correia (f) | draagriem (de) | ['drãx·rim] |

| mala (f) | handtas (de) | ['hand·tas] |
| mala (f) de senhora | damestas (de) | ['daməs·tas] |
| mochila (f) | rugzak (de) | ['rʉxzak] |

## 37. Vestuário. Diversos

| moda (f) | mode (de) | ['mɔdə] |
| na moda | de mode | [də 'mɔdə] |
| estilista (m) | kledingstilist (de) | ['klediŋ·sti'list] |

| colarinho (m), gola (f) | kraag (de) | [krãx] |
| bolso (m) | zak (de) | [zak] |
| de bolso | zak- | [zak] |
| manga (f) | mouw (de) | ['mau] |
| alcinha (f) | lusje (het) | ['lʉɕə] |
| braguilha (f) | gulp (de) | [xjulp] |

| fecho (m) de correr | rits (de) | [rits] |
| fecho (m), colchete (m) | sluiting (de) | ['slœytiŋ] |
| botão (m) | knoop (de) | [knõp] |
| casa (f) de botão | knoopsgat (het) | ['knõps·xat] |
| soltar-se (vr) | losraken | [lɔs'rakən] |

| coser, costurar (vi) | naaien | ['nãjən] |
| bordar (vt) | borduren | [bɔr'dʉrən] |
| bordado (m) | borduursel (het) | [bɔr'dũrsəl] |
| agulha (f) | naald (de) | [nãlt] |
| fio (m) | draad (de) | [drãt] |
| costura (f) | naad (de) | [nãt] |

| sujar-se (vr) | vies worden | [vis 'wɔrdən] |
| mancha (f) | vlek (de) | [vlɛk] |
| engelhar-se (vr) | gekreukt raken | [xə'krøkt 'rakən] |
| rasgar (vt) | scheuren | ['sxørən] |
| traça (f) | mot (de) | [mɔt] |

## 38. Cuidados pessoais. Cosméticos

| pasta (f) de dentes | tandpasta (de) | ['tand·pasta] |
| escova (f) de dentes | tandenborstel (de) | ['tandən·'bɔrstəl] |
| escovar os dentes | tanden poetsen | ['tandən 'putsən] |

| máquina (f) de barbear | scheermes (het) | ['sxẽr·mɛs] |
| creme (m) de barbear | scheerschuim (het) | [sxẽr·sxœym] |
| barbear-se (vr) | zich scheren | [zix 'sxerən] |
| sabonete (m) | zeep (de) | [zẽp] |

| champô (m) | shampoo (de) | ['ʃʌmpõ] |
| tesoura (f) | schaar (de) | [sxār] |
| lima (f) de unhas | nagelvijl (de) | ['naxəl·vɛjl] |
| corta-unhas (m) | nagelknipper (de) | ['naxəl·'knipər] |
| pinça (f) | pincet (het) | [pin'sɛt] |

| cosméticos (m pl) | cosmetica (mv.) | [kɔs'metika] |
| máscara (f) facial | masker (het) | ['maskər] |
| manicura (f) | manicure (de) | [mani'kʉrə] |
| fazer a manicura | manicure doen | [mani'kʉrə dun] |
| pedicure (f) | pedicure (de) | [pedi'kʉrə] |

| mala (f) de maquilhagem | cosmetica tasje (het) | [kɔs'metika 'taçə] |
| pó (m) | poeder (de/het) | ['pudər] |
| caixa (f) de pó | poederdoos (de) | ['pudər·dõs] |
| blush (m) | rouge (de) | ['ruʒə] |

| perfume (m) | parfum (de/het) | [par'fʉm] |
| água (f) de toilette | eau de toilet (de) | [ɔ də tua'lɛt] |
| loção (f) | lotion (de) | [lɔt'ʃɔn] |
| água-de-colónia (f) | eau de cologne (de) | [ɔ də kɔ'lɔnjə] |

| sombra (f) de olhos | oogschaduw (de) | ['ōx·sxadʉw] |
| lápis (m) delineador | oogpotlood (het) | ['ōx·'pɔtlɔt] |
| máscara (f), rímel (m) | mascara (de) | [mas'kara] |

| batom (m) | lippenstift (de) | ['lipən·stift] |
| verniz (m) de unhas | nagellak (de) | ['naxəl·lak] |
| laca (f) para cabelos | haarlak (de) | ['hār·lak] |
| desodorizante (m) | deodorant (de) | [deɔdɔ'rant] |

| creme (m) | crème (de) | [krɛ:m] |
| creme (m) de rosto | gezichtscrème (de) | [xə'zihts·krɛ:m] |
| creme (m) de mãos | handcrème (de) | [hant·krɛ:m] |
| creme (m) antirrugas | antirimpelcrème (de) | [anti'rimpəl·krɛ:m] |
| creme (m) de dia | dagcrème (de) | ['dax·krɛ:m] |
| creme (m) de noite | nachtcrème (de) | ['naxt·krɛ:m] |
| de dia | dag- | [dax] |
| da noite | nacht- | [naxt] |

| tampão (m) | tampon (de) | [tam'pɔn] |
| papel (m) higiénico | toiletpapier (het) | [tua'lɛt·pa'pir] |
| secador (m) elétrico | föhn (de) | ['føn] |

## 39. Joalheria

| joias (f pl) | sieraden | ['sjradən] |
| precioso | edel | ['edɛl] |
| marca (f) de contraste | keurmerk (het) | ['kørmɛrk] |

| anel (m) | ring (de) | [riŋ] |
| aliança (f) | trouwring (de) | ['trauwriŋ] |
| pulseira (f) | armband (de) | ['armbant] |
| brincos (m pl) | oorringen | ['ōr·riŋən] |

| colar (m) | halssnoer (het) | ['hals·snur] |
| coroa (f) | kroon (de) | [krõn] |
| colar (m) de contas | kralen snoer (het) | ['kralən 'snur] |

| diamante (m) | diamant (de) | [dia'mant] |
| esmeralda (f) | smaragd (de) | [sma'raxt] |
| rubi (m) | robijn (de) | [rɔ'bɛjn] |
| safira (f) | saffier (de) | [sa'fir] |
| pérola (f) | parel (de) | ['parəl] |
| âmbar (m) | barnsteen (de) | ['barn·stēn] |

## 40. Relógios de pulso. Relógios

| relógio (m) de pulso | polshorloge (het) | ['pɔls·hɔr'lɔʒə] |
| mostrador (m) | wijzerplaat (de) | ['wɛjzər·plāt] |
| ponteiro (m) | wijzer (de) | ['wɛjzər] |
| bracelete (f) em aço | metalen horlogeband (de) | [me'talən hɔr'lɔʒə·bant] |
| bracelete (f) em couro | horlogebandje (het) | [hɔr'lɔʒə·'bandjə] |

| pilha (f) | batterij (de) | [batə'rɛj] |
| descarregar-se | leeg zijn | [lēx zɛjn] |
| trocar a pilha | batterij vervangen | [batə'rɛj vər'vaŋən] |
| estar adiantado | voorlopen | ['vōrlopən] |
| estar atrasado | achterlopen | ['axtərlopən] |

| relógio (m) de parede | wandklok (de) | ['want·klɔk] |
| ampulheta (f) | zandloper (de) | ['zant·lopər] |
| relógio (m) de sol | zonnewijzer (de) | ['zɔnə·wɛjzər] |
| despertador (m) | wekker (de) | ['wɛkər] |
| relojoeiro (m) | horlogemaker (de) | [hɔr'lɔʒə·'makər] |
| reparar (vt) | repareren | [repa'rerən] |

# Alimentação. Nutrição

## 41. Comida

| | | |
|---|---|---|
| carne (f) | vlees (het) | [vlẽs] |
| galinha (f) | kip (de) | [kip] |
| frango (m) | kuiken (het) | ['kœʏkən] |
| pato (m) | eend (de) | [ẽnt] |
| ganso (m) | gans (de) | [xans] |
| caça (f) | wild (het) | [wilt] |
| peru (m) | kalkoen (de) | [kal'kun] |
| | | |
| carne (f) de porco | varkensvlees (het) | ['varkəns·vlẽs] |
| carne (f) de vitela | kalfsvlees (het) | ['kalfs·vlẽs] |
| carne (f) de carneiro | schapenvlees (het) | ['sxapən·vlẽs] |
| carne (f) de vaca | rundvlees (het) | ['rʉnt·vlẽs] |
| carne (f) de coelho | konijnenvlees (het) | [kɔ'nɛjnən·vlẽs] |
| | | |
| chouriço, salsichão (m) | worst (de) | [wɔrst] |
| salsicha (f) | saucijs (de) | ['sɔsɛjs] |
| bacon (m) | spek (het) | [spɛk] |
| fiambre (f) | ham (de) | [ham] |
| presunto (m) | gerookte achterham (de) | [xə'rõktə 'ahtərham] |
| | | |
| patê (m) | paté (de) | [pa'tɛ] |
| fígado (m) | lever (de) | ['levər] |
| carne (f) moída | gehakt (het) | [xə'hakt] |
| língua (f) | tong (de) | [tɔŋ] |
| | | |
| ovo (m) | ei (het) | [ɛj] |
| ovos (m pl) | eieren | ['ɛjerən] |
| clara (f) do ovo | eiwit (het) | ['ɛjwit] |
| gema (f) do ovo | eigeel (het) | ['ɛjxẽl] |
| | | |
| peixe (m) | vis (de) | [vis] |
| mariscos (m pl) | zeevruchten | [zẽ·'vrʉxtən] |
| crustáceos (m pl) | schaaldieren | ['sxal·dĩrən] |
| caviar (m) | kaviaar (de) | [ka'vjãr] |
| | | |
| caranguejo (m) | krab (de) | [krab] |
| camarão (m) | garnaal (de) | [xar'nãl] |
| ostra (f) | oester (de) | ['ustər] |
| lagosta (f) | langoest (de) | [lan'xust] |
| polvo (m) | octopus (de) | ['ɔktɔpʉs] |
| lula (f) | inktvis (de) | ['inktvis] |
| | | |
| esturjão (m) | steur (de) | ['stør] |
| salmão (m) | zalm (de) | [zalm] |
| halibute (m) | heilbot (de) | ['hɛjlbɔt] |
| bacalhau (m) | kabeljauw (de) | [kabə'ljau] |

| cavala, sarda (f) | makreel (de) | [ma'krēl] |
|---|---|---|
| atum (m) | tonijn (de) | [tɔ'nɛjn] |
| enguia (f) | paling (de) | [pa'liŋ] |

| truta (f) | forel (de) | [fo'rɛl] |
|---|---|---|
| sardinha (f) | sardine (de) | [sar'dinə] |
| lúcio (m) | snoek (de) | [snuk] |
| arenque (m) | haring (de) | ['hariŋ] |

| pão (m) | brood (het) | [brōt] |
|---|---|---|
| queijo (m) | kaas (de) | [kās] |
| açúcar (m) | suiker (de) | [sœɣkər] |
| sal (m) | zout (het) | ['zaut] |

| arroz (m) | rijst (de) | [rɛjst] |
|---|---|---|
| massas (f pl) | pasta (de) | ['pasta] |
| talharim (m) | noedels | ['nudɛls] |

| manteiga (f) | boter (de) | ['botər] |
|---|---|---|
| óleo (m) vegetal | plantaardige olie (de) | [plant'ārdixə 'ɔli] |
| óleo (m) de girassol | zonnebloemolie (de) | ['zɔnəblum·'ɔli] |
| margarina (f) | margarine (de) | [marxa'rinə] |

| azeitonas (f pl) | olijven | [ɔ'lɛjvən] |
|---|---|---|
| azeite (m) | olijfolie (de) | [ɔ'lɛjf·'ɔli] |

| leite (m) | melk (de) | [mɛlk] |
|---|---|---|
| leite (m) condensado | gecondenseerde melk (de) | [xəkɔnsən'sērdə mɛlk] |
| iogurte (m) | yoghurt (de) | ['jogʉrt] |
| nata (f) azeda | zure room (de) | ['zʉrə rōm] |
| nata (f) do leite | room (de) | [rōm] |

| maionese (f) | mayonaise (de) | [majo'nɛzə] |
|---|---|---|
| creme (m) | crème (de) | [krɛ:m] |

| grãos (m pl) de cereais | graan (het) | [xrān] |
|---|---|---|
| farinha (f) | meel (het), bloem (de) | [mēl], [blum] |
| enlatados (m pl) | conserven | [kɔn'sɛrvən] |

| flocos (m pl) de milho | maïsvlokken | [majs·'vlɔkən] |
|---|---|---|
| mel (m) | honing (de) | ['hɔniŋ] |
| doce (m) | jam (de) | [ʃɛm] |
| pastilha (f) elástica | kauwgom (de) | ['kauxɔm] |

## 42. Bebidas

| água (f) | water (het) | ['watər] |
|---|---|---|
| água (f) potável | drinkwater (het) | ['drink·'watər] |
| água (f) mineral | mineraalwater (het) | [minə'rāl·'watər] |

| sem gás | zonder gas | ['zɔndər xas] |
|---|---|---|
| gaseificada | koolzuurhoudend | [kōlzūr·'haudənt] |
| com gás | bruisend | ['brœɣsənt] |
| gelo (m) | ijs (het) | [ɛjs] |

| com gelo | met ijs | [mɛt ɛjs] |
| sem álcool | alcohol vrij | ['alkɔhɔl vrɛj] |
| bebida (f) sem álcool | alcohol vrije drank (de) | ['alkɔhɔl 'vrɛjə drank] |
| refresco (m) | frisdrank (de) | ['fris·drank] |
| limonada (f) | limonade (de) | [limɔ'nadə] |

| bebidas (f pl) alcoólicas | alcoholische dranken | [alkɔ'hɔlisə 'drankən] |
| vinho (m) | wijn (de) | [wɛjn] |
| vinho (m) branco | witte wijn (de) | ['witə wɛjn] |
| vinho (m) tinto | rode wijn (de) | ['rɔdə wɛjn] |

| licor (m) | likeur (de) | [li'kør] |
| champanhe (m) | champagne (de) | [ʃʌm'panjə] |
| vermute (m) | vermout (de) | ['vɛrmut] |

| uísque (m) | whisky (de) | ['wiski] |
| vodka (f) | wodka (de) | ['wɔdka] |
| gim (m) | gin (de) | [dʒin] |
| conhaque (m) | cognac (de) | [kɔ'njak] |
| rum (m) | rum (de) | [rʉm] |

| café (m) | koffie (de) | ['kɔfi] |
| café (m) puro | zwarte koffie (de) | ['zwartə 'kɔfi] |
| café (m) com leite | koffie (de) met melk | ['kɔfi mɛt mɛlk] |
| cappuccino (m) | cappuccino (de) | [kapu'tʃinɔ] |
| café (m) solúvel | oploskoffie (de) | ['ɔplɔs·'kɔfi] |

| leite (m) | melk (de) | [mɛlk] |
| coquetel (m) | cocktail (de) | ['kɔktəl] |
| batido (m) de leite | milkshake (de) | ['milk·ʃɛjk] |

| sumo (m) | sap (het) | [sap] |
| sumo (m) de tomate | tomatensap (het) | [tɔ'matən·sap] |
| sumo (m) de laranja | sinaasappelsap (het) | ['sinãsapəl·sap] |
| sumo (m) fresco | vers geperst sap (het) | [vɛrs xə'pɛrst sap] |

| cerveja (f) | bier (het) | [bir] |
| cerveja (f) clara | licht bier (het) | [lixt bir] |
| cerveja (f) preta | donker bier (het) | ['dɔnkər bir] |

| chá (m) | thee (de) | [tẽ] |
| chá (m) preto | zwarte thee (de) | ['zwartə tẽ] |
| chá (m) verde | groene thee (de) | ['xrunə tẽ] |

## 43. Vegetais

| legumes (m pl) | groenten | ['xruntən] |
| verduras (f pl) | verse kruiden | ['vɛrsə 'krœydən] |

| tomate (m) | tomaat (de) | [tɔ'mãt] |
| pepino (m) | augurk (de) | [au'xʉrk] |
| cenoura (f) | wortel (de) | ['wɔrtəl] |
| batata (f) | aardappel (de) | ['ãrd·apəl] |
| cebola (f) | ui (de) | ['œɣ] |

| | | |
|---|---|---|
| alho (m) | knoflook (de) | ['knõflɔk] |
| couve (f) | kool (de) | [kõl] |
| couve-flor (f) | bloemkool (de) | ['blum·kõl] |
| couve-de-bruxelas (f) | spruitkool (de) | ['sprœyt·kõl] |
| brócolos (m pl) | broccoli (de) | ['brɔkɔli] |

| | | |
|---|---|---|
| beterraba (f) | rode biet (de) | ['rɔdə bit] |
| beringela (f) | aubergine (de) | [ɔbɛr'ʒinə] |
| curgete (f) | courgette (de) | [kur'ʒɛt] |
| abóbora (f) | pompoen (de) | [pɔm'pun] |
| nabo (m) | raap (de) | [rāp] |

| | | |
|---|---|---|
| salsa (f) | peterselie (de) | [petər'sɛli] |
| funcho, endro (m) | dille (de) | ['dilə] |
| alface (f) | sla (de) | [sla] |
| aipo (m) | selderij (de) | ['sɛldɛrɛj] |
| espargo (m) | asperge (de) | [as'pɛrʒə] |
| espinafre (m) | spinazie (de) | [spi'nazi] |

| | | |
|---|---|---|
| ervilha (f) | erwt (de) | [ɛrt] |
| fava (f) | bonen | ['bɔnən] |
| milho (m) | maïs (de) | [majs] |
| feijão (m) | nierboon (de) | ['nir·bõn] |

| | | |
|---|---|---|
| pimentão (m) | peper (de) | ['pepər] |
| rabanete (m) | radijs (de) | [ra'dɛjs] |
| alcachofra (f) | artisjok (de) | [arti'çɔk] |

## 44. Frutos. Nozes

| | | |
|---|---|---|
| fruta (f) | vrucht (de) | [vrʉxt] |
| maçã (f) | appel (de) | ['apəl] |
| pera (f) | peer (de) | [pēr] |
| limão (m) | citroen (de) | [si'trun] |
| laranja (f) | sinaasappel (de) | ['sinãsapəl] |
| morango (m) | aardbei (de) | ['ārd·bɛj] |

| | | |
|---|---|---|
| tangerina (f) | mandarijn (de) | [manda'rɛjn] |
| ameixa (f) | pruim (de) | ['prœym] |
| pêssego (m) | perzik (de) | ['pɛrzik] |
| damasco (m) | abrikoos (de) | [abri'kõs] |
| framboesa (f) | framboos (de) | [fram'bõs] |
| ananás (m) | ananas (de) | ['ananas] |

| | | |
|---|---|---|
| banana (f) | banaan (de) | [ba'nān] |
| melancia (f) | watermeloen (de) | ['watərmɛ'lun] |
| uva (f) | druif (de) | [drœyf] |
| ginja (f) | zure kers (de) | ['zʉrə kɛrs] |
| cereja (f) | zoete kers (de) | ['zutə kɛrs] |
| meloa (f) | meloen (de) | [mə'lun] |

| | | |
|---|---|---|
| toranja (f) | grapefruit (de) | ['grepfrut] |
| abacate (m) | avocado (de) | [avɔ'kadɔ] |
| papaia (f) | papaja (de) | [pa'paja] |

| manga (f) | mango (de) | ['mangɔ] |
| romã (f) | granaatappel (de) | [xra'nãt·'apəl] |

| groselha (f) vermelha | rode bes (de) | ['rɔdə bɛs] |
| groselha (f) preta | zwarte bes (de) | ['zwartə bɛs] |
| groselha (f) espinhosa | kruisbes (de) | ['krœʏsbɛs] |
| mirtilo (m) | blauwe bosbes (de) | ['blauə 'bɔsbɛs] |
| amora silvestre (f) | braambes (de) | ['brãmbɛs] |

| uvas (f pl) passas | rozijn (de) | [rɔ'zɛjn] |
| figo (m) | vijg (de) | [vɛjx] |
| tâmara (f) | dadel (de) | ['dadəl] |

| amendoim (m) | pinda (de) | ['pinda] |
| amêndoa (f) | amandel (de) | [a'mandəl] |
| noz (f) | walnoot (de) | ['walnõt] |
| avelã (f) | hazelnoot (de) | ['hazəl·nõt] |
| coco (m) | kokosnoot (de) | ['kɔkɔs·nõt] |
| pistáchios (m pl) | pistaches | [pi'staʃəs] |

## 45. Pão. Bolaria

| pastelaria (f) | suikerbakkerij (de) | [sœʏkər bakə'rɛj] |
| pão (m) | brood (het) | [brõt] |
| bolacha (f) | koekje (het) | ['kukjə] |

| chocolate (m) | chocolade (de) | [ʃɔkɔ'ladə] |
| de chocolate | chocolade- | [ʃɔkɔ'ladə] |
| rebuçado (m) | snoepje (het) | ['snupjə] |
| bolo (cupcake, etc.) | cakeje (het) | ['kejkjə] |
| bolo (m) de aniversário | taart (de) | [tãrt] |

| tarte (~ de maçã) | pastei (de) | [pas'tɛj] |
| recheio (m) | vulling (de) | ['vʉliŋ] |

| doce (m) | confituur (de) | [kɔnfi'tũr] |
| geleia (f) de frutas | marmelade (de) | [marmə'ladə] |
| waffle (m) | wafel (de) | ['wafəl] |
| gelado (m) | ijsje (het) | ['ɛisjə], ['ɛiʃə] |
| pudim (m) | pudding (de) | ['pʉdiŋ] |

## 46. Pratos cozinhados

| prato (m) | gerecht (het) | [xe'rɛht] |
| cozinha (~ portuguesa) | keuken (de) | ['køkən] |
| receita (f) | recept (het) | [re'sɛpt] |
| porção (f) | portie (de) | ['pɔrsi] |

| salada (f) | salade (de) | [sa'ladə] |
| sopa (f) | soep (de) | [sup] |
| caldo (m) | bouillon (de) | [bu'jon] |
| sandes (f) | boterham (de) | ['bɔtərham] |

| | | |
|---|---|---|
| ovos (m pl) estrelados | spiegelei (het) | ['spixəl·ɛj] |
| hambúrguer (m) | hamburger (de) | ['hambʉrxər] |
| bife (m) | biefstuk (de) | ['bifstʉk] |

| | | |
|---|---|---|
| conduto (m) | garnering (de) | [xar'neriŋ] |
| espaguete (m) | spaghetti (de) | [spa'xeti] |
| puré (m) de batata | aardappelpuree (de) | ['ārdapəl·pʉ'rē] |
| pizza (f) | pizza (de) | ['pitsa] |
| papa (f) | pap (de) | [pap] |
| omelete (f) | omelet (de) | [ɔmə'lɛt] |

| | | |
|---|---|---|
| cozido em água | gekookt | [xə'kōkt] |
| fumado | gerookt | [xə'rōkt] |
| frito | gebakken | [xə'bakən] |
| seco | gedroogd | [xə'drōxt] |
| congelado | diepvries | ['dip·vris] |
| em conserva | gemarineerd | [xəmari'nērt] |

| | | |
|---|---|---|
| doce (açucarado) | zoet | [zut] |
| salgado | gezouten | [xə'zautən] |
| frio | koud | ['kaut] |
| quente | heet | [hēt] |
| amargo | bitter | ['bitər] |
| gostoso | lekker | ['lɛkər] |

| | | |
|---|---|---|
| cozinhar (em água a ferver) | koken | ['kɔkən] |
| fazer, preparar (vt) | bereiden | [bə'rɛjdən] |
| fritar (vt) | bakken | ['bakən] |
| aquecer (vt) | opwarmen | ['ɔpwarmən] |

| | | |
|---|---|---|
| salgar (vt) | zouten | ['zautən] |
| apimentar (vt) | peperen | ['pepərən] |
| ralar (vt) | raspen | ['raspən] |
| casca (f) | schil (de) | [sxil] |
| descascar (vt) | schillen | ['sxilən] |

## 47. Especiarias

| | | |
|---|---|---|
| sal (m) | zout (het) | ['zaut] |
| salgado | gezouten | [xə'zautən] |
| salgar (vt) | zouten | ['zautən] |

| | | |
|---|---|---|
| pimenta (f) preta | zwarte peper (de) | ['zwartə 'pepər] |
| pimenta (f) vermelha | rode peper (de) | ['rɔdə 'pepər] |
| mostarda (f) | mosterd (de) | ['mɔstərt] |
| raiz-forte (f) | mierikswortel (de) | ['miriks·'wortəl] |

| | | |
|---|---|---|
| condimento (m) | condiment (het) | [kɔndi'mɛnt] |
| especiaria (f) | specerij , kruiderij (de) | [spesə'rɛj], [krœydə'rɛj] |
| molho (m) | saus (de) | ['saus] |
| vinagre (m) | azijn (de) | [a'zɛjn] |

| | | |
|---|---|---|
| anis (m) | anijs (de) | [a'nɛjs] |
| manjericão (m) | basilicum (de) | [ba'silikəm] |

| | | |
|---|---|---|
| cravo (m) | kruidnagel (de) | ['krœʏtnaxəl] |
| gengibre (m) | gember (de) | ['xɛmbər] |
| coentro (m) | koriander (de) | [kɔri'andər] |
| canela (f) | kaneel (de/het) | [ka'nēl] |

| | | |
|---|---|---|
| sésamo (m) | sesamzaad (het) | ['sɛzam·zāt] |
| folhas (f pl) de louro | laurierblad (het) | [lau'rir·blat] |
| páprica (f) | paprika (de) | ['paprika] |
| cominho (m) | komijn (de) | [kɔ'mɛjn] |
| açafrão (m) | saffraan (de) | [saf'rān] |

## 48. Refeições

| | | |
|---|---|---|
| comida (f) | eten (het) | ['etən] |
| comer (vt) | eten | ['etən] |

| | | |
|---|---|---|
| pequeno-almoço (m) | ontbijt (het) | [ɔn'bɛjt] |
| tomar o pequeno-almoço | ontbijten | [ɔn'bɛjtən] |
| almoço (m) | lunch (de) | ['lʉnʃ] |
| almoçar (vi) | lunchen | ['lʉnʃən] |
| jantar (m) | avondeten (het) | ['avɔntetən] |
| jantar (vi) | souperen | [su'perən] |

| | | |
|---|---|---|
| apetite (m) | eetlust (de) | ['ētlʉst] |
| Bom apetite! | Eet smakelijk! | [ēt 'smakələk] |

| | | |
|---|---|---|
| abrir (~ uma lata, etc.) | openen | ['ɔpənən] |
| derramar (vt) | morsen | ['mɔrsən] |
| derramar-se (vr) | zijn gemorst | [zɛjn xɛ'mɔrst] |

| | | |
|---|---|---|
| ferver (vi) | koken | ['kɔkən] |
| ferver (vt) | koken | ['kɔkən] |
| fervido | gekookt | [xə'kōkt] |

| | | |
|---|---|---|
| arrefecer (vt) | afkoelen | ['afkulən] |
| arrefecer-se (vr) | afkoelen | ['afkulən] |

| | | |
|---|---|---|
| sabor, gosto (m) | smaak (de) | [smāk] |
| gostinho (m) | nasmaak (de) | ['nasmāk] |

| | | |
|---|---|---|
| fazer dieta | volgen een dieet | ['vɔlxə en di'ēt] |
| dieta (f) | dieet (het) | [di'ēt] |
| vitamina (f) | vitamine (de) | [vita'minə] |
| caloria (f) | calorie (de) | [kalɔ'ri] |

| | | |
|---|---|---|
| vegetariano (m) | vegetariër (de) | [vəxɛ'tarier] |
| vegetariano | vegetarisch | [vəxɛ'taris] |

| | | |
|---|---|---|
| gorduras (f pl) | vetten | ['vɛtən] |
| proteínas (f pl) | eiwitten | ['ɛjwitən] |
| carboidratos (m pl) | koolhydraten | [kōlhi'dratən] |
| fatia (~ de limão, etc.) | snede (de) | ['snedə] |
| pedaço (~ de bolo) | stuk (het) | [stʉk] |
| migalha (f) | kruimel (de) | ['krœʏməl] |

## 49. Por a mesa

| | | |
|---|---|---|
| colher (f) | **lepel (de)** | ['lepəl] |
| faca (f) | **mes (het)** | [mɛs] |
| garfo (m) | **vork (de)** | [vɔrk] |

| | | |
|---|---|---|
| chávena (f) | **kopje (het)** | ['kɔpjə] |
| prato (m) | **bord (het)** | [bɔrt] |
| pires (m) | **schoteltje (het)** | ['sxɔteltʃə] |
| guardanapo (m) | **servet (het)** | [sɛr'vɛt] |
| palito (m) | **tandenstoker (de)** | ['tandən·'stɔkər] |

## 50. Restaurante

| | | |
|---|---|---|
| restaurante (m) | **restaurant (het)** | [rɛstɔ'rant] |
| café (m) | **koffiehuis (het)** | ['kɔfi·hœys] |
| bar (m), cervejaria (f) | **bar (de)** | [bar] |
| salão (m) de chá | **tearoom (de)** | ['ti·rõm] |

| | | |
|---|---|---|
| empregado (m) de mesa | **kelner, ober (de)** | ['kɛlnər], ['ɔbər] |
| empregada (f) de mesa | **serveerster (de)** | [sɛr'vɛ̃rstər] |
| barman (m) | **barman (de)** | ['barman] |

| | | |
|---|---|---|
| ementa (f) | **menu (het)** | [me'nʉ] |
| lista (f) de vinhos | **wijnkaart (de)** | ['wɛjn·kãrt] |
| reservar uma mesa | **een tafel reserveren** | [en 'tafəl rezər'verən] |

| | | |
|---|---|---|
| prato (m) | **gerecht (het)** | [xe'rɛht] |
| pedir (vt) | **bestellen** | [bə'stɛlən] |
| fazer o pedido | **een bestelling maken** | [en bə'stɛliŋ 'makən] |

| | | |
|---|---|---|
| aperitivo (m) | **aperitief (de/het)** | [aperi'tif] |
| entrada (f) | **voorgerecht (het)** | ['võrxərɛht] |
| sobremesa (f) | **dessert (het)** | [dɛ'sɛːr] |

| | | |
|---|---|---|
| conta (f) | **rekening (de)** | ['rekəniŋ] |
| pagar a conta | **de rekening betalen** | [də 'rekəniŋ bə'talən] |
| dar o troco | **wisselgeld teruggeven** | ['wisəl·xɛlt tɛ'rʉxevən] |
| gorjeta (f) | **fooi (de)** | [fõj] |

# Família, parentes e amigos

## 51. Informação pessoal. Formulários

| | | |
|---|---|---|
| nome (m) | naam (de) | [nãm] |
| apelido (m) | achternaam (de) | ['axtər·nãm] |
| data (f) de nascimento | geboortedatum (de) | [xə'bõrtə·datʉm] |
| local (m) de nascimento | geboorteplaats (de) | [xə'bõrtə·plãts] |
| | | |
| nacionalidade (f) | nationaliteit (de) | [natsjɔnali'tɛjt] |
| lugar (m) de residência | woonplaats (de) | ['wõn·plãts] |
| país (m) | land (het) | [lant] |
| profissão (f) | beroep (het) | [bə'rup] |
| | | |
| sexo (m) | geslacht (het) | [xə'slaht] |
| estatura (f) | lengte (de) | ['lɛŋtə] |
| peso (m) | gewicht (het) | [xə'wixt] |

## 52. Membros da família. Parentes

| | | |
|---|---|---|
| mãe (f) | moeder (de) | ['mudər] |
| pai (m) | vader (de) | ['vadər] |
| filho (m) | zoon (de) | [zõn] |
| filha (f) | dochter (de) | ['dɔxtər] |
| | | |
| filha (f) mais nova | jongste dochter (de) | ['jɔŋstə 'dɔxtər] |
| filho (m) mais novo | jongste zoon (de) | ['jɔŋstə zõn] |
| filha (f) mais velha | oudste dochter (de) | ['audstə 'dɔxtər] |
| filho (m) mais velho | oudste zoon (de) | ['audstə zõn] |
| | | |
| irmão (m) | broer (de) | [brur] |
| irmão (m) mais velho | oudere broer (de) | ['audərə brur] |
| irmão (m) mais novo | jongere broer (de) | ['jɔŋərə brur] |
| irmã (f) | zuster (de) | ['zʉstər] |
| irmã (f) mais velha | oudere zuster (de) | ['audərə 'zʉstər] |
| irmã (f) mais nova | jongere zuster (de) | ['jɔŋərə 'zʉstər] |
| | | |
| primo (m) | neef (de) | [nẽf] |
| prima (f) | nicht (de) | [nixt] |
| mamã (f) | mama (de) | ['mama] |
| papá (m) | papa (de) | ['papa] |
| pais (pl) | ouders | ['audərs] |
| criança (f) | kind (het) | [kint] |
| crianças (f pl) | kinderen | ['kindərən] |
| | | |
| avó (f) | oma (de) | ['ɔma] |
| avô (m) | opa (de) | ['ɔpa] |
| neto (m) | kleinzoon (de) | [klɛjn·zõn] |

| | | |
|---|---|---|
| neta (f) | kleindochter (de) | [klɛjn·'dɔxtər] |
| netos (pl) | kleinkinderen | [klɛjn·'kinderən] |

| | | |
|---|---|---|
| tio (m) | oom (de) | [ōm] |
| tia (f) | tante (de) | ['tantə] |
| sobrinho (m) | neef (de) | [nēf] |
| sobrinha (f) | nicht (de) | [nixt] |

| | | |
|---|---|---|
| sogra (f) | schoonmoeder (de) | ['sxōn·mudər] |
| sogro (m) | schoonvader (de) | ['sxōn·vadər] |
| genro (m) | schoonzoon (de) | ['sxōn·zōn] |
| madrasta (f) | stiefmoeder (de) | ['stif·mudər] |
| padrasto (m) | stiefvader (de) | ['stif·vadər] |

| | | |
|---|---|---|
| criança (f) de colo | zuigeling (de) | ['zœɣxəliŋ] |
| bebé (m) | wiegenkind (het) | ['wixən·kint] |
| menino (m) | kleuter (de) | ['kløtər] |

| | | |
|---|---|---|
| mulher (f) | vrouw (de) | ['vrau] |
| marido (m) | man (de) | [man] |
| esposo (m) | echtgenoot (de) | ['ɛhtxənōt] |
| esposa (f) | echtgenote (de) | ['ɛhtxənɔtə] |

| | | |
|---|---|---|
| casado | gehuwd | [xə'hʉwt] |
| casada | gehuwd | [xə'hʉwt] |
| solteiro | ongehuwd | [ɔnhə'hʉwt] |
| solteirão (m) | vrijgezel (de) | [vrɛjxə'zɛl] |
| divorciado | gescheiden | [xə'sxɛjdən] |
| viúva (f) | weduwe (de) | ['wedʉwə] |
| viúvo (m) | weduwnaar (de) | ['wedʉwnãr] |

| | | |
|---|---|---|
| parente (m) | familielid (het) | [fa'mililit] |
| parente (m) próximo | dichte familielid (het) | ['dixtə fa'mililit] |
| parente (m) distante | verre familielid (het) | ['vɛrə fa'mililit] |
| parentes (m pl) | familieleden | [fa'mili'ledən] |

| | | |
|---|---|---|
| órfão (m), órfã (f) | wees (de), weeskind (het) | [wēs], ['wēskint] |
| tutor (m) | voogd (de) | [vōxt] |
| adotar (um filho) | adopteren | [adɔp'terən] |
| adotar (uma filha) | adopteren | [adɔp'terən] |

## 53. Amigos. Colegas de trabalho

| | | |
|---|---|---|
| amigo (m) | vriend (de) | [vrint] |
| amiga (f) | vriendin (de) | [vrin'din] |
| amizade (f) | vriendschap (de) | ['vrintsxap] |
| ser amigos | bevriend zijn | [bə'vrint zɛjn] |

| | | |
|---|---|---|
| amigo (m) | makker (de) | ['makər] |
| amiga (f) | vriendin (de) | [vrin'din] |
| parceiro (m) | partner (de) | ['partnər] |

| | | |
|---|---|---|
| chefe (m) | chef (de) | [ʃɛf] |
| superior (m) | baas (de) | [bās] |

| proprietário (m) | eigenaar (de) | ['ɛjxənār] |
| subordinado (m) | ondergeschikte (de) | ['ɔndərxə'sxiktə] |
| colega (m) | collega (de) | [kɔ'lexa] |

| conhecido (m) | kennis (de) | ['kɛnis] |
| companheiro (m) de viagem | medereiziger (de) | ['medə·'rɛjzixər] |
| colega (m) de classe | klasgenoot (de) | ['klas·xənōt] |

| vizinho (m) | buurman (de) | ['būrman] |
| vizinha (f) | buurvrouw (de) | ['būrvrau] |
| vizinhos (pl) | buren | ['bʉrən] |

## 54. Homem. Mulher

| mulher (f) | vrouw (de) | ['vrau] |
| rapariga (f) | meisje (het) | ['mɛjçə] |
| noiva (f) | bruid (de) | ['brœɣd] |

| bonita | mooi, mooie | [mōj], ['mōjə] |
| alta | groot, grote | [xrōt], ['xrɔtə] |
| esbelta | slank, slanke | [slaŋk], ['slaŋkə] |
| de estatura média | korte, kleine | ['kɔrtə], ['klɛjnə] |

| loura (f) | blondine (de) | [blɔn'dinə] |
| morena (f) | brunette (de) | [brʉ'netə] |

| de senhora | dames- | ['daməs] |
| virgem (f) | maagd (de) | [māxt] |
| grávida | zwanger | ['zwaŋər] |

| homem (m) | man (de) | [man] |
| louro (m) | blonde man (de) | ['blɔndə man] |
| moreno (m) | bruinharige man (de) | ['brœɣn 'harixə man] |
| alto | groot | [xrōt] |
| de estatura média | klein | [klɛjn] |

| rude | onbeleefd | [ɔnbə'lēft] |
| atarracado | gedrongen | [xə'drɔŋə] |
| robusto | robuust | [rɔ'būst] |
| forte | sterk | [stɛrk] |
| força (f) | sterkte (de) | ['stɛrktə] |

| gordo | mollig | ['mɔləx] |
| moreno | getaand | [xə'tānt] |
| esbelto | slank | [slaŋk] |
| elegante | elegant | [ɛle'xant] |

## 55. Idade

| idade (f) | leeftijd (de) | ['lēftɛjt] |
| juventude (f) | jeugd (de) | [øxt] |
| jovem | jong | [jɔŋ] |

| mais novo | jonger | ['joŋər] |
| mais velho | ouder | ['audər] |

| jovem (m) | jongen (de) | ['joŋən] |
| adolescente (m) | tiener, adolescent (de) | ['tinər], [adɔlɛ'sɛnt] |
| rapaz (m) | kerel (de) | ['kerɛl] |

| velho (m) | oude man (de) | ['audə man] |
| velhota (f) | oude vrouw (de) | ['audə 'vrau] |

| adulto | volwassen | [vɔl'wasən] |
| de meia-idade | van middelbare leeftijd | [van 'midəlbarə 'lēftɛjt] |
| idoso, de idade | bejaard | [bɛ'jārt] |
| velho | oud | ['aut] |

| reforma (f) | pensioen (het) | [pɛn'ʃun] |
| reformar-se (vr) | met pensioen gaan | [mɛt pɛn'ʃun xān] |
| reformado (m) | gepensioneerde (de) | [xəpɛnʃə'nērdə] |

## 56. Crianças

| criança (f) | kind (het) | [kint] |
| crianças (f pl) | kinderen | ['kindərən] |
| gémeos (m pl) | tweeling (de) | ['twēliŋ] |

| berço (m) | wieg (de) | [wix] |
| guizo (m) | rammelaar (de) | ['ramɛlār] |
| fralda (f) | luier (de) | ['lœyər] |

| chupeta (f) | speen (de) | [spēn] |
| carrinho (m) de bebé | kinderwagen (de) | ['kindər·'waxən] |
| jardim (m) de infância | kleuterschool (de) | ['kløtər·sxōl] |
| babysitter (f) | babysitter (de) | ['bɛjbisitər] |

| infância (f) | kindertijd (de) | ['kindər·tɛjt] |
| boneca (f) | pop (de) | [pɔp] |
| brinquedo (m) | speelgoed (het) | ['spēl·xut] |
| jogo (m) de armar | bouwspeelgoed (het) | ['bau·'spēlxut] |

| bem-educado | welopgevoed | [wɛl'ɔpxəvut] |
| mal-educado | onopgevoed | [ɔn'ɔpxəvut] |
| mimado | verwend | [vər'wɛnt] |

| ser travesso | stout zijn | ['staut zɛjn] |
| travesso, traquinas | stout | ['staut] |
| travessura (f) | stoutheid (de) | ['stauthɛjt] |
| criança (f) travessa | stouterd (de) | ['stautərt] |

| obediente | gehoorzaam | [xə'hōrzām] |
| desobediente | ongehoorzaam | [ɔnxə'hōrzām] |

| dócil | braaf | [brāf] |
| inteligente | slim | [slim] |
| menino (m) prodígio | wonderkind (het) | ['wɔndərkint] |

## 57. Casais. Vida de família

| | | |
|---|---|---|
| beijar (vt) | kussen | ['kʉsən] |
| beijar-se (vr) | elkaar kussen | [ɛl'kār 'kʉsən] |
| família (f) | gezin (het) | [xə'zin] |
| familiar | gezins- | [xə'zins] |
| casal (m) | paar (het) | [pār] |
| matrimónio (m) | huwelijk (het) | ['hʉwələk] |
| lar (m) | thuis (het) | ['tœʏs] |
| dinastia (f) | dynastie (de) | [dinas'ti] |
| | | |
| encontro (m) | date (de) | [dɛt] |
| beijo (m) | zoen (de) | [zun] |
| | | |
| amor (m) | liefde (de) | ['lifdə] |
| amar (vt) | liefhebben | ['lifhɛbən] |
| amado, querido | geliefde | [xə'lifdə] |
| | | |
| ternura (f) | tederheid (de) | ['tedərhɛjt] |
| terno, afetuoso | teder | ['tedər] |
| fidelidade (f) | trouw (de) | ['trau] |
| fiel | trouw | ['trau] |
| cuidado (m) | zorg (de) | [zɔrx] |
| carinhoso | zorgzaam | ['zɔrxzām] |
| | | |
| recém-casados (m pl) | jonggehuwden | [joŋhə·'hʉwdən] |
| lua de mel (f) | wittebroodsweken | ['witəbrōts·'wekən] |
| casar-se (com um homem) | trouwen | ['trauən] |
| casar-se (com uma mulher) | trouwen | ['trauən] |
| | | |
| boda (f) | bruiloft (de) | ['brœʏlɔft] |
| bodas (f pl) de ouro | gouden bruiloft (de) | ['xaudən 'brœʏlɔft] |
| aniversário (m) | verjaardag (de) | [vər'jār·dax] |
| | | |
| amante (m) | minnaar (de) | ['minār] |
| amante (f) | minnares (de) | ['minarɛs] |
| | | |
| ciumento | jaloers | [ja'lurs] |
| ser ciumento | jaloers zijn | [ja'lurs zɛjn] |
| divórcio (m) | echtscheiding (de) | ['ɛxtsxɛjdiŋ] |
| divorciar-se (vr) | scheiden | ['sxɛjdən] |
| | | |
| brigar (discutir) | ruzie hebben | ['rʉzi 'hɛbən] |
| fazer as pazes | vrede sluiten | ['vredə 'slœʏtən] |
| juntos | samen | ['samən] |
| sexo (m) | seks (de) | [sɛks] |
| | | |
| felicidade (f) | geluk (het) | [xə'lʉk] |
| feliz | gelukkig | [xə'lʉkəx] |
| infelicidade (f) | ongeluk (het) | ['ɔnxəlʉk] |
| infeliz | ongelukkig | [ɔnxə'lʉkəx] |

# Caráter. Sentimentos. Emoções

## 58. Sentimentos. Emoções

| | | |
|---|---|---|
| sentimento (m) | gevoel (het) | [xə'vul] |
| sentimentos (m pl) | gevoelens | [xə'vuləns] |
| sentir (vt) | voelen | ['vulən] |
| | | |
| fome (f) | honger (de) | ['hɔŋər] |
| ter fome | honger hebben | ['hɔŋər 'hɛbən] |
| sede (f) | dorst (de) | [dɔrst] |
| ter sede | dorst hebben | [dɔrst 'hɛbən] |
| sonolência (f) | slaperigheid (de) | ['slapərəxhɛjt] |
| estar sonolento | willen slapen | ['wilən 'slapən] |
| | | |
| cansaço (m) | moeheid (de) | ['muhɛjt] |
| cansado | moe | [mu] |
| ficar cansado | vermoeid raken | [vər'mujt 'rakən] |
| | | |
| humor (m) | stemming (de) | ['stɛmiŋ] |
| tédio (m) | verveling (de) | [vər'veliŋ] |
| aborrecer-se (vr) | zich vervelen | [zix vər'velən] |
| isolamento (m) | afzondering (de) | ['afsɔndəriŋ] |
| isolar-se | zich afzonderen | [zix 'afsɔnderən] |
| | | |
| preocupar (vt) | bezorgd maken | [bə'zɔrxt 'makən] |
| preocupar-se (vr) | bezorgd zijn | [bə'zɔrxt zɛjn] |
| preocupação (f) | zorg (de) | [zɔrx] |
| ansiedade (f) | ongerustheid (de) | [ɔnxə'rʉsthɛjt] |
| preocupado | ongerust | [ɔnxə'rʉst] |
| estar nervoso | zenuwachtig zijn | ['zenʉw·ahtəx zɛjn] |
| entrar em pânico | in paniek raken | [in pa'nik 'rakən] |
| | | |
| esperança (f) | hoop (de) | [hōp] |
| esperar (vt) | hopen | ['hɔpən] |
| | | |
| certeza (f) | zekerheid (de) | ['zekərhɛjt] |
| certo | zeker | ['zekər] |
| indecisão (f) | onzekerheid (de) | [ɔn'zekərhɛjt] |
| indeciso | onzeker | [ɔn'zekər] |
| | | |
| ébrio, bêbado | dronken | ['drɔnkən] |
| sóbrio | nuchter | ['nʉxtər] |
| fraco | zwak | [zwak] |
| feliz | gelukkig | [xə'lʉkəx] |
| assustar (vt) | doen schrikken | [dun 'sxrikən] |
| fúria (f) | toorn (de) | [tōrn] |
| ira, raiva (f) | woede (de) | ['wudə] |
| depressão (f) | depressie (de) | [dep'rɛsi] |
| desconforto (m) | ongemak (het) | [ɔnxə'mak] |

| conforto (m) | gemak, comfort (het) | [xə'mak], [kɔm'fɔr] |
| arrepender-se (vr) | spijt hebben | [spɛjt 'hɛbən] |
| arrependimento (m) | spijt (de) | [spɛjt] |
| azar (m), má sorte (f) | pech (de) | [pɛx] |
| tristeza (f) | bedroefdheid (de) | [bə'druft hɛjt] |

| vergonha (f) | schaamte (de) | ['sxāmtə] |
| alegria (f) | pret (de), plezier (het) | [prɛt], [plə'zir] |
| entusiasmo (m) | enthousiasme (het) | [ɛntusi'asmə] |
| entusiasta (m) | enthousiasteling (de) | [ɛntusi'astəliŋ] |
| mostrar entusiasmo | enthousiasme vertonen | [ɛntusi'asmə vər'tɔnən] |

## 59. Caráter. Personalidade

| caráter (m) | karakter (het) | [ka'raktər] |
| falha (f) de caráter | karakterfout (de) | [ka'raktər·'faut] |
| mente (f) | verstand (het) | [vər'stant] |
| razão (f) | rede (de) | ['redə] |

| consciência (f) | geweten (het) | [xə'wetən] |
| hábito (m) | gewoonte (de) | [xə'wõntə] |
| habilidade (f) | bekwaamheid (de) | [bək'wāmhɛjt] |
| saber (~ nadar, etc.) | kunnen | ['kɵnən] |

| paciente | geduldig | [xə'dɵldəx] |
| impaciente | ongeduldig | [ɔnxə'dɵldəx] |
| curioso | nieuwsgierig | [niu'sxirəx] |
| curiosidade (f) | nieuwsgierigheid (de) | [niu'sxirəxɛjt] |

| modéstia (f) | bescheidenheid (de) | [bə'sxɛjdənhɛjt] |
| modesto | bescheiden | [bə'sxɛjdən] |
| imodesto | onbescheiden | [ɔnbə'sxɛjdən] |

| preguiça (f) | luiheid (de) | ['lœɣhɛjt] |
| preguiçoso | lui | ['lœɣ] |
| preguiçoso (m) | luiwammes (de) | ['lœɣwaməs] |

| astúcia (f) | sluwheid (de) | ['slɵwhɛjt] |
| astuto | sluw | [slɵw] |
| desconfiança (f) | wantrouwen (het) | ['wantrauvən] |
| desconfiado | wantrouwig | ['wantrauvəx] |

| generosidade (f) | gulheid (de) | ['xɵlhɛjt] |
| generoso | gul | [xjul] |
| talentoso | talentrijk | [ta'lɛntrɛjk] |
| talento (m) | talent (het) | [ta'lɛnt] |

| corajoso | moedig | ['mudəx] |
| coragem (f) | moed (de) | [mut] |
| honesto | eerlijk | ['ērlək] |
| honestidade (f) | eerlijkheid (de) | ['ērləkhɛjt] |

| prudente | voorzichtig | [võr'zihtəx] |
| valente | manhaftig | [man'xaftəh] |

| sério | ernstig | ['ɛrnstəx] |
| severo | streng | [strɛŋ] |

| decidido | resoluut | [rezɔ'lūt] |
| indeciso | onzeker, irresoluut | [ɔn'zekər], [irezɔ'lūt] |
| tímido | schuchter | ['sxʉxtər] |
| timidez (f) | schuchterheid (de) | ['sxʉxtərxɛjt] |

| confiança (f) | vertrouwen (het) | [vər'trauwən] |
| confiar (vt) | vertrouwen | [vər'trauwən] |
| crédulo | goedgelovig | [xutxə'lɔvəx] |

| sinceramente | oprecht | [ɔp'rɛxt] |
| sincero | oprecht | [ɔp'rɛxt] |
| sinceridade (f) | oprechtheid (de) | [ɔp'rɛxtxɛjt] |
| aberto | open | ['ɔpən] |

| calmo | rustig | ['rʉstəx] |
| franco | openhartig | [ɔpən'hartəx] |
| ingénuo | naïef | [na'if] |
| distraído | verstrooid | [vər'strõjt] |
| engraçado | leuk, grappig | ['løk], ['xrapəx] |

| ganância (f) | gierigheid (de) | ['xirəxhɛjt] |
| ganancioso | gierig | ['xirəx] |
| avarento | inhalig | [in'haləx] |
| mau | kwaad | ['kwãt] |
| teimoso | koppig | ['kɔpəx] |
| desagradável | onaangenaam | [ɔ'nãnxənãm] |

| egoísta (m) | egoïst (de) | [ɛxɔ'ist] |
| egoísta | egoïstisch | [ɛxɔ'istis] |
| cobarde (m) | lafaard (de) | ['lafãrt] |
| cobarde | laf | [laf] |

## 60. O sono. Sonhos

| dormir (vi) | slapen | ['slapən] |
| sono (m) | slaap (de) | [slãp] |
| sonho (m) | droom (de) | [drõm] |
| sonhar (vi) | dromen | ['drɔmən] |
| sonolento | slaperig | ['slapərəx] |

| cama (f) | bed (het) | [bɛt] |
| colchão (m) | matras (de) | [ma'tras] |
| cobertor (m) | deken (de) | ['dekən] |
| almofada (f) | kussen (het) | ['kʉsən] |
| lençol (m) | laken (het) | ['lakən] |

| insónia (f) | slapeloosheid (de) | ['slapəlõshɛjt] |
| insone | slapeloos | ['slapəlõs] |
| sonífero (m) | slaapmiddel (het) | ['slãp·midəl] |
| tomar um sonífero | slaapmiddel innemen | ['slãpmidəl 'innemən] |
| estar sonolento | willen slapen | ['wilən 'slapən] |

| bocejar (vi) | geeuwen | ['xēuwən] |
| ir para a cama | gaan slapen | [xān 'slapən] |
| fazer a cama | het bed opmaken | [ət bɛt 'ɔpmakən] |
| adormecer (vi) | inslapen | ['inslapən] |

| pesadelo (m) | nachtmerrie (de) | ['naxtmɛri] |
| ronco (m) | gesnurk (het) | [xə'snurk] |
| roncar (vi) | snurken | ['snurkən] |

| despertador (m) | wekker (de) | ['wɛkər] |
| acordar, despertar (vt) | wekken | ['wɛkən] |
| acordar (vi) | wakker worden | ['wakər 'vɔrdən] |
| levantar-se (vr) | opstaan | ['ɔpstān] |
| lavar-se (vr) | zich wassen | [zix 'wasən] |

## 61. Humor. Riso. Alegria

| humor (m) | humor (de) | ['hʉmɔr] |
| sentido (m) de humor | gevoel (het) voor humor | [xə'vul vōr 'hʉmɔr] |
| divertir-se (vr) | plezier hebben | [plɛ'zir 'hɛbən] |
| alegre | vrolijk | ['vrɔlək] |
| alegria (f) | pret (de), plezier (het) | [prɛt], [plə'zir] |

| sorriso (m) | glimlach (de) | ['xlimlah] |
| sorrir (vi) | glimlachen | ['xlimlahən] |
| começar a rir | beginnen te lachen | [bə'xinən tə 'lahən] |
| rir (vi) | lachen | ['laxən] |
| riso (m) | lach (de) | [lax] |

| anedota (f) | mop (de) | [mɔp] |
| engraçado | grappig | ['xrapəx] |
| ridículo | grappig | ['xrapəx] |

| brincar, fazer piadas | grappen maken | ['xrapən 'makən] |
| piada (f) | grap (de) | [xrap] |
| alegria (f) | blijheid (de) | ['blɛjhɛjt] |
| regozijar-se (vr) | blij zijn | [blɛj zɛjn] |
| alegre | blij | [blɛj] |

## 62. Discussão, conversação. Parte 1

| comunicação (f) | communicatie (de) | [kɔmʉni'katsi] |
| comunicar-se (vr) | communiceren | [kɔmʉni'serən] |

| conversa (f) | conversatie (de) | [kɔnvər'satsi] |
| diálogo (m) | dialoog (de) | [dia'lōx] |
| discussão (f) | discussie (de) | [dis'kʉsi] |
| debate (m) | debat (het) | [de'bat] |
| debater (vt) | debatteren, twisten | [dəba'terən], ['twistən] |

| interlocutor (m) | gesprekspartner (de) | [xə'sprɛks·'partnər] |
| tema (m) | thema (het) | ['tema] |

| ponto (m) de vista | standpunt (het) | ['stant·pʉnt] |
| opinião (f) | mening (de) | ['meniŋ] |
| discurso (m) | toespraak (de) | ['tuspräk] |

| discussão (f) | bespreking (de) | [bə'sprekiŋ] |
| discutir (vt) | bespreken | [bə'sprekən] |
| conversa (f) | gesprek (het) | [xə'sprɛk] |
| conversar (vi) | spreken | ['sprekən] |
| encontro (m) | ontmoeting (de) | [ɔnt'mutiŋ] |
| encontrar-se (vr) | ontmoeten | [ɔnt'mutən] |

| provérbio (m) | spreekwoord (het) | ['sprēk·wõrt] |
| ditado (m) | gezegde (het) | [xə'zɛxdə] |
| adivinha (f) | raadsel (het) | ['rätsəl] |
| dizer uma adivinha | een raadsel opgeven | [en 'rätsəl 'ɔpxevən] |
| senha (f) | wachtwoord (het) | ['waxt·wõrt] |
| segredo (m) | geheim (het) | [xə'hɛjm] |

| juramento (m) | eed (de) | [ēd] |
| jurar (vi) | zweren | ['zwerən] |
| promessa (f) | belofte (de) | [bə'lɔftə] |
| prometer (vt) | beloven | [bə'lɔvən] |

| conselho (m) | advies (het) | [at'vis] |
| aconselhar (vt) | adviseren | [atvi'zirən] |
| seguir o conselho | advies volgen | [at'vis 'vɔlxən] |
| escutar (~ os conselhos) | luisteren | ['lœystərən] |

| novidade, notícia (f) | nieuws (het) | ['nius] |
| sensação (f) | sensatie (de) | [sɛn'satsi] |
| informação (f) | informatie (de) | [infɔr'matsi] |
| conclusão (f) | conclusie (de) | [kɔn'klʉzi] |
| voz (f) | stem (de) | [stɛm] |
| elogio (m) | compliment (het) | [kɔmpli'mɛnt] |
| amável | vriendelijk | ['vrindələk] |

| palavra (f) | woord (het) | [wõrt] |
| frase (f) | zin (de), zinsdeel (het) | [zin], ['zinsdēl] |
| resposta (f) | antwoord (het) | ['antwõrt] |

| verdade (f) | waarheid (de) | ['wãrhɛjt] |
| mentira (f) | leugen (de) | ['løxən] |

| pensamento (m) | gedachte (de) | [xə'dahtə] |
| ideia (f) | idee (de/het) | [i'dē] |
| fantasia (f) | fantasie (de) | [fanta'zi] |

## 63. Discussão, conversação. Parte 2

| estimado | gerespecteerd | [xərɛspɛk'tērt] |
| respeitar (vt) | respecteren | [rɛspɛk'terən] |
| respeito (m) | respect (het) | [rɛ'spɛkt] |
| Estimado ..., Caro ... | Geachte ... | [xe'ahtə] |
| apresentar (vt) | voorstellen | ['võrstɛlən] |

| travar conhecimento | kennismaken | ['kɛnis·makən] |
| intenção (f) | intentie (de) | [in'tɛntsi] |
| tencionar (vt) | intentie hebben | [in'tɛntsi 'hɛbən] |
| desejo (m) | wens (de) | [wɛns] |
| desejar (ex. ~ boa sorte) | wensen | ['wɛnsən] |

| surpresa (f) | verbazing (de) | [vər'baziŋ] |
| surpreender (vt) | verbazen | [vər'bazən] |
| surpreender-se (vr) | verbaasd zijn | [vər'bāst zɛjn] |

| dar (vt) | geven | ['xevən] |
| pegar (tomar) | nemen | ['nemən] |
| devolver (vt) | teruggeven | [te'rux·xevən] |
| retornar (vt) | retourneren | [retʉr'nerən] |

| desculpar-se (vr) | zich verontschuldigen | [zih vərɔnt'sxʉldəxən] |
| desculpa (f) | verontschuldiging (de) | [vərɔnt'sxʉldəxiŋ] |
| perdoar (vt) | vergeven | [vər'xevən] |

| falar (vi) | spreken | ['sprekən] |
| escutar (vt) | luisteren | ['lœysterən] |
| ouvir até o fim | aanhoren | ['ānhɔrən] |
| compreender (vt) | begrijpen | [bə'xrɛjpən] |

| mostrar (vt) | tonen | ['tɔnən] |
| olhar para … | kijken naar … | ['kɛjkən nār] |
| chamar (dizer em voz alta o nome) | roepen | ['rupən] |
| distrair (vt) | afleiden | ['aflejdən] |
| perturbar (vt) | storen | ['stɔrən] |
| entregar (~ em mãos) | doorgeven | [dōr'xevən] |

| pedido (m) | verzoek (het) | [vər'zuk] |
| pedir (ex. ~ ajuda) | verzoeken | [vər'zukən] |
| exigência (f) | eis (de) | [ɛjs] |
| exigir (vt) | eisen | ['ɛjsən] |

| chamar nomes (vt) | beledigen | [bə'ledəxən] |
| zombar (vt) | uitlachen | ['œʏtlaxən] |
| zombaria (f) | spot (de) | [spɔt] |
| alcunha (f) | bijnaam (de) | ['bɛjnām] |

| insinuação (f) | zinspeling (de) | ['zinspeliŋ] |
| insinuar (vt) | zinspelen | ['zinspelən] |
| subentender (vt) | impliceren | [impli'serən] |

| descrição (f) | beschrijving (de) | [bəsx'rɛjviŋ] |
| descrever (vt) | beschrijven | [bəsx'rɛjvən] |
| elogio (m) | lof (de) | [lɔf] |
| elogiar (vt) | loven | ['lɔvən] |

| desapontamento (m) | teleurstelling (de) | [tə'lørstɛliŋ] |
| desapontar (vt) | teleurstellen | [tə'lørstɛlən] |
| desapontar-se (vr) | teleurgesteld zijn | [tə'lørxɛstəlt zɛjn] |
| suposição (f) | veronderstelling (de) | [vərɔndər'stɛliŋ] |
| supor (vt) | veronderstellen | [vərɔndər'stɛlən] |

| | | |
|---|---|---|
| advertência (f) | waarschuwing (de) | ['wārsxjuviŋ] |
| advertir (vt) | waarschuwen | ['wārsxjuvən] |

## 64. Discussão, conversação. Parte 3

| | | |
|---|---|---|
| convencer (vt) | aanpraten | ['ānpratən] |
| acalmar (vt) | kalmeren | [kal'merən] |
| | | |
| silêncio (o ~ é de ouro) | stilte (de) | ['stiltə] |
| ficar em silêncio | zwijgen | ['zwɛjxən] |
| sussurrar (vt) | fluisteren | ['flœystərən] |
| sussurro (m) | gefluister (het) | [xə'flœystər] |
| | | |
| francamente | open, eerlijk | ['ɔpən], ['ērlək] |
| a meu ver ... | volgens mij ... | ['vɔlxəns mɛj] |
| | | |
| detalhe (~ da história) | detail (het) | [de'taj] |
| detalhado | gedetailleerd | [xədeta'jērt] |
| detalhadamente | gedetailleerd | [xədeta'jērt] |
| | | |
| dica (f) | hint (de) | [hint] |
| dar uma dica | een hint geven | [en hint 'xevən] |
| | | |
| olhar (m) | blik (de) | [blik] |
| dar uma vista de olhos | een kijkje nemen | [en 'kɛjkje 'nemən] |
| fixo (olhar ~) | strak | [strak] |
| piscar (vi) | knipperen | ['kniperən] |
| pestanejar (vt) | knipogen | ['knipɔxən] |
| acenar (com a cabeça) | knikken | ['knikən] |
| | | |
| suspiro (m) | zucht (de) | [zʉxt] |
| suspirar (vi) | zuchten | ['zʉxtən] |
| estremecer (vi) | huiveren | ['hœyvərən] |
| gesto (m) | gebaar (het) | [xə'bār] |
| tocar (com as mãos) | aanraken | ['ānrakən] |
| agarrar (~ pelo braço) | grijpen | ['xrɛjpən] |
| bater de leve | een schouderklopje geven | [en 'shaudər-'klɔpje 'xevən] |
| | | |
| Cuidado! | Kijk uit! | [kɛjk œyt] |
| A sério? | Echt? | [ɛxt] |
| Boa sorte! | Succes! | [sʉk'sɛs] |
| Compreendi! | Juist, ja! | [jœyst ja] |
| Que pena! | Wat jammer! | [wat 'jamə] |

## 65. Acordo. Recusa

| | | |
|---|---|---|
| consentimento (~ mútuo) | instemming (het) | ['instɛmiŋ] |
| consentir (vi) | instemmen | ['instɛmən] |
| aprovação (f) | goedkeuring (de) | [xut'køriŋ] |
| aprovar (vt) | goedkeuren | [xut'kørən] |
| recusa (f) | weigering (de) | ['wɛjxəriŋ] |
| negar-se (vt) | weigeren | ['wɛjxərən] |

| Está ótimo! | Geweldig! | [xə'wɛldəx] |
| Muito bem! | Goed! | [xut] |
| Está bem! De acordo! | Akkoord! | [a'kõrt] |

| proibido | verboden | [vər'bɔdən] |
| é proibido | het is verboden | [ət is vər'bɔdən] |
| é impossível | het is onmogelijk | [ət is ɔn'mɔxələk] |
| incorreto | onjuist | ['ɔnjœʏst] |

| rejeitar (~ um pedido) | afwijzen | ['afwɛjzən] |
| apoiar (vt) | steunen | ['stønən] |
| aceitar (desculpas, etc.) | aanvaarden | ['ānvārdən] |

| confirmar (vt) | bevestigen | [bə'vɛstixən] |
| confirmação (f) | bevestiging (de) | [bə'vɛstixiŋ] |
| permissão (f) | toestemming (de) | ['tustɛmiŋ] |
| permitir (vt) | toestaan | ['tustān] |
| decisão (f) | beslissing (de) | [bə'slisiŋ] |
| não dizer nada | z'n mond houden | [zən mɔnt 'haudən] |

| condição (com uma ~) | voorwaarde (de) | ['võrwārdə] |
| pretexto (m) | smoes (de) | [smus] |
| elogio (m) | lof (de) | [lɔf] |
| elogiar (vt) | loven | ['lɔvən] |

## 66. Sucesso. Boa sorte. Insucesso

| êxito, sucesso (m) | succes (het) | [sʉk'sɛs] |
| com êxito | succesvol | [sʉk'sɛsvɔl] |
| bem sucedido | succesvol | [sʉk'sɛsvɔl] |

| sorte (fortuna) | geluk (het) | [xə'lʉk] |
| Boa sorte! | Succes! | [sʉk'sɛs] |

| de sorte | geluks- | [xə'lʉks] |
| sortudo, felizardo | gelukkig | [xə'lʉkəx] |

| fracasso (m) | mislukking (de) | [mis'lʉkiŋ] |
| pouca sorte (f) | tegenslag (de) | ['texənslax] |
| azar (m), má sorte (f) | pech (de) | [pɛx] |

| mal sucedido | zonder succes | ['zɔndər sʉk'sɛs] |
| catástrofe (f) | catastrofe (de) | [kata'strofə] |

| orgulho (m) | fierheid (de) | ['firhɛjt] |
| orgulhoso | fier | [fir] |
| estar orgulhoso | fier zijn | [fir zɛjn] |

| vencedor (m) | winnaar (de) | ['winār] |
| vencer (vi) | winnen | ['winən] |
| perder (vt) | verliezen | [vər'lizən] |
| tentativa (f) | poging (de) | ['pɔxiŋ] |
| tentar (vt) | pogen, proberen | ['pɔxən], [prɔ'berən] |
| chance (m) | kans (de) | [kans] |

## 67. Conflitos. Emoções negativas

| | | |
|---|---|---|
| grito (m) | **schreeuw (de)** | [sxrēw] |
| gritar (vi) | **schreeuwen** | ['sxrēwən] |
| começar a gritar | **beginnen te schreeuwen** | [bə'xinən tə 'sxrēwən] |
| | | |
| discussão (f) | **ruzie (de)** | ['rʉzi] |
| discutir (vt) | **ruzie hebben** | ['rʉzi 'hɛbən] |
| escândalo (m) | **schandaal (het)** | [sxan'dāl] |
| criar escândalo | **schandaal maken** | [sxan'dāl 'makən] |
| conflito (m) | **conflict (het)** | [kɔn'flikt] |
| mal-entendido (m) | **misverstand (het)** | ['misvərstant] |
| | | |
| insulto (m) | **belediging (de)** | [bə'ledəxiŋ] |
| insultar (vt) | **beledigen** | [bə'ledəxən] |
| insultado | **beledigd** | [bə'ledəxt] |
| ofensa (f) | **krenking (de)** | ['krenkiŋ] |
| ofender (vt) | **krenken** | ['krenkən] |
| ofender-se (vr) | **gekwetst worden** | [xə'kwɛtst 'wɔrdən] |
| | | |
| indignação (f) | **verontwaardiging (de)** | [vərɔnt'wārdixiŋ] |
| indignar-se (vr) | **verontwaardigd zijn** | [vərɔnt'wārdixt zɛjn] |
| queixa (f) | **klacht (de)** | [klaxt] |
| queixar-se (vr) | **klagen** | ['klaxən] |
| | | |
| desculpa (f) | **verontschuldiging (de)** | [vərɔnt'sxʉldəxiŋ] |
| desculpar-se (vr) | **zich verontschuldigen** | [zih vərɔnt'sxʉldəxən] |
| pedir perdão | **excuus vragen** | [ɛks'kūs 'vraxən] |
| | | |
| crítica (f) | **kritiek (de)** | [kri'tik] |
| criticar (vt) | **bekritiseren** | [bəkriti'zerən] |
| acusação (f) | **beschuldiging (de)** | [bə'sxʉldəxiŋ] |
| acusar (vt) | **beschuldigen** | [bə'sxʉldəxən] |
| | | |
| vingança (f) | **wraak (de)** | [wrāk] |
| vingar (vt) | **wreken** | ['wrekən] |
| vingar-se (vr) | **wraak nemen** | [wrāk 'nemən] |
| | | |
| desprezo (m) | **minachting (de)** | ['minaxtiŋ] |
| desprezar (vt) | **minachten** | ['minaxtən] |
| ódio (m) | **haat (de)** | [hāt] |
| odiar (vt) | **haten** | ['hatən] |
| | | |
| nervoso | **zenuwachtig** | ['zenʉw·ahtəx] |
| estar nervoso | **zenuwachtig zijn** | ['zenʉw·ahtəx zɛjn] |
| zangado | **boos** | [bōs] |
| zangar (vt) | **boos maken** | [bōs 'makən] |
| | | |
| humilhação (f) | **vernedering (de)** | [vər'nedəriŋ] |
| humilhar (vt) | **vernederen** | [vər'nedərən] |
| humilhar-se (vr) | **zich vernederen** | [zix vər'nedərən] |
| | | |
| choque (m) | **schok (de)** | [sxɔk] |
| chocar (vt) | **schokken** | ['sxɔkən] |
| aborrecimento (m) | **onaangenaamheid (de)** | [ɔ'nānxənāmhɛjt] |

| | | |
|---|---|---|
| desagradável | **onaangenaam** | [ɔ'nānxənām] |
| medo (m) | **vrees (de)** | [vrēs] |
| terrível (tempestade, etc.) | **vreselijk** | ['vresələk] |
| assustador (ex. história ~a) | **eng** | [ɛŋ] |
| horror (m) | **gruwel (de)** | ['xrʉwəl] |
| horrível (crime, etc.) | **vreselijk** | ['vresələk] |
| | | |
| começar a tremer | **beginnen te beven** | [bə'xinən tə 'bevən] |
| chorar (vi) | **huilen** | ['hœylən] |
| começar a chorar | **beginnen te huilen** | [bə'xinən tə 'hœylən] |
| lágrima (f) | **traan (de)** | [trān] |
| | | |
| falta (f) | **schuld (de)** | [sxʉlt] |
| culpa (f) | **schuldgevoel (het)** | ['sxʉlt·xəvul] |
| desonra (f) | **schande (de)** | ['sxandə] |
| protesto (m) | **protest (het)** | [prɔ'tɛst] |
| stresse (m) | **stress (de)** | [strɛs] |
| | | |
| perturbar (vt) | **storen** | ['stɔrən] |
| zangar-se com … | **kwaad zijn** | ['kwāt zɛjn] |
| zangado | **kwaad** | ['kwāt] |
| terminar (vt) | **beëindigen** | [be'ɛjndəxən] |
| praguejar | **vloeken** | ['vlukən] |
| | | |
| assustar-se | **schrikken** | ['sxrikən] |
| golpear (vt) | **slaan** | [slān] |
| brigar (na rua, etc.) | **vechten** | ['vɛxtən] |
| | | |
| resolver (o conflito) | **regelen** | ['rexələn] |
| descontente | **ontevreden** | [ɔntə'vredən] |
| furioso | **woedend** | ['wudənt] |
| | | |
| Não está bem! | **Dat is niet goed!** | [dat is 'nit xut] |
| É mau! | **Dat is slecht!** | [dat is 'slɛxt] |

# Medicina

## 68. Doenças

| | | |
|---|---|---|
| doença (f) | ziekte (de) | ['ziktə] |
| estar doente | ziek zijn | [zik zɛjn] |
| saúde (f) | gezondheid (de) | [xə'zɔnthɛjt] |

| | | |
|---|---|---|
| nariz (m) a escorrer | snotneus (de) | [snɔt'nøs] |
| amigdalite (f) | angina (de) | [an'xina] |
| constipação (f) | verkoudheid (de) | [vər'kauthɛjt] |
| constipar-se (vr) | verkouden raken | [vər'kaudən 'rakən] |

| | | |
|---|---|---|
| bronquite (f) | bronchitis (de) | [brɔn'xitis] |
| pneumonia (f) | longontsteking (de) | ['lɔŋ·ɔntstekiŋ] |
| gripe (f) | griep (de) | [xrip] |

| | | |
|---|---|---|
| míope | bijziend | [bɛj'zint] |
| presbita | verziend | ['vɛrzint] |
| estrabismo (m) | scheelheid (de) | ['sxēlxɛjt] |
| estrábico | scheel | [sxēl] |
| catarata (f) | grauwe staar (de) | ['xrauə stār] |
| glaucoma (m) | glaucoom (het) | [xlau'kõm] |

| | | |
|---|---|---|
| AVC (m), apoplexia (f) | beroerte (de) | [bə'rurtə] |
| ataque (m) cardíaco | hartinfarct (het) | ['hart·in'farkt] |
| enfarte (m) do miocárdio | myocardiaal infarct (het) | [miɔkardi'āl in'farkt] |
| paralisia (f) | verlamming (de) | [vər'lamiŋ] |
| paralisar (vt) | verlammen | [vər'lamən] |

| | | |
|---|---|---|
| alergia (f) | allergie (de) | [alɛr'xi] |
| asma (f) | astma (de/het) | ['astma] |
| diabetes (f) | diabetes (de) | [dia'betəs] |

| | | |
|---|---|---|
| dor (f) de dentes | tandpijn (de) | ['tand·pɛjn] |
| cárie (f) | tandbederf (het) | ['tand·bə'dɛrf] |

| | | |
|---|---|---|
| diarreia (f) | diarree (de) | [dia'rē] |
| prisão (f) de ventre | constipatie (de) | [kɔnsti'patsi] |
| desarranjo (m) intestinal | maagstoornis (de) | ['māx·stōrnis] |
| intoxicação (f) alimentar | voedselvergiftiging (de) | ['vudsəl·vər'xiftəxiŋ] |
| intoxicar-se | voedselvergiftiging oplopen | ['vudsəl·vər'xiftəxiŋ 'ɔplopən] |

| | | |
|---|---|---|
| artrite (f) | artritis (de) | [ar'tritis] |
| raquitismo (m) | rachitis (de) | [ra'xitis] |
| reumatismo (m) | reuma (het) | ['røma] |
| arteriosclerose (f) | arteriosclerose (de) | [artɛriɔskle'rɔzə] |
| gastrite (f) | gastritis (de) | [xas'tritis] |
| apendicite (f) | blindedarmontsteking (de) | [blində'darm·ontstɛkiŋ] |

| | | |
|---|---|---|
| colecistite (f) | galblaasontsteking (de) | ['xalblaxāns·ɔnt'stɛkiŋ] |
| úlcera (f) | zweer (de) | [zwēr] |
| | | |
| sarampo (m) | mazelen | ['mazelən] |
| rubéola (f) | rodehond (de) | ['rɔdəhɔnt] |
| iterícia (f) | geelzucht (de) | ['xēlzʉht] |
| hepatite (f) | leverontsteking (de) | ['levər ɔnt'stekiŋ] |
| | | |
| esquizofrenia (f) | schizofrenie (de) | [sxitsɔfrə'ni] |
| raiva (f) | dolheid (de) | ['dɔlhɛjt] |
| neurose (f) | neurose (de) | ['nø'rɔzə] |
| comoção (f) cerebral | hersenschudding (de) | ['hɛrsən·sxjudiŋ] |
| | | |
| cancro (m) | kanker (de) | ['kankər] |
| esclerose (f) | sclerose (de) | [skle'rɔzə] |
| esclerose (f) múltipla | multiple sclerose (de) | ['mʉltiplə skle'rɔzə] |
| | | |
| alcoolismo (m) | alcoholisme (het) | [alkɔhɔ'lismə] |
| alcoólico (m) | alcoholicus (de) | [alkɔ'hɔlikʉs] |
| sífilis (f) | syfilis (de) | ['sifilis] |
| SIDA (f) | AIDS (de) | [ets] |
| | | |
| tumor (m) | tumor (de) | ['tʉmɔr] |
| maligno | kwaadaardig | ['kwāt·'ārdəx] |
| benigno | goedaardig | [xu'tārdəx] |
| | | |
| febre (f) | koorts (de) | [kõrts] |
| malária (f) | malaria (de) | [ma'laria] |
| gangrena (f) | gangreen (het) | [xanx'rēn] |
| enjoo (m) | zeeziekte (de) | [zē·'ziktə] |
| epilepsia (f) | epilepsie (de) | [ɛpilɛp'si] |
| | | |
| epidemia (f) | epidemie (de) | [ɛpidə'mi] |
| tifo (m) | tyfus (de) | ['tifʉs] |
| tuberculose (f) | tuberculose (de) | [tʉbərkʉ'lɔzə] |
| cólera (f) | cholera (de) | ['xɔləra] |
| peste (f) | pest (de) | [pɛst] |

## 69. Sintomas. Tratamentos. Parte 1

| | | |
|---|---|---|
| sintoma (m) | symptoom (het) | [simp'tõm] |
| temperatura (f) | temperatuur (de) | [tɛmpəra'tūr] |
| febre (f) | verhoogde temperatuur (de) | [vər'hõxtə tɛmpəra'tūr] |
| pulso (m) | polsslag (de) | ['pɔls·slax] |
| | | |
| vertigem (f) | duizeling (de) | ['dœyzəliŋ] |
| quente (testa, etc.) | heet | [hēt] |
| calafrio (m) | koude rillingen | ['kaudə 'riliŋən] |
| pálido | bleek | [blēk] |
| | | |
| tosse (f) | hoest (de) | [hust] |
| tossir (vi) | hoesten | ['hustən] |
| espirrar (vi) | niezen | ['nizən] |

| | | |
|---|---|---|
| desmaio (m) | flauwte (de) | ['flautə] |
| desmaiar (vi) | flauwvallen | ['flauvalən] |

| | | |
|---|---|---|
| nódoa (f) negra | blauwe plek (de) | ['blauə plɛk] |
| galo (m) | buil (de) | ['bœyl] |
| magoar-se (vr) | zich stoten | [zix 'stɔtən] |
| pisadura (f) | kneuzing (de) | ['knøziŋ] |
| aleijar-se (vr) | kneuzen | ['knøzən] |

| | | |
|---|---|---|
| coxear (vi) | hinken | ['hinkən] |
| deslocação (f) | verstuiking (de) | [vər'stœykiŋ] |
| deslocar (vt) | verstuiken | [vər'stœykən] |
| fratura (f) | breuk (de) | ['brøk] |
| fraturar (vt) | een breuk oplopen | [en 'brøk 'ɔplɔpən] |

| | | |
|---|---|---|
| corte (m) | snijwond (de) | ['snɛj·wɔnt] |
| cortar-se (vr) | zich snijden | [zix snɛjdən] |
| hemorragia (f) | bloeding (de) | ['bludiŋ] |

| | | |
|---|---|---|
| queimadura (f) | brandwond (de) | ['brant·wɔnt] |
| queimar-se (vr) | zich branden | [zix 'brandən] |

| | | |
|---|---|---|
| picar (vt) | prikken | ['prikən] |
| picar-se (vr) | zich prikken | [zix 'prikən] |
| lesionar (vt) | blesseren | [blɛ'serən] |
| lesão (m) | blessure (de) | [blɛ'sɨrə] |
| ferida (f), ferimento (m) | wond (de) | [wɔnt] |
| trauma (m) | trauma (het) | ['trauma] |

| | | |
|---|---|---|
| delirar (vi) | ijlen | ['ɛjlən] |
| gaguejar (vi) | stotteren | ['stɔtɛrən] |
| insolação (f) | zonnesteek (de) | ['zɔnə·stēk] |

## 70. Sintomas. Tratamentos. Parte 2

| | | |
|---|---|---|
| dor (f) | pijn (de) | [pɛjn] |
| farpa (no dedo) | splinter (de) | ['splintər] |

| | | |
|---|---|---|
| suor (m) | zweet (het) | ['zwēt] |
| suar (vi) | zweten | ['zwetən] |
| vómito (m) | braking (de) | ['brakiŋ] |
| convulsões (f pl) | stuiptrekkingen | ['stœyp·'trɛkiŋən] |

| | | |
|---|---|---|
| grávida | zwanger | ['zwaŋər] |
| nascer (vi) | geboren worden | [xə'bɔrən 'wɔrdən] |
| parto (m) | geboorte (de) | [xə'bōrtə] |
| dar à luz | baren | ['barən] |
| aborto (m) | abortus (de) | [a'bɔrtɨs] |

| | | |
|---|---|---|
| respiração (f) | ademhaling (de) | ['adəmhaliŋ] |
| inspiração (f) | inademing (de) | ['inademiŋ] |
| expiração (f) | uitademing (de) | ['œytademiŋ] |
| expirar (vi) | uitademen | ['œytademən] |
| inspirar (vi) | inademen | ['inademən] |

| inválido (m) | invalide (de) | [inva'lidə] |
| aleijado (m) | gehandicapte (de) | [hə'handikaptə] |
| toxicodependente (m) | drugsverslaafde (de) | ['drʉks·vər'slāfdə] |

| surdo | doof | [dōf] |
| mudo | stom | [stɔm] |
| surdo-mudo | doofstom | [dōf·'stɔm] |

| louco (adj.) | krankzinnig | [kraŋk'sinəx] |
| louco (m) | krankzinnige (de) | [kraŋk'sinəxə] |
| louca (f) | krankzinnige (de) | [kraŋk'sinəxə] |
| ficar louco | krankzinnig worden | [kraŋk'sinəx 'wɔrdən] |

| gene (m) | gen (het) | [xen] |
| imunidade (f) | immuniteit (de) | [imʉni'tɛjt] |
| hereditário | erfelijk | ['ɛrfələk] |
| congénito | aangeboren | ['ānxəbɔrən] |

| vírus (m) | virus (het) | ['virʉs] |
| micróbio (m) | microbe (de) | [mik'rɔbə] |
| bactéria (f) | bacterie (de) | [bak'teri] |
| infeção (f) | infectie (de) | [in'fɛksi] |

## 71. Sintomas. Tratamentos. Parte 3

| hospital (m) | ziekenhuis (het) | ['zikən·hœys] |
| paciente (m) | patiënt (de) | [pasi'ent] |

| diagnóstico (m) | diagnose (de) | [diax'nɔzə] |
| cura (f) | genezing (de) | [xə'neziŋ] |
| tratamento (m) médico | medische behandeling (de) | ['mɛdisə bə'handəliŋ] |
| curar-se (vr) | onder behandeling zijn | ['ɔndər bə'handəliŋ zɛjn] |
| tratar (vt) | behandelen | [bə'handələn] |
| cuidar (pessoa) | zorgen | ['zɔrxən] |
| cuidados (m pl) | ziekenzorg (de) | ['zikən·zɔrx] |

| operação (f) | operatie (de) | [ɔpe'ratsi] |
| enfaixar (vt) | verbinden | [vər'bindən] |
| enfaixamento (m) | verband (het) | [vər'bant] |

| vacinação (f) | vaccin (het) | [vaksən] |
| vacinar (vt) | inenten | ['inɛntən] |
| injeção (f) | injectie (de) | [inj'eksi] |
| dar uma injeção | een injectie geven | [ɛn inj'eksi 'xɛvən] |

| ataque (~ de asma, etc.) | aanval (de) | ['ānval] |
| amputação (f) | amputatie (de) | [ampʉ'tatsi] |
| amputar (vt) | amputeren | [ampʉ'terən] |
| coma (f) | coma (het) | ['kɔma] |
| estar em coma | in coma liggen | [in 'kɔma 'lixən] |
| reanimação (f) | intensieve zorg, ICU (de) | [intɛn'sivə zɔrx], [isɛ'ju] |

| recuperar-se (vr) | zich herstellen | [zix hɛr'ʃtɛlən] |
| estado (~ de saúde) | toestand (de) | ['tustant] |

| | | |
|---|---|---|
| consciência (f) | bewustzijn (het) | [bə'wʉstsɛjn] |
| memória (f) | geheugen (het) | [xə'høxən] |
| | | |
| tirar (vt) | trekken | ['trɛkən] |
| chumbo (m), obturação (f) | vulling (de) | ['vʉliŋ] |
| chumbar, obturar (vt) | vullen | ['vʉlən] |
| | | |
| hipnose (f) | hypnose (de) | ['hipnɔzə] |
| hipnotizar (vt) | hypnotiseren | [hipnɔti'zerən] |

## 72. Médicos

| | | |
|---|---|---|
| médico (m) | dokter, arts (de) | ['dɔktər], [arts] |
| enfermeira (f) | ziekenzuster (de) | ['zikən·zʉstər] |
| médico (m) pessoal | lijfarts (de) | ['lɛjf·arts] |
| | | |
| dentista (m) | tandarts (de) | ['tand·arts] |
| oculista (m) | oogarts (de) | ['ōx·arts] |
| terapeuta (m) | therapeut (de) | [tera'pøt] |
| cirurgião (m) | chirurg (de) | [ʃi'rʉrx] |
| | | |
| psiquiatra (m) | psychiater (de) | [psixi'atər] |
| pediatra (m) | pediater (de) | [pedi'atər] |
| psicólogo (m) | psycholoog (de) | [psihɔ'lōx] |
| ginecologista (m) | gynaecoloog (de) | [xinekɔ'lōx] |
| cardiologista (m) | cardioloog (de) | [kardiɔ'lōx] |

## 73. Medicina. Drogas. Acessórios

| | | |
|---|---|---|
| medicamento (m) | geneesmiddel (het) | [xə'nēsmidəl] |
| remédio (m) | middel (het) | ['midəl] |
| receitar (vt) | voorschrijven | ['vōrsxrɛjvən] |
| receita (f) | recept (het) | [re'sɛpt] |
| | | |
| comprimido (m) | tablet (de/het) | [tab'lɛt] |
| pomada (f) | zalf (de) | [zalf] |
| ampola (f) | ampul (de) | [am'pʉl] |
| preparado (m) | drank (de) | [drank] |
| xarope (m) | siroop (de) | [si'rōp] |
| cápsula (f) | pil (de) | [pil] |
| remédio (m) em pó | poeder (de/het) | ['pudər] |
| | | |
| ligadura (f) | verband (het) | [vər'bant] |
| algodão (m) | watten | ['watən] |
| iodo (m) | jodium (het) | ['jodijum] |
| | | |
| penso (m) rápido | pleister (de) | ['plɛjstər] |
| conta-gotas (m) | pipet (de) | [pi'pɛt] |
| termómetro (m) | thermometer (de) | ['tɛrmɔmetər] |
| seringa (f) | spuit (de) | ['spœyt] |
| cadeira (f) de rodas | rolstoel (de) | ['rɔl·stul] |
| muletas (f pl) | krukken | ['krʉkən] |

| analgésico (m) | pijnstiller (de) | ['pɛjn·stilər] |
| laxante (m) | laxeermiddel (het) | [la'ksēr·midəl] |
| álcool (m) etílico | spiritus (de) | ['spiritʉs] |
| ervas (f pl) medicinais | medicinale kruiden | [mɛdisi'nalə krœʏdən] |
| de ervas (chá ~) | kruiden- | ['krœʏdən] |

## 74. Fumar. Produtos tabágicos

| tabaco (m) | tabak (de) | [ta'bak] |
| cigarro (m) | sigaret (de) | [sixa'rɛt] |
| charuto (m) | sigaar (de) | [si'xār] |
| cachimbo (m) | pijp (de) | [pɛjp] |
| maço (~ de cigarros) | pakje (het) | ['pakjə] |

| fósforos (m pl) | lucifers | ['lʉsifərs] |
| caixa (f) de fósforos | luciferdoosje (het) | ['lʉsifər·'dōçə] |
| isqueiro (m) | aansteker (de) | ['ānstekər] |
| cinzeiro (m) | asbak (de) | ['asbak] |
| cigarreira (f) | sigarettendoosje (het) | [sixa'rɛtən·'dōçə] |

| boquilha (f) | sigarettenpijpje (het) | [sixa'rɛtən·'pɛjpjə] |
| filtro (m) | filter (de/het) | ['filtər] |

| fumar (vi, vt) | roken | ['rɔkən] |
| acender um cigarro | een sigaret opsteken | [en sixa'rɛt 'ɔpstekən] |
| tabagismo (m) | roken (het) | ['rɔkən] |
| fumador (m) | roker (de) | ['rɔkər] |

| beata (f) | peuk (de) | ['pøk] |
| fumo (m) | rook (de) | [rōk] |
| cinza (f) | as (de) | [as] |

# HABITAT HUMANO

## Cidade

### 75. Cidade. Vida na cidade

| | | |
|---|---|---|
| cidade (f) | **stad (de)** | [stat] |
| capital (f) | **hoofdstad (de)** | ['hõft·stat] |
| aldeia (f) | **dorp (het)** | [dɔrp] |
| | | |
| mapa (m) da cidade | **plattegrond (de)** | ['platə·xrɔnt] |
| centro (m) da cidade | **centrum (het)** | ['sɛntrʉm] |
| subúrbio (m) | **voorstad (de)** | ['võrstat] |
| suburbano | **voorstads-** | ['võrstats] |
| | | |
| periferia (f) | **randgemeente (de)** | ['rant·xəmēntə] |
| arredores (m pl) | **omgeving (de)** | [ɔm'xeviŋ] |
| quarteirão (m) | **blok (het)** | [blɔk] |
| quarteirão (m) residencial | **woonwijk (de)** | ['wõnvɛjk] |
| | | |
| tráfego (m) | **verkeer (het)** | [vər'kēr] |
| semáforo (m) | **verkeerslicht (het)** | [vər'kērs·lixt] |
| transporte (m) público | **openbaar vervoer (het)** | [ɔpən'bār vər'vur] |
| cruzamento (m) | **kruispunt (het)** | ['krœys·pynt] |
| | | |
| passadeira (f) | **zebrapad (het)** | ['zɛbra·pat] |
| passagem (f) subterrânea | **onderdoorgang (de)** | ['ɔndər·'dōrxaŋ] |
| cruzar, atravessar (vt) | **oversteken** | [ɔvər'stekən] |
| peão (m) | **voetganger (de)** | ['vutxaŋər] |
| passeio (m) | **trottoir (het)** | [trɔtu'ar] |
| | | |
| ponte (f) | **brug (de)** | [brʉx] |
| margem (f) do rio | **dijk (de)** | [dɛjk] |
| fonte (f) | **fontein (de)** | [fɔn'tɛjn] |
| | | |
| alameda (f) | **allee (de)** | [a'lē] |
| parque (m) | **park (het)** | [park] |
| bulevar (m) | **boulevard (de)** | [bulə'var] |
| praça (f) | **plein (het)** | [plɛjn] |
| avenida (f) | **laan (de)** | [lān] |
| rua (f) | **straat (de)** | [strāt] |
| travessa (f) | **zijstraat (de)** | ['zɛj·strāt] |
| beco (m) sem saída | **doodlopende straat (de)** | [dõd'lopəndə strāt] |
| | | |
| casa (f) | **huis (het)** | ['hœys] |
| edifício, prédio (m) | **gebouw (het)** | [xə'bau] |
| arranha-céus (m) | **wolkenkrabber (de)** | ['wɔlkən·'krabər] |
| fachada (f) | **gevel (de)** | ['xevəl] |
| telhado (m) | **dak (het)** | [dak] |

| janela (f) | venster (het) | ['vɛnstər] |
| arco (m) | boog (de) | [bōx] |
| coluna (f) | pilaar (de) | [pi'lār] |
| esquina (f) | hoek (de) | [huk] |

| montra (f) | vitrine (de) | [vit'rinə] |
| letreiro (m) | gevelreclame (de) | ['xevəl·re'klamə] |
| cartaz (m) | affiche (de/het) | [a'fiʃə] |
| cartaz (m) publicitário | reclameposter (de) | [re'klamə·'pɔstər] |
| painel (m) publicitário | aanplakbord (het) | ['ānplak·'bɔrt] |

| lixo (m) | vuilnis (de/het) | ['vœɣlnis] |
| cesta (f) do lixo | vuilnisbak (de) | ['vœɣlnis·bak] |
| jogar lixo na rua | afval weggooien | ['afval 'wɛxōjən] |
| aterro (m) sanitário | stortplaats (de) | ['stɔrt·plāts] |

| cabine (f) telefónica | telefooncel (de) | [telə'fōn·səl] |
| candeeiro (m) de rua | straatlicht (het) | ['strāt·lixt] |
| banco (m) | bank (de) | [bank] |

| polícia (m) | politieagent (de) | [pɔ'litsi·a'xɛnt] |
| polícia (instituição) | politie (de) | [pɔ'litsi] |
| mendigo (m) | zwerver (de) | ['zwɛrvər] |
| sem-abrigo (m) | dakloze (de) | [dak'lɔzə] |

## 76. Instituições urbanas

| loja (f) | winkel (de) | ['winkəl] |
| farmácia (f) | apotheek (de) | [apɔ'tēk] |
| ótica (f) | optiek (de) | [ɔp'tik] |
| centro (m) comercial | winkelcentrum (het) | ['winkəl·'sɛntrʉm] |
| supermercado (m) | supermarkt (de) | ['sʉpərmarkt] |

| padaria (f) | bakkerij (de) | ['bakərɛj] |
| padeiro (m) | bakker (de) | ['bakər] |
| pastelaria (f) | banketbakkerij (de) | [ban'ket·bakə'rɛj] |
| mercearia (f) | kruidenier (de) | [krœɣdə'nir] |
| talho (m) | slagerij (de) | [slaxə'rɛj] |

| loja (f) de legumes | groentewinkel (de) | ['xruntə·'winkəl] |
| mercado (m) | markt (de) | [markt] |

| café (m) | koffiehuis (het) | ['kɔfi·hœɣs] |
| restaurante (m) | restaurant (het) | [rɛstɔ'rant] |
| bar (m), cervejaria (f) | bar (de) | [bar] |
| pizzaria (f) | pizzeria (de) | [pitsə'rija] |

| salão (m) de cabeleireiro | kapperssalon (de/het) | ['kapərs·sa'lɔn] |
| correios (m pl) | postkantoor (het) | [pɔst·kan'tōr] |
| lavandaria (f) | stomerij (de) | [stɔmɛ'rɛj] |
| estúdio (m) fotográfico | fotostudio (de) | [fɔtɔ·'stʉdiɔ] |

| sapataria (f) | schoenwinkel (de) | ['sxun·'winkəl] |
| livraria (f) | boekhandel (de) | ['bukən·'handəl] |

| | | |
|---|---|---|
| loja (f) de artigos de desporto | **sportwinkel (de)** | ['spɔrt·'winkəl] |
| reparação (f) de roupa | **kledingreparatie (de)** | ['klediŋ·repa'ratsi] |
| aluguer (m) de roupa | **kledingverhuur (de)** | ['klediŋ·vər'hūr] |
| aluguer (m) de filmes | **videotheek (de)** | [videɔ'tēk] |
| | | |
| circo (m) | **circus (de/het)** | ['sirkʉs] |
| jardim (m) zoológico | **dierentuin (de)** | ['dīrən·tœyn] |
| cinema (m) | **bioscoop (de)** | [biɔ'skōp] |
| museu (m) | **museum (het)** | [mʉ'zejum] |
| biblioteca (f) | **bibliotheek (de)** | [bibliɔ'tēk] |
| | | |
| teatro (m) | **theater (het)** | [te'atər] |
| ópera (f) | **opera (de)** | ['ɔpəra] |
| clube (m) noturno | **nachtclub (de)** | ['naxt·klʉp] |
| casino (m) | **casino (het)** | [ka'sinɔ] |
| | | |
| mesquita (f) | **moskee (de)** | [mɔs'kē] |
| sinagoga (f) | **synagoge (de)** | [sina'xɔxə] |
| catedral (f) | **kathedraal (de)** | [kate'drāl] |
| templo (m) | **tempel (de)** | ['tɛmpəl] |
| igreja (f) | **kerk (de)** | [kɛrk] |
| | | |
| instituto (m) | **instituut (het)** | [insti'tūt] |
| universidade (f) | **universiteit (de)** | [junivɛrsi'tɛjt] |
| escola (f) | **school (de)** | [sxōl] |
| | | |
| prefeitura (f) | **gemeentehuis (het)** | [xə'mēntə·hœys] |
| câmara (f) municipal | **stadhuis (het)** | ['stat·hœys] |
| hotel (m) | **hotel (het)** | [hɔ'tɛl] |
| banco (m) | **bank (de)** | [bank] |
| | | |
| embaixada (f) | **ambassade (de)** | [amba'sadə] |
| agência (f) de viagens | **reisbureau (het)** | [rɛjs·bʉ'rɔ] |
| agência (f) de informações | **informatieloket (het)** | [infor'matsi·lɔ'kɛt] |
| casa (f) de câmbio | **wisselkantoor (het)** | ['wisəl·kan'tōr] |
| | | |
| metro (m) | **metro (de)** | ['metrɔ] |
| hospital (m) | **ziekenhuis (het)** | ['zikən·hœys] |
| | | |
| posto (m) de gasolina | **benzinestation (het)** | [bɛn'zinə·sta'tsjɔn] |
| parque (m) de estacionamento | **parking (de)** | ['parkiŋ] |

## 77. Transportes urbanos

| | | |
|---|---|---|
| autocarro (m) | **bus, autobus (de)** | [bʉs], ['autɔbʉs] |
| elétrico (m) | **tram (de)** | [trɛm] |
| troleicarro (m) | **trolleybus (de)** | ['trɔlibʉs] |
| itinerário (m) | **route (de)** | ['rutə] |
| número (m) | **nummer (het)** | ['nʉmər] |
| | | |
| ir de ... (carro, etc.) | **rijden met ...** | ['rɛjdən mɛt] |
| entrar (~ no autocarro) | **stappen** | ['stapən] |
| descer de ... | **afstappen** | ['afstapən] |
| paragem (f) | **halte (de)** | ['haltə] |

| próxima paragem (f) | volgende halte (de) | ['vɔlxəndə 'haltə] |
| ponto (m) final | eindpunt (het) | ['ɛjnt·pʉnt] |
| horário (m) | dienstregeling (de) | [dinst·'rexəliŋ] |
| esperar (vt) | wachten | ['waxtən] |

| bilhete (m) | kaartje (het) | ['kārtʃə] |
| custo (m) do bilhete | reiskosten (de) | ['rɛjs·kɔstən] |

| bilheteiro (m) | kassier (de) | [ka'sir] |
| controlo (m) dos bilhetes | kaartcontrole (de) | ['kārt·kɔn'trɔlə] |
| revisor (m) | controleur (de) | [kɔntrɔ'lør] |

| atrasar-se (vr) | te laat zijn | [tə 'lāt zɛjn] |
| perder (o autocarro, etc.) | missen (de bus ~) | ['misən] |
| estar com pressa | zich haasten | [zix 'hāstən] |

| táxi (m) | taxi (de) | ['taksi] |
| taxista (m) | taxichauffeur (de) | ['taksi·ʃɔ'før] |
| de táxi (ir ~) | met de taxi | [mɛt də 'taksi] |
| praça (f) de táxis | taxistandplaats (de) | ['taksi·'stant·plāts] |
| chamar um táxi | een taxi bestellen | [en 'taksi bə'stɛlən] |
| apanhar um táxi | een taxi nemen | [en 'taksi 'nemən] |

| tráfego (m) | verkeer (het) | [vər'kēr] |
| engarrafamento (m) | file (de) | ['filə] |
| horas (f pl) de ponta | spitsuur (het) | ['spits·ūr] |
| estacionar (vi) | parkeren | [par'kerən] |
| estacionar (vt) | parkeren | [par'kerən] |
| parque (m) de estacionamento | parking (de) | ['parkiŋ] |

| metro (m) | metro (de) | ['metrɔ] |
| estação (f) | halte (de) | ['haltə] |
| ir de metro | de metro nemen | [də 'metrɔ 'nemən] |
| comboio (m) | trein (de) | [trɛjn] |
| estação (f) | station (het) | [sta'tsjɔn] |

## 78. Turismo

| monumento (m) | monument (het) | [mɔnʉ'mɛnt] |
| fortaleza (f) | vesting (de) | ['vɛstiŋ] |
| palácio (m) | paleis (het) | [pa'lɛjs] |
| castelo (m) | kasteel (het) | [kas'tēl] |
| torre (f) | toren (de) | ['tɔrən] |
| mausoléu (m) | mausoleum (het) | [mauzo'leum] |

| arquitetura (f) | architectuur (de) | [arʃitək'tūr] |
| medieval | middeleeuws | ['midəlēws] |
| antigo | oud | ['aut] |
| nacional | nationaal | [natsjo'nāl] |
| conhecido | bekend | [bə'kɛnt] |

| turista (m) | toerist (de) | [tu'rist] |
| guia (pessoa) | gids (de) | [xits] |
| excursão (f) | rondleiding (de) | ['rɔntlɛjdiŋ] |

| mostrar (vt) | tonen | ['tɔnən] |
| contar (vt) | vertellen | [vər'tɛlən] |

| encontrar (vt) | vinden | ['vindən] |
| perder-se (vr) | verdwalen | [vərd'walən] |
| mapa (~ do metrô) | plattegrond (de) | ['platə·xrɔnt] |
| mapa (~ da cidade) | plattegrond (de) | ['platə·xrɔnt] |

| lembrança (f), presente (m) | souvenir (het) | [suve'nir] |
| loja (f) de presentes | souvenirwinkel (de) | [suve'nir·'winkəl] |
| fotografar (vt) | foto's maken | ['fɔtɔs 'makən] |
| fotografar-se | zich laten fotograferen | [zih 'latən fɔtɔxra'ferən] |

## 79. Compras

| comprar (vt) | kopen | ['kɔpən] |
| compra (f) | aankoop (de) | ['ãnkɔp] |
| fazer compras | winkelen | ['winkelən] |
| compras (f pl) | winkelen (het) | ['winkelən] |

| estar aberta (loja, etc.) | open zijn | ['ɔpən zɛjn] |
| estar fechada | gesloten zijn | [xə'slɔtən zɛjn] |

| calçado (m) | schoeisel (het) | ['sxuisəl] |
| roupa (f) | kleren (mv.) | ['klerən] |
| cosméticos (m pl) | cosmetica (mv.) | [kɔs'metika] |
| alimentos (m pl) | voedingswaren | ['vudiŋs·warən] |
| presente (m) | geschenk (het) | [xə'sxɛnk] |

| vendedor (m) | verkoper (de) | [vər'kɔpər] |
| vendedora (f) | verkoopster (de) | [vər'kõpstər] |

| caixa (f) | kassa (de) | ['kasa] |
| espelho (m) | spiegel (de) | ['spixəl] |
| balcão (m) | toonbank (de) | ['tõn·bank] |
| cabine (f) de provas | paskamer (de) | ['pas·kamər] |

| provar (vt) | aanpassen | ['ãnpasən] |
| servir (vi) | passen | ['pasən] |
| gostar (apreciar) | bevallen | [bə'valən] |

| preço (m) | prijs (de) | [prɛjs] |
| etiqueta (f) de preço | prijskaartje (het) | ['prɛjs·'kãrtʃə] |
| custar (vt) | kosten | ['kɔstən] |
| Quanto? | Hoeveel? | [hu'vēl] |
| desconto (m) | korting (de) | ['kɔrtiŋ] |

| não caro | niet duur | [nit dūr] |
| barato | goedkoop | [xut'kõp] |
| caro | duur | [dūr] |
| É caro | Dat is duur. | [dat is 'dūr] |

| aluguer (m) | verhuur (de) | [vər'hūr] |
| alugar (vestidos, etc.) | huren | ['hʉrən] |

| crédito (m) | krediet (het) | [kre'dit] |
| a crédito | op krediet | [ɔp kre'dit] |

## 80. Dinheiro

| dinheiro (m) | geld (het) | [xɛlt] |
| câmbio (m) | ruil (de) | [rœyl] |
| taxa (f) de câmbio | koers (de) | [kurs] |
| Caixa Multibanco (m) | geldautomaat (de) | [xɛlt·autɔ'māt] |
| moeda (f) | muntstuk (de) | ['muntstʉk] |

| dólar (m) | dollar (de) | ['dɔlar] |
| euro (m) | euro (de) | [ørɔ] |

| lira (f) | lire (de) | ['lirə] |
| marco (m) | Duitse mark (de) | ['dœytsə mark] |
| franco (m) | frank (de) | [frank] |
| libra (f) esterlina | pond sterling (het) | [pɔnt 'stɛrliŋ] |
| iene (m) | yen (de) | [jen] |

| dívida (f) | schuld (de) | [sxʉlt] |
| devedor (m) | schuldenaar (de) | ['sxʉldənār] |
| emprestar (vt) | uitlenen | ['œytlənən] |
| pedir emprestado | lenen | ['lenən] |

| banco (m) | bank (de) | [bank] |
| conta (f) | bankrekening (de) | [bank·'rekəniŋ] |
| depositar (vt) | storten | ['stɔrtən] |
| depositar na conta | op rekening storten | [ɔp 'rekəniŋ 'stɔrtən] |
| levantar (vt) | opnemen | ['ɔpnemən] |

| cartão (m) de crédito | kredietkaart (de) | [kre'dit·kārt] |
| dinheiro (m) vivo | baar geld (het) | [bār 'xɛlt] |
| cheque (m) | cheque (de) | [ʃɛk] |
| passar um cheque | een cheque uitschrijven | [en ʃɛk œyt'sxrɛjvən] |
| livro (m) de cheques | chequeboekje (het) | [ʃɛk·'bukjə] |

| carteira (f) | portefeuille (de) | [pɔrtə'fœyə] |
| porta-moedas (m) | geldbeugel (de) | [xɛlt·'bøxəl] |
| cofre (m) | safe (de) | [sef] |

| herdeiro (m) | erfgenaam (de) | ['ɛrfxənām] |
| herança (f) | erfenis (de) | ['ɛrfənis] |
| fortuna (riqueza) | fortuin (het) | [fɔr'tœyn] |

| arrendamento (m) | huur (de) | [hūr] |
| renda (f) de casa | huurprijs (de) | ['hūr·prɛjs] |
| alugar (vt) | huren | ['hʉrən] |

| preço (m) | prijs (de) | [prɛjs] |
| custo (m) | kostprijs (de) | ['kɔstprɛjs] |
| soma (f) | som (de) | [sɔm] |
| gastar (vt) | uitgeven | ['œytxevən] |
| gastos (m pl) | kosten | ['kɔstən] |

| economizar (vi) | bezuinigen | [bə'zœʏnəxən] |
| económico | zuinig | ['zœʏnəx] |

| pagar (vt) | betalen | [bə'talən] |
| pagamento (m) | betaling (de) | [bə'taliŋ] |
| troco (m) | wisselgeld (het) | ['wisəl·xɛlt] |

| imposto (m) | belasting (de) | [bə'lastiŋ] |
| multa (f) | boete (de) | ['butə] |
| multar (vt) | beboeten | [bə'butən] |

## 81. Correios. Serviço postal

| correios (m pl) | postkantoor (het) | [pɔst·kan'tōr] |
| correio (m) | post (de) | [pɔst] |
| carteiro (m) | postbode (de) | ['pɔst·bodə] |
| horário (m) | openingsuren | ['ɔpəniŋs·ʉrən] |

| carta (f) | brief (de) | [brif] |
| carta (f) registada | aangetekende brief (de) | ['ānxə'tekəndə brif] |
| postal (m) | briefkaart (de) | ['brif·kārt] |
| telegrama (m) | telegram (het) | [teləx'ram] |
| encomenda (f) postal | postpakket (het) | [pɔstpa'ket] |
| remessa (f) de dinheiro | overschrijving (de) | [ɔvər'sxrɛjviŋ] |

| receber (vt) | ontvangen | [ɔnt'faŋən] |
| enviar (vt) | sturen | ['stʉrən] |
| envio (m) | verzending (de) | [vər'zɛndiŋ] |

| endereço (m) | adres (het) | [ad'rɛs] |
| código (m) postal | postcode (de) | ['pɔst·kɔdə] |
| remetente (m) | verzender (de) | [vər'zɛndər] |
| destinatário (m) | ontvanger (de) | [ɔnt'faŋər] |

| nome (m) | naam (de) | [nām] |
| apelido (m) | achternaam (de) | ['axtər·nām] |

| tarifa (f) | tarief (het) | [ta'rif] |
| ordinário | standaard | ['standārt] |
| económico | zuinig | ['zœʏnəx] |

| peso (m) | gewicht (het) | [xə'wixt] |
| pesar (estabelecer o peso) | afwegen | ['afwexən] |
| envelope (m) | envelop (de) | [ɛnve'lɔp] |
| selo (m) | postzegel (de) | ['pɔst·zexəl] |
| colar o selo | een postzegel plakken op | [en pɔst'zexəl 'plakən ɔp] |

# Moradia. Casa. Lar

## 82. Casa. Habitação

| | | |
|---|---|---|
| casa (f) | huis (het) | ['hœys] |
| em casa | thuis | ['tœys] |
| pátio (m) | cour (de) | [kur] |
| cerca (f) | omheining (de) | [ɔm'hɛjniŋ] |
| | | |
| tijolo (m) | baksteen (de) | ['bakstēn] |
| de tijolos | van bakstenen | [van 'bakstənən] |
| pedra (f) | steen (de) | [stēn] |
| de pedra | stenen | ['stenən] |
| betão (m) | beton (het) | [bə'tɔn] |
| de betão | van beton | [van bə'tɔn] |
| | | |
| novo | nieuw | [niu] |
| velho | oud | ['aut] |
| decrépito | vervallen | [vər'valən] |
| moderno | modern | [mɔ'dɛrn] |
| de muitos andares | met veel verdiepingen | [mɛt vēl vɛr'dipiŋən] |
| alto | hoog | [hōx] |
| | | |
| andar (m) | verdieping (de) | [vər'dipiŋ] |
| de um andar | met een verdieping | [mɛt en vər'dipiŋ] |
| | | |
| andar (m) de baixo | laagste verdieping (de) | ['lāxstə vər'dipiŋ] |
| andar (m) de cima | bovenverdieping (de) | ['bɔvən·vər'dipiŋ] |
| | | |
| telhado (m) | dak (het) | [dak] |
| chaminé (f) | schoorsteen (de) | ['sxōr·stēn] |
| | | |
| telha (f) | dakpan (de) | ['dakpan] |
| de telha | pannen- | ['panən] |
| sótão (m) | zolder (de) | ['zɔldər] |
| | | |
| janela (f) | venster (het) | ['vɛnstər] |
| vidro (m) | glas (het) | [xlas] |
| | | |
| parapeito (m) | vensterbank (de) | ['vɛnstər·bank] |
| portadas (f pl) | luiken | ['lœykən] |
| | | |
| parede (f) | muur (de) | [mūr] |
| varanda (f) | balkon (het) | [bal'kɔn] |
| tubo (m) de queda | regenpijp (de) | ['rexən·pɛjp] |
| | | |
| em cima | boven | ['bɔvən] |
| subir (~ as escadas) | naar boven gaan | [nār 'bɔvən xān] |
| descer (vi) | afdalen | ['afdalən] |
| mudar-se (vr) | verhuizen | [vər'hœyzən] |

## 83. Casa. Entrada. Elevador

| | | |
|---|---|---|
| entrada (f) | **ingang (de)** | ['inxaŋ] |
| escada (f) | **trap (de)** | [trap] |
| degraus (m pl) | **treden** | ['tredən] |
| corrimão (m) | **trapleuning (de)** | ['trap·'løniŋ] |
| hall (m) de entrada | **hal (de)** | [hal] |
| | | |
| caixa (f) de correio | **postbus (de)** | ['pɔst·bʉs] |
| caixote (m) do lixo | **vuilnisbak (de)** | ['vœʏlnis·bak] |
| conduta (f) do lixo | **vuilniskoker (de)** | ['vœʏlnis·'kɔkər] |
| | | |
| elevador (m) | **lift (de)** | [lift] |
| elevador (m) de carga | **goederenlift (de)** | ['xuderən·lift] |
| cabine (f) | **liftcabine (de)** | [lift·ka'binə] |
| pegar o elevador | **de lift nemen** | [də lift 'nemən] |
| | | |
| apartamento (m) | **appartement (het)** | [apartə'mɛnt] |
| moradores (m pl) | **bewoners** | [bə'wɔnərs] |
| vizinho (m) | **buurman (de)** | ['bʉrman] |
| vizinha (f) | **buurvrouw (de)** | ['bʉrvrau] |
| vizinhos (pl) | **buren** | ['bʉrən] |

## 84. Casa. Portas. Fechaduras

| | | |
|---|---|---|
| porta (f) | **deur (de)** | ['dør] |
| portão (m) | **toegangspoort (de)** | ['tuxaŋs·põrt] |
| maçaneta (f) | **deurkruk (de)** | ['dør·krʉk] |
| destrancar (vt) | **ontsluiten** | [ɔn'slœʏtən] |
| abrir (vt) | **openen** | ['ɔpənən] |
| fechar (vt) | **sluiten** | ['slœʏtən] |
| | | |
| chave (f) | **sleutel (de)** | ['sløtəl] |
| molho (m) | **sleutelbos (de)** | ['sløtəl·bɔs] |
| ranger (vi) | **knarsen** | ['knarsən] |
| rangido (m) | **knarsgeluid (het)** | ['knarsxəlœʏt] |
| dobradiça (f) | **scharnier (het)** | [sxar'nir] |
| tapete (m) de entrada | **deurmat (de)** | ['dør·mat] |
| | | |
| fechadura (f) | **slot (het)** | [slɔt] |
| buraco (m) da fechadura | **sleutelgat (het)** | ['sløtəl·xat] |
| ferrolho (m) | **grendel (de)** | ['xrɛndəl] |
| fecho (ferrolho pequeno) | **schuif (de)** | ['sxœʏf] |
| cadeado (m) | **hangslot (het)** | ['haŋ·slɔt] |
| | | |
| tocar (vt) | **aanbellen** | ['ãmbɛlən] |
| toque (m) | **bel (de)** | [bel] |
| campainha (f) | **deurbel (de)** | ['dør·bel] |
| botão (m) | **belknop (de)** | ['bel·knɔp] |
| batida (f) | **geklop (het)** | [xə'klɔp] |
| bater (vi) | **kloppen** | ['klɔpən] |
| código (m) | **code (de)** | ['kɔdə] |
| fechadura (f) de código | **cijferslot (het)** | ['sɛjfər·slɔt] |

| telefone (m) de porta | parlofoon (de) | ['parlofōn] |
| número (m) | nummer (het) | ['nʉmər] |
| placa (f) de porta | naambordje (het) | ['nām·'bɔrdjə] |
| vigia (f), olho (m) mágico | deurspion (de) | ['dør·spiɔn] |

## 85. Casa de campo

| aldeia (f) | dorp (het) | [dɔrp] |
| horta (f) | moestuin (de) | ['mus·tœʏn] |

| cerca (f) | hek (het) | [hɛk] |
| paliçada (f) | houten hekwerk (het) | ['hautən 'hɛkwɛrk] |
| cancela (f) do jardim | tuinpoortje (het) | ['tœʏn·'pōrtʃe] |

| celeiro (m) | graanschuur (de) | ['xrān·sxūr] |
| adega (f) | wortelkelder (de) | ['wɔrtəl·'kɛldər] |
| galpão, barracão (m) | schuur (de) | [sxūr] |
| poço (m) | waterput (de) | ['watər·pʉt] |

| fogão (m) | kachel (de) | ['kaxəl] |
| atiçar o fogo | de kachel stoken | [də 'kaxəl 'stɔkən] |

| lenha (carvão ou ~) | brandhout (het) | ['brant·haut] |
| acha (lenha) | houtblok (het) | ['hautblɔk] |

| varanda (f) | veranda (de) | [və'randa] |
| alpendre (m) | terras (het) | [tɛ'ras] |
| degraus (m pl) de entrada | bordes (het) | [bɔr'dɛs] |
| balouço (m) | schommel (de) | ['sxɔməl] |

## 86. Castelo. Palácio

| castelo (m) | kasteel (het) | [kas'tēl] |
| palácio (m) | paleis (het) | [pa'lɛjs] |
| fortaleza (f) | vesting (de) | ['vɛstiŋ] |

| muralha (f) | ringmuur (de) | ['riŋ·mūr] |
| torre (f) | toren (de) | ['tɔrən] |
| calabouço (m) | donjon (de) | [dɔn'ʒɔn] |

| grade (f) levadiça | valhek (het) | ['valhək] |
| passagem (f) subterrânea | onderaardse gang (de) | [ɔndər'ārdsə xaŋ] |
| fosso (m) | slotgracht (de) | ['slɔt·xraht] |

| corrente, cadeia (f) | ketting (de) | ['kɛtiŋ] |
| seteira (f) | schietgat (het) | ['sxitxat] |

| magnífico | prachtig | ['prahtəx] |
| majestoso | majestueus | [mahəstʉ'øz] |

| inexpugnável | onneembaar | [ɔ'nēmbār] |
| medieval | middeleeuws | ['midəlēws] |

## 87. Apartamento

| | | |
|---|---|---|
| apartamento (m) | appartement (het) | [apartə'mɛnt] |
| quarto (m) | kamer (de) | ['kamər] |
| quarto (m) de dormir | slaapkamer (de) | ['slāp·kamər] |
| sala (f) de jantar | eetkamer (de) | [ēt·'kamər] |
| sala (f) de estar | salon (de) | [sa'lɔn] |
| escritório (m) | studeerkamer (de) | [stu'dēr·'kamər] |
| | | |
| antessala (f) | gang (de) | [xaŋ] |
| quarto (m) de banho | badkamer (de) | ['bat·kamər] |
| toilette (lavabo) | toilet (het) | [tua'lɛt] |
| | | |
| teto (m) | plafond (het) | [pla'fɔnt] |
| chão, soalho (m) | vloer (de) | [vlur] |
| canto (m) | hoek (de) | [huk] |

## 88. Apartamento. Limpeza

| | | |
|---|---|---|
| arrumar, limpar (vt) | schoonmaken | ['sxōn·makən] |
| guardar (no armário, etc.) | opbergen | ['ɔpbɛrxən] |
| pó (m) | stof (het) | [stɔf] |
| empoeirado | stoffig | ['stɔfəx] |
| limpar o pó | stoffen | ['stɔfən] |
| aspirador (m) | stofzuiger (de) | ['stɔf·zœyxər] |
| aspirar (vt) | stofzuigen | ['stɔf·zœyxən] |
| | | |
| varrer (vt) | vegen | ['vexən] |
| sujeira (f) | veegsel (het) | ['vēxsəl] |
| arrumação (f), ordem (f) | orde (de) | ['ɔrdə] |
| desordem (f) | wanorde (de) | ['wanɔrdə] |
| | | |
| esfregão (m) | zwabber (de) | ['zwabər] |
| pano (m), trapo (m) | poetsdoek (de) | ['putsduk] |
| vassoura (f) | veger (de) | ['vexər] |
| pá (f) de lixo | stofblik (het) | ['stɔf·blik] |

## 89. Mobiliário. Interior

| | | |
|---|---|---|
| mobiliário (m) | meubels | ['møbəl] |
| mesa (f) | tafel (de) | ['tafəl] |
| cadeira (f) | stoel (de) | [stul] |
| cama (f) | bed (het) | [bɛt] |
| divã (m) | bankstel (het) | ['bankstəl] |
| cadeirão (m) | fauteuil (de) | [fɔ'tøj] |
| | | |
| estante (f) | boekenkast (de) | ['bukən·kast] |
| prateleira (f) | boekenrek (het) | ['bukən·rɛk] |
| | | |
| guarda-vestidos (m) | kledingkast (de) | ['kledin·kast] |
| cabide (m) de parede | kapstok (de) | ['kapstɔk] |

| cabide (m) de pé | staande kapstok (de) | ['stãndə 'kapstɔk] |
| cómoda (f) | commode (de) | [kɔ'mɔdə] |
| mesinha (f) de centro | salontafeltje (het) | [sa'lɔn·'tafəltʃə] |

| espelho (m) | spiegel (de) | ['spixəl] |
| tapete (m) | tapijt (het) | [ta'pɛjt] |
| tapete (m) pequeno | tapijtje (het) | [ta'pɛjtʃə] |

| lareira (f) | haard (de) | [hãrt] |
| vela (f) | kaars (de) | [kãrs] |
| castiçal (m) | kandelaar (de) | ['kandəlãr] |

| cortinas (f pl) | gordijnen | [xɔr'dɛjnən] |
| papel (m) de parede | behang (het) | [bə'haŋ] |
| estores (f pl) | jaloezie (de) | [jalu'zi] |

| candeeiro (m) de mesa | bureaulamp (de) | [bu'rɔ·lamp] |
| candeeiro (m) de parede | wandlamp (de) | ['want·lamp] |
| candeeiro (m) de pé | staande lamp (de) | ['stãndə lamp] |
| lustre (m) | luchter (de) | ['lʉxtər] |

| pé (de mesa, etc.) | poot (de) | [põt] |
| braço (m) | armleuning (de) | [arm·'løniŋ] |
| costas (f pl) | rugleuning (de) | ['rʉx·'løniŋ] |
| gaveta (f) | la (de) | [la] |

## 90. Quarto de dormir

| roupa (f) de cama | beddengoed (het) | ['bɛdən·xut] |
| almofada (f) | kussen (het) | ['kʉsən] |
| fronha (f) | kussenovertrek (de) | ['kʉsən·'ɔvərtrɛk] |
| cobertor (m) | deken (de) | ['dekən] |
| lençol (m) | laken (het) | ['lakən] |
| colcha (f) | sprei (de) | [sprɛj] |

## 91. Cozinha

| cozinha (f) | keuken (de) | ['køkən] |
| gás (m) | gas (het) | [xas] |
| fogão (m) a gás | gasfornuis (het) | [xas·fɔr'nœys] |
| fogão (m) elétrico | elektrisch fornuis (het) | [ɛ'lɛktris fɔr'nœys] |
| forno (m) | oven (de) | ['ɔvən] |
| forno (m) de micro-ondas | magnetronoven (de) | ['mahnətrɔn·'ɔvən] |

| frigorífico (m) | koelkast (de) | ['kul·kast] |
| congelador (m) | diepvriezer (de) | [dip·'vrizər] |
| máquina (f) de lavar louça | vaatwasmachine (de) | ['vãtwas·ma'ʃinə] |

| moedor (m) de carne | vleesmolen (de) | ['vlẽs·mɔlən] |
| espremedor (m) | vruchtenpers (de) | ['vrʉxtən·pɛrs] |
| torradeira (f) | toaster (de) | ['tõstər] |
| batedeira (f) | mixer (de) | ['miksər] |

| máquina (f) de café | koffiemachine (de) | ['kɔfi·ma'ʃinə] |
| cafeteira (f) | koffiepot (de) | ['kɔfi·pɔt] |
| moinho (m) de café | koffiemolen (de) | ['kɔfi·mɔlən] |

| chaleira (f) | fluitketel (de) | ['flœyt·'ketəl] |
| bule (m) | theepot (de) | ['tē·pɔt] |
| tampa (f) | deksel (de/het) | ['dɛksəl] |
| coador (m) de chá | theezeefje (het) | ['tē·zefjə] |

| colher (f) | lepel (de) | ['lepəl] |
| colher (f) de chá | theelepeltje (het) | [tē·'lepəltʃə] |
| colher (f) de sopa | eetlepel (de) | [ēt·'lepəl] |
| garfo (m) | vork (de) | [vɔrk] |
| faca (f) | mes (het) | [mɛs] |

| louça (f) | vaatwerk (het) | ['vātwɛrk] |
| prato (m) | bord (het) | [bɔrt] |
| pires (m) | schoteltje (het) | ['sxɔteltʃə] |

| cálice (m) | likeurglas (het) | [li'kør·xlas] |
| copo (m) | glas (het) | [xlas] |
| chávena (f) | kopje (het) | ['kɔpjə] |

| açucareiro (m) | suikerpot (de) | [sœykər·pɔt] |
| saleiro (m) | zoutvat (het) | ['zaut·vat] |
| pimenteiro (m) | pepervat (het) | ['pepər·vat] |
| manteigueira (f) | boterschaaltje (het) | ['botər·'sxāltʃe] |

| panela, caçarola (f) | pan (de) | [pan] |
| frigideira (f) | bakpan (de) | ['bak·pan] |
| concha (f) | pollepel (de) | [pɔl·'lepəl] |
| passador (m) | vergiet (de/het) | [vər'xit] |
| bandeja (f) | dienblad (het) | ['dinblat] |

| garrafa (f) | fles (de) | [fles] |
| boião (m) de vidro | glazen pot (de) | ['xlazən pɔt] |
| lata (f) | blik (het) | [blik] |

| abre-garrafas (m) | flesopener (de) | [fles·'ɔpənər] |
| abre-latas (m) | blikopener (de) | [blik·'ɔpənər] |
| saca-rolhas (m) | kurkentrekker (de) | ['kʉrkən·'trɛkər] |
| filtro (m) | filter (de/het) | ['filtər] |
| filtrar (vt) | filteren | ['filtərən] |

| lixo (m) | huisvuil (het) | ['hœysvœyl] |
| balde (m) do lixo | vuilnisemmer (de) | ['vœylnis·'ɛmər] |

## 92. Casa de banho

| quarto (m) de banho | badkamer (de) | ['bat·kamər] |
| água (f) | water (het) | ['watər] |
| torneira (f) | kraan (de) | [krān] |
| água (f) quente | warm water (het) | [warm 'watər] |
| água (f) fria | koud water (het) | ['kaut 'watər] |

| pasta (f) de dentes | tandpasta (de) | ['tand·pasta] |
| escovar os dentes | tanden poetsen | ['tandən 'putsən] |
| escova (f) de dentes | tandenborstel (de) | ['tandən·'bɔrstəl] |

| barbear-se (vr) | zich scheren | [zix 'sxerən] |
| espuma (f) de barbear | scheercrème (de) | [sxēr·krɛːm] |
| máquina (f) de barbear | scheermes (het) | ['sxēr·mɛs] |

| lavar (vt) | wassen | ['wasən] |
| lavar-se (vr) | een bad nemen | [en bat 'nemən] |
| duche (m) | douche (de) | [duʃ] |
| tomar um duche | een douche nemen | [en duʃ 'nemən] |

| banheira (f) | bad (het) | [bat] |
| sanita (f) | toiletpot (de) | [tua'lɛt·pɔt] |
| lavatório (m) | wastafel (de) | ['was·tafəl] |

| sabonete (m) | zeep (de) | [zēp] |
| saboneteira (f) | zeepbakje (het) | ['zēp·bakjə] |

| esponja (f) | spons (de) | [spɔns] |
| champô (m) | shampoo (de) | ['ʃʌmpõ] |
| toalha (f) | handdoek (de) | ['handuk] |
| roupão (m) de banho | badjas (de) | ['batjas] |

| lavagem (f) | was (de) | [was] |
| máquina (f) de lavar | wasmachine (de) | ['was·ma'ʃinə] |
| lavar a roupa | de was doen | [də was dun] |
| detergente (m) | waspoeder (de) | ['was·'pudər] |

## 93. Eletrodomésticos

| televisor (m) | televisie (de) | [telə'vizi] |
| gravador (m) | cassettespeler (de) | [ka'sɛtə·'spelər] |
| videogravador (m) | videorecorder (de) | ['video·re'kɔrdər] |
| rádio (m) | radio (de) | ['radio] |
| leitor (m) | speler (de) | ['spelər] |

| projetor (m) | videoprojector (de) | ['video·prɔ'jektɔr] |
| cinema (m) em casa | home theater systeem (het) | [hɔm te'jatər si'stēm] |
| leitor (m) de DVD | DVD-speler (de) | [deve'de-'spelər] |
| amplificador (m) | versterker (de) | [vər'stɛrkər] |
| console (f) de jogos | spelconsole (de) | ['spɛl·kɔn'sɔlə] |

| câmara (f) de vídeo | videocamera (de) | ['video·'kamərə] |
| máquina (f) fotográfica | fotocamera (de) | ['foto·'kamərə] |
| câmara (f) digital | digitale camera (de) | [dixi'talə 'kamərə] |

| aspirador (m) | stofzuiger (de) | ['stɔf·zœyxər] |
| ferro (m) de engomar | strijkijzer (het) | ['strɛjk·ɛjzər] |
| tábua (f) de engomar | strijkplank (de) | ['strɛjk·plank] |

| telefone (m) | telefoon (de) | [telə'fõn] |
| telemóvel (m) | mobieltje (het) | [mɔ'biltʃe] |

| máquina (f) de escrever | schrijfmachine (de) | ['sxrɛjf·ma'ʃinə] |
| máquina (f) de costura | naaimachine (de) | ['nāj·ma'ʃinə] |

| microfone (m) | microfoon (de) | [mikrɔ'fōn] |
| auscultadores (m pl) | koptelefoon (de) | ['kɔp·telə'fōn] |
| controlo remoto (m) | afstandsbediening (de) | ['afstants·bə'diniŋ] |

| CD (m) | CD (de) | [se'de] |
| cassete (f) | cassette (de) | [ka'sɛtə] |
| disco (m) de vinil | vinylplaat (de) | [vi'nil·plāt] |

## 94. Reparações. Renovação

| renovação (f) | renovatie (de) | [renɔ'vatsi] |
| renovar (vt), fazer obras | renoveren | [renɔ'virən] |
| reparar (vt) | repareren | [repa'rerən] |
| consertar (vt) | op orde brengen | [ɔp 'ɔrdə 'brɛŋən] |
| refazer (vt) | overdoen | ['ɔvərdun] |

| tinta (f) | verf (de) | [vɛrf] |
| pintar (vt) | verven | ['vɛrvən] |
| pintor (m) | schilder (de) | ['sxildər] |
| pincel (m) | kwast (de) | ['kwast] |

| cal (f) | kalk (de) | [kalk] |
| caiar (vt) | kalken | ['kalkən] |

| papel (m) de parede | behang (het) | [bə'haŋ] |
| colocar papel de parede | behangen | [bə'haŋən] |
| verniz (m) | lak (de/het) | [lak] |
| envernizar (vt) | lakken | ['lakən] |

## 95. Canalizações

| água (f) | water (het) | ['watər] |
| água (f) quente | warm water (het) | [warm 'watər] |
| água (f) fria | koud water (het) | ['kaut 'watər] |
| torneira (f) | kraan (de) | [krān] |

| gota (f) | druppel (de) | ['drʉpəl] |
| gotejar (vi) | druppelen | ['drʉpələn] |
| vazar (vt) | lekken | ['lɛkən] |
| vazamento (m) | lekkage (de) | [lɛ'kaʒə] |
| poça (f) | plasje (het) | [plaçə] |

| tubo (m) | buis, leiding (de) | ['bœys], ['lɛjdiŋ] |
| válvula (f) | stopkraan (de) | ['stɔp·krān] |
| entupir-se (vr) | verstopt raken | [vər'stɔpt 'rakən] |

| ferramentas (f pl) | gereedschap (het) | [xə'rētsxap] |
| chave (f) inglesa | Engelse sleutel (de) | ['ɛŋɛlsə 'sløtəl] |
| desenroscar (vt) | losschroeven | [lɔs'sxruvən] |

| enroscar (vt) | aanschroeven | ['ānsxruvən] |
| desentupir (vt) | ontstoppen | [ɔnt'stɔpən] |
| canalizador (m) | loodgieter (de) | ['lōtxitər] |
| cave (f) | kelder (de) | ['kɛldər] |
| sistema (m) de esgotos | riolering (de) | [riɔ'lɛriŋ] |

## 96. Fogo. Deflagração

| incêndio (m) | brand (de) | [brant] |
| chama (f) | vlam (de) | [vlam] |
| faísca (f) | vonk (de) | [vɔnk] |
| fumo (m) | rook (de) | [rōk] |
| tocha (f) | fakkel (de) | ['fakəl] |
| fogueira (f) | kampvuur (het) | ['kampvūr] |

| gasolina (f) | benzine (de) | [bɛn'zinə] |
| querosene (m) | kerosine (de) | [kerɔ'zinə] |
| inflamável | brandbaar | ['brandbār] |
| explosivo | ontplofbaar | [ɔnt'plɔfbār] |
| PROIBIDO FUMAR! | VERBODEN TE ROKEN! | [vər'bɔdən tə 'rɔkən] |

| segurança (f) | veiligheid (de) | ['vɛjləxhɛjt] |
| perigo (m) | gevaar (het) | [xe'vār] |
| perigoso | gevaarlijk | [xe'vārlək] |

| incendiar-se (vr) | in brand vliegen | [in brant 'vlixən] |
| explosão (m) | explosie (de) | [ɛks'plɔzi] |
| incendiar (vt) | in brand steken | [in brant 'stekən] |
| incendiário (m) | brandstichter (de) | ['brant·stixtər] |
| incêndio (m) criminoso | brandstichting (de) | ['brant·stixtiŋ] |

| arder (vi) | vlammen | ['vlamən] |
| queimar (vi) | branden | ['brandən] |
| queimar tudo (vi) | afbranden | ['afbrandən] |

| chamar os bombeiros | de brandweer bellen | [də 'brantwēr 'bɛlən] |
| bombeiro (m) | brandweerman (de) | ['brantwēr·man] |
| carro (m) de bombeiros | brandweerwagen (de) | ['brantwēr·'waxən] |
| corpo (m) de bombeiros | brandweer (de) | ['brantwēr] |
| escada (f) extensível | uitschuifbare ladder (de) | ['œʏtsxœʏfbarə 'ladər] |

| mangueira (f) | brandslang (de) | ['brant·slaŋ] |
| extintor (m) | brandblusser (de) | ['brant·blʉsər] |
| capacete (m) | helm (de) | [hɛlm] |
| sirene (f) | sirene (de) | [si'renə] |

| gritar (vi) | roepen | ['rupən] |
| chamar por socorro | hulp roepen | [hʉlp 'rupən] |
| salvador (m) | redder (de) | ['rɛdər] |
| salvar, resgatar (vt) | redden | ['rɛdən] |

| chegar (vi) | aankomen | ['ānkɔmən] |
| apagar (vt) | blussen | ['blʉsən] |
| água (f) | water (het) | ['watər] |

| | | |
|---|---|---|
| areia (f) | **zand (het)** | [zant] |
| ruínas (f pl) | **ruïnes** | [rʉ'inǝs] |
| ruir (vi) | **instorten** | ['instɔrtǝn] |
| desmoronar (vi) | **ineenstorten** | ['inĕnstɔrtǝn] |
| desabar (vi) | **inzakken** | [inzakǝn] |
| | | |
| fragmento (m) | **brokstuk (het)** | ['brɔk·stʉk] |
| cinza (f) | **as (de)** | [as] |
| | | |
| sufocar (vi) | **verstikken** | [vǝr'stikǝn] |
| perecer (vi) | **omkomen** | [ɔmkɔmǝn] |

# ATIVIDADES HUMANAS

## Emprego. Negócios. Parte 1

### 97. Banca

| | | |
|---|---|---|
| banco (m) | bank (de) | [bank] |
| sucursal, balcão (f) | bankfiliaal (het) | [bank·fili'āl] |
| | | |
| consultor (m) | bankbediende (de) | [bɑnk·bə'dində] |
| gerente (m) | manager (de) | ['mɛnədʒər] |
| | | |
| conta (f) | bankrekening (de) | [bank·'rekəniŋ] |
| número (m) da conta | rekeningnummer (het) | ['rekəniŋ·'nʉmər] |
| conta (f) corrente | lopende rekening (de) | ['lɔpəndə 'rekəniŋ] |
| conta (f) poupança | spaarrekening (de) | ['spār·'rekəniŋ] |
| | | |
| abrir uma conta | een rekening openen | [en 'rekəniŋ 'ɔpənən] |
| fechar uma conta | de rekening sluiten | [də 'rekəniŋ slœytən] |
| depositar na conta | op rekening storten | [ɔp 'rekəniŋ 'stɔrtən] |
| levantar (vt) | opnemen | ['ɔpnemən] |
| | | |
| depósito (m) | storting (de) | ['stɔrtiŋ] |
| fazer um depósito | een storting maken | [en 'stɔrtiŋ 'makən] |
| transferência (f) bancária | overschrijving (de) | [ɔvər'sxrɛjviŋ] |
| transferir (vt) | een overschrijving maken | [en ɔvər'sxrɛjviŋ 'makən] |
| | | |
| soma (f) | som (de) | [sɔm] |
| Quanto? | Hoeveel? | [hu'vēl] |
| | | |
| assinatura (f) | handtekening (de) | ['hand·'tekəniŋ] |
| assinar (vt) | ondertekenen | ['ɔndər'tekənən] |
| | | |
| cartão (m) de crédito | kredietkaart (de) | [kre'dit·kārt] |
| código (m) | code (de) | ['kɔdə] |
| | | |
| número (m) do cartão de crédito | kredietkaartnummer (het) | [kre'dit·kārt·'nʉmər] |
| Caixa Multibanco (m) | geldautomaat (de) | [xɛlt·autɔ'māt] |
| | | |
| cheque (m) | cheque (de) | [ʃɛk] |
| passar um cheque | een cheque uitschrijven | [en ʃɛk œyt'sxrɛjvən] |
| livro (m) de cheques | chequeboekje (het) | [ʃɛk·'bukjə] |
| | | |
| empréstimo (m) | lening, krediet (de) | ['leniŋ], [kre'dit] |
| pedir um empréstimo | een lening aanvragen | [en 'leniŋ 'ānvraxən] |
| obter um empréstimo | een lening nemen | [en 'leniŋ 'nemən] |
| conceder um empréstimo | een lening verlenen | [en 'leniŋ vər'lenən] |
| garantia (f) | garantie (de) | [xa'rantsi] |

## 98. Telefone. Conversação telefónica

| | | |
|---|---|---|
| telefone (m) | telefoon (de) | [telə'fōn] |
| telemóvel (m) | mobieltje (het) | [mɔ'biltʃe] |
| secretária (f) electrónica | antwoordapparaat (het) | ['antwōrt·apa'rāt] |
| | | |
| fazer uma chamada | bellen | ['belən] |
| chamada (f) | belletje (het) | ['beletʃe] |
| | | |
| marcar um número | een nummer draaien | [en 'nʉmər 'drājən] |
| Alô! | Hallo! | [ha'lɔ] |
| perguntar (vt) | vragen | ['vraxən] |
| responder (vt) | antwoorden | ['antwōrdən] |
| | | |
| ouvir (vt) | horen | ['hɔrən] |
| bem | goed | [xut] |
| mal | slecht | [slɛxt] |
| ruído (m) | storingen | ['stɔriŋən] |
| | | |
| auscultador (m) | hoorn (de) | [hōrn] |
| pegar o telefone | opnemen | ['ɔpnemən] |
| desligar (vi) | ophangen | ['ɔphaŋən] |
| | | |
| ocupado | bezet | [bə'zɛt] |
| tocar (vi) | overgaan | ['ɔvərxān] |
| lista (f) telefónica | telefoonboek (het) | [telə'fōn·buk] |
| | | |
| local | lokaal | [lɔ'kāl] |
| chamada (f) local | lokaal gesprek (het) | [lɔ'kāl xesp'rɛk] |
| de longa distância | interlokaal | [intərlɔ'kāl] |
| chamada (f) de longa distância | interlokaal gesprek (het) | [intərlɔ'kāl xe'sprɛk] |
| internacional | buitenlands | ['bœytənlants] |
| chamada (f) internacional | buitenlands gesprek (het) | ['bœytənlants xe'ʃprɛk] |

## 99. Telefone móvel

| | | |
|---|---|---|
| telemóvel (m) | mobieltje (het) | [mɔ'biltʃe] |
| ecrã (m) | scherm (het) | [sxɛrm] |
| botão (m) | toets, knop (de) | [tuts], [knɔp] |
| cartão SIM (m) | simkaart (de) | ['sim·kārt] |
| | | |
| bateria (f) | batterij (de) | [batə'rɛj] |
| descarregar-se | leeg zijn | [lēx zɛjn] |
| carregador (m) | acculader (de) | [akʉ'ladər] |
| | | |
| menu (m) | menu (het) | [me'nʉ] |
| definições (f pl) | instellingen | ['instɛliŋən] |
| melodia (f) | melodie (de) | [melɔ'di] |
| escolher (vt) | selecteren | [selɛk'terən] |
| | | |
| calculadora (f) | rekenmachine (de) | ['rekən·ma'ʃinə] |
| correio (m) de voz | voicemail (de) | ['vɔjs·mɛjl] |

| | | |
|---|---|---|
| despertador (m) | wekker (de) | ['wɛkər] |
| contatos (m pl) | contacten | [kɔn'taktən] |
| | | |
| mensagem (f) de texto | SMS-bericht (het) | [ɛsɛ'mɛs-bə'rixt] |
| assinante (m) | abonnee (de) | [abɔ'nē] |

## 100. Estacionário

| | | |
|---|---|---|
| caneta (f) | balpen (de) | ['bal·pən] |
| caneta (f) tinteiro | vulpen (de) | ['vʉl·pən] |
| | | |
| lápis (m) | potlood (het) | ['pɔtlōt] |
| marcador (m) | marker (de) | ['markər] |
| caneta (f) de feltro | viltstift (de) | ['vilt·stift] |
| | | |
| bloco (m) de notas | notitieboekje (het) | [nɔ'titsi·'bukjə] |
| agenda (f) | agenda (de) | [a'xɛnda] |
| | | |
| régua (f) | liniaal (de/het) | [lini'āl] |
| calculadora (f) | rekenmachine (de) | ['rekən·ma'ʃinə] |
| borracha (f) | gom (de) | [xɔm] |
| pionés (m) | punaise (de) | [pʉ'nɛzə] |
| clipe (m) | paperclip (de) | ['pɛjpər·klip] |
| | | |
| cola (f) | lijm (de) | [lɛjm] |
| agrafador (m) | nietmachine (de) | ['nit·ma'ʃinə] |
| furador (m) | perforator (de) | [pərfɔ'ratɔr] |
| afia-lápis (m) | potloodslijper (de) | ['pɔtlōt·'slɛjpər] |

# Emprego. Negócios. Parte 2

## 101. Media

| | | |
|---|---|---|
| jornal (m) | krant (de) | [krant] |
| revista (f) | tijdschrift (het) | ['tɛjtsxrift] |
| imprensa (f) | pers (de) | [pɛrs] |
| rádio (m) | radio (de) | ['radiɔ] |
| estação (f) de rádio | radiostation (het) | ['radiɔ·sta'tsjɔn] |
| televisão (f) | televisie (de) | [telə'vizi] |
| | | |
| apresentador (m) | presentator (de) | [prezən'tatɔr] |
| locutor (m) | nieuwslezer (de) | ['nius·lezər] |
| comentador (m) | commentator (de) | [kɔmən'tatɔr] |
| | | |
| jornalista (m) | journalist (de) | [ʒurna'list] |
| correspondente (m) | correspondent (de) | [kɔrɛspɔn'dɛnt] |
| repórter (m) fotográfico | fotocorrespondent (de) | ['fɔtɔ·kɔrɛspɔn'dɛnt] |
| repórter (m) | reporter (de) | [re'pɔrtər] |
| | | |
| redator (m) | redacteur (de) | [redak'tør] |
| redator-chefe (m) | chef-redacteur (de) | [ʃɛf-redak'tør] |
| | | |
| assinar a ... | zich abonneren op | [zix abɔ'nerən ɔp] |
| assinatura (f) | abonnement (het) | [abɔne'mɛnt] |
| assinante (m) | abonnee (de) | [abɔ'ně] |
| ler (vt) | lezen | ['lezən] |
| leitor (m) | lezer (de) | ['lezər] |
| | | |
| tiragem (f) | oplage (de) | ['ɔplaxə] |
| mensal | maand-, maandelijks | [mānt], ['māndələks] |
| semanal | wekelijks | ['wekələks] |
| número (jornal, revista) | nummer (het) | ['nʉmər] |
| recente | vers | [vɛrs] |
| | | |
| manchete (f) | kop (de) | [kɔp] |
| pequeno artigo (m) | korte artikel (het) | ['kɔrtə ar'tikəl] |
| coluna (~ semanal) | rubriek (de) | [rʉ'brik] |
| artigo (m) | artikel (het) | [ar'tikəl] |
| página (f) | pagina (de) | ['paxina] |
| | | |
| reportagem (f) | reportage (de) | [repɔr'taʒə] |
| evento (m) | gebeurtenis (de) | [xə'børtənis] |
| sensação (f) | sensatie (de) | [sɛn'satsi] |
| escândalo (m) | schandaal (het) | [sxan'dāl] |
| escandaloso | schandalig | [sxan'daləx] |
| grande | groot | [xrōt] |
| | | |
| programa (m) de TV | programma (het) | [prɔ'xrama] |
| entrevista (f) | interview (het) | ['intɛrvjʉ] |

| transmissão (f) em direto | live uitzending (de) | [liv 'œʏtsɛndiŋ] |
| canal (m) | kanaal (het) | [ka'nāl] |

## 102. Agricultura

| agricultura (f) | landbouw (de) | ['lantbau] |
| camponês (m) | boer (de) | [bur] |
| camponesa (f) | boerin (de) | [bu'rin] |
| agricultor (m) | landbouwer (de) | ['lantbauər] |

| trator (m) | tractor (de) | ['traktɔr] |
| ceifeira-debulhadora (f) | maaidorser (de) | ['mājdɔrsər] |

| arado (m) | ploeg (de) | [plux] |
| arar (vt) | ploegen | ['pluxən] |
| campo (m) lavrado | akkerland (het) | ['akər·lant] |
| rego (m) | voor (de) | [võr] |

| semear (vt) | zaaien | ['zājən] |
| semeadora (f) | zaaimachine (de) | ['zāi·ma'ʃinə] |
| semeadura (f) | zaaien (het) | ['zājən] |

| gadanha (f) | zeis (de) | [zɛjs] |
| gadanhar (vt) | maaien | ['mājən] |

| pá (f) | schop (de) | [sxɔp] |
| cavar (vt) | spitten | ['spitən] |

| enxada (f) | schoffel (de) | ['sxɔfəl] |
| carpir (vt) | wieden | ['widən] |
| erva (f) daninha | onkruid (het) | ['ɔnkrœʏt] |

| regador (m) | gieter (de) | ['xitər] |
| regar (vt) | begieten | [bə'xitən] |
| rega (f) | bewatering (de) | [bə'watəriŋ] |

| forquilha (f) | riek, hooivork (de) | [rik], ['hõj·vɔrk] |
| ancinho (m) | hark (de) | [hark] |

| fertilizante (m) | kunstmest (de) | ['kunstmɛst] |
| fertilizar (vt) | bemesten | [bə'mɛstən] |
| estrume (m) | mest (de) | [mɛst] |

| campo (m) | veld (het) | [vɛlt] |
| prado (m) | wei (de) | [wɛj] |
| horta (f) | moestuin (de) | ['mus·tœʏn] |
| pomar (m) | boomgaard (de) | ['bõm·xārt] |

| pastar (vt) | weiden | ['wɛjdən] |
| pastor (m) | herder (de) | ['hɛrdər] |
| pastagem (f) | weiland (de) | ['wɛj·lant] |

| pecuária (f) | veehouderij (de) | ['vē·haudərɛj] |
| criação (f) de ovelhas | schapenteelt (de) | ['sxapən·tēlt] |

| plantação (f) | plantage (de) | ['plan'taʒə] |
| canteiro (m) | rijtje (het) | ['rɛjtʃə] |
| invernadouro (m) | broeikas (de) | ['brujkas] |

| seca (f) | droogte (de) | ['drõxtə] |
| seco (verão ~) | droog | [drõx] |

| cereal (m) | graan (het) | [xrãn] |
| cereais (m pl) | graangewassen | ['xrãn·xɛ'wasən] |
| colher (vt) | oogsten | ['õxstən] |

| moleiro (m) | molenaar (de) | ['mɔlənãr] |
| moinho (m) | molen (de) | ['mɔlən] |
| moer (vt) | malen | ['malən] |
| farinha (f) | bloem (de) | [blum] |
| palha (f) | stro (het) | [strɔ] |

## 103. Construção. Processo de construção

| canteiro (m) de obras | bouwplaats (de) | ['bau·plãts] |
| construir (vt) | bouwen | ['bauwən] |
| construtor (m) | bouwvakker (de) | ['bau·'vakər] |

| projeto (m) | project (het) | [prɔ'jekt] |
| arquiteto (m) | architect (de) | [arʃi'tɛkt] |
| operário (m) | arbeider (de) | ['arbɛjdər] |

| fundação (f) | fundering (de) | [fʉn'deriŋ] |
| telhado (m) | dak (het) | [dak] |
| estaca (f) | heipaal (de) | ['hɛjpãl] |
| parede (f) | muur (de) | [mũr] |

| varões (m pl) para betão | betonstaal (het) | [bə'tɔn·stãl] |
| andaime (m) | steigers | ['stɛjxərs] |

| betão (m) | beton (het) | [bə'tɔn] |
| granito (m) | graniet (het) | [xra'nit] |
| pedra (f) | steen (de) | [stẽn] |
| tijolo (m) | baksteen (de) | ['bakstẽn] |

| areia (f) | zand (het) | [zant] |
| cimento (m) | cement (de/het) | [sə'mɛnt] |
| emboço (m) | pleister (het) | ['plɛjstər] |
| emboçar (vt) | pleisteren | ['plɛjstərən] |

| tinta (f) | verf (de) | [vɛrf] |
| pintar (vt) | verven | ['vɛrvən] |
| barril (m) | ton (de) | [tɔn] |

| grua (f), guindaste (m) | kraan (de) | [krãn] |
| erguer (vt) | heffen, hijsen | ['hefən], ['hɛjsən] |
| baixar (vt) | neerlaten | ['nẽrlatən] |
| buldózer (m) | bulldozer (de) | [bʉl'dɔzər] |
| escavadora (f) | graafmachine (de) | [xrãf·ma'ʃinə] |

| caçamba (f) | graafbak (de) | [xrãf·bak] |
| escavar (vt) | graven | ['xravən] |
| capacete (m) de proteção | helm (de) | [hɛlm] |

# Profissões e ocupações

## 104. Procura de emprego. Demissão

| | | |
|---|---|---|
| trabalho (m) | baan (de) | [bãn] |
| equipa (f) | werknemers | ['wɛrknemərs] |
| pessoal (m) | personeel (het) | [pɛrsɔ'nēl] |
| | | |
| carreira (f) | carrière (de) | [ka'rjerə] |
| perspetivas (f pl) | vooruitzichten | [vōrœyt·'sixtən] |
| mestria (f) | meesterschap (het) | ['mēstər'sxap] |
| | | |
| seleção (f) | keuze (de) | ['køzə] |
| agência (f) de emprego | uitzendbureau (het) | ['œytzənt·by'rɔ] |
| CV, currículo (m) | CV, curriculum vitae (het) | [se've], [kʉ'rikʉlʉm 'vitə] |
| entrevista (f) de emprego | sollicitatiegesprek (het) | [sɔlisi'tatsi·xəsp'rɛk] |
| vaga (f) | vacature (de) | [vaka'tʉrə] |
| | | |
| salário (m) | salaris (het) | [sa'laris] |
| salário (m) fixo | vaste salaris (het) | ['vastə sa'laris] |
| pagamento (m) | loon (het) | [lōn] |
| | | |
| posto (m) | betrekking (de) | [bə'trɛkiŋ] |
| dever (do empregado) | taak, plicht (de) | [tãk], [plixt] |
| gama (f) de deveres | takenpakket (het) | ['takən·pa'ket] |
| ocupado | bezig | ['bezəx] |
| | | |
| despedir, demitir (vt) | ontslagen | [ɔnt'slaxən] |
| demissão (f) | ontslag (het) | [ɔnt'slax] |
| | | |
| desemprego (m) | werkloosheid (de) | [wɛrk'lɔshɛjt] |
| desempregado (m) | werkloze (de) | [wɛrk'lɔzə] |
| reforma (f) | pensioen (het) | [pɛn'ʃun] |
| reformar-se | met pensioen gaan | [mɛt pɛn'ʃun xãn] |

## 105. Gente de negócios

| | | |
|---|---|---|
| diretor (m) | directeur (de) | [dirɛk'tør] |
| gerente (m) | beheerder (de) | [bə'hērdər] |
| patrão, chefe (m) | hoofd (het) | [hōft] |
| | | |
| superior (m) | baas (de) | [bãs] |
| superiores (m pl) | superieuren | [sʉpə'rørən] |
| presidente (m) | president (de) | [prəzi'dɛnt] |
| presidente (m) de direção | voorzitter (de) | ['vōrzitər] |
| | | |
| substituto (m) | adjunct (de) | [ad'junkt] |
| assistente (m) | assistent (de) | [asi'stɛnt] |

| | | |
|---|---|---|
| secretário (m) | secretaris (de) | [sekreˈtaris] |
| secretário (m) pessoal | persoonlijke assistent (de) | [pɛrˈsōnləkə asiˈstɛnt] |
| homem (m) de negócios | zakenman (de) | [ˈzakənman] |
| empresário (m) | ondernemer (de) | [ˈɔndərˈnemər] |
| fundador (m) | oprichter (de) | [ˈɔprixtər] |
| fundar (vt) | oprichten | [ˈɔprixtən] |
| fundador, sócio (m) | stichter (de) | [ˈstixtər] |
| parceiro, sócio (m) | partner (de) | [ˈpartnər] |
| acionista (m) | aandeelhouder (de) | [ˈāndēl·haudər] |
| milionário (m) | miljonair (de) | [miljuˈnɛːr] |
| bilionário (m) | miljardair (de) | [miljarˈdɛːr] |
| proprietário (m) | eigenaar (de) | [ˈɛjxənār] |
| proprietário (m) de terras | landeigenaar (de) | [ˈlant·ˈɛjxənār] |
| cliente (m) | klant (de) | [klant] |
| cliente (m) habitual | vaste klant (de) | [ˈvastə klant] |
| comprador (m) | koper (de) | [ˈkɔpər] |
| visitante (m) | bezoeker (de) | [bəˈzukər] |
| profissional (m) | professioneel (de) | [prɔfesiɔˈnēl] |
| perito (m) | expert (de) | [ɛkˈspɛːr] |
| especialista (m) | specialist (de) | [speʃiaˈlist] |
| banqueiro (m) | bankier (de) | [baŋˈkir] |
| corretor (m) | makelaar (de) | [ˈmakəlār] |
| caixa (m, f) | kassier (de) | [kaˈsir] |
| contabilista (m) | boekhouder (de) | [buk ˈhaudər] |
| guarda (m) | bewaker (de) | [bəˈwakər] |
| investidor (m) | investeerder (de) | [invɛˈstērdər] |
| devedor (m) | schuldenaar (de) | [ˈsxʉldənār] |
| credor (m) | crediteur (de) | [krədiˈtør] |
| mutuário (m) | lener (de) | [ˈlenər] |
| importador (m) | importeur (de) | [impɔrˈtør] |
| exportador (m) | exporteur (de) | [ɛkspɔrˈtør] |
| produtor (m) | producent (de) | [prɔdʉˈsɛnt] |
| distribuidor (m) | distributeur (de) | [distribʉˈtør] |
| intermediário (m) | bemiddelaar (de) | [bəˈmidəlār] |
| consultor (m) | adviseur, consulent (de) | [atviˈzør], [kɔnsʉˈlent] |
| representante (m) | vertegenwoordiger (de) | [vərˈtexən·ˈwōrdixər] |
| agente (m) | agent (de) | [aˈxɛnt] |
| agente (m) de seguros | verzekeringsagent (de) | [vərˈzekəriŋs·aˈxɛnt] |

## 106. Profissões de serviços

| | | |
|---|---|---|
| cozinheiro (m) | kok (de) | [kɔk] |
| cozinheiro chefe (m) | chef-kok (de) | [ʃɛf-ˈkɔk] |

| padeiro (m) | bakker (de) | ['bakər] |
| barman (m) | barman (de) | ['barman] |
| empregado (m) de mesa | kelner, ober (de) | ['kɛlnər], ['ɔbər] |
| empregada (f) de mesa | serveerster (de) | [sɛr'vērstər] |

| advogado (m) | advocaat (de) | [atvɔ'kāt] |
| jurista (m) | jurist (de) | [ju'rist] |
| notário (m) | notaris (de) | [nɔ'taris] |

| eletricista (m) | elektricien (de) | [ɛlɛktri'sjen] |
| canalizador (m) | loodgieter (de) | ['lōtxitər] |
| carpinteiro (m) | timmerman (de) | ['timərman] |

| massagista (m) | masseur (de) | [mas'sør] |
| massagista (f) | masseuse (de) | [mas'søzə] |
| médico (m) | dokter, arts (de) | ['dɔktər], [arts] |

| taxista (m) | taxichauffeur (de) | ['taksi·ʃɔ'før] |
| condutor (automobilista) | chauffeur (de) | [ʃɔ'før] |
| entregador (m) | koerier (de) | [ku'rir] |

| camareira (f) | kamermeisje (het) | ['kamər·'mɛjçə] |
| guarda (m) | bewaker (de) | [bə'wakər] |
| hospedeira (f) de bordo | stewardess (de) | [stʉwər'dɛs] |

| professor (m) | meester (de) | ['mēstər] |
| bibliotecário (m) | bibliothecaris (de) | ['bibliotə'kāris] |
| tradutor (m) | vertaler (de) | [vər'talər] |
| intérprete (m) | tolk (de) | [tɔlk] |
| guia (pessoa) | gids (de) | [xits] |

| cabeleireiro (m) | kapper (de) | ['kapər] |
| carteiro (m) | postbode (de) | ['pɔst·bodə] |
| vendedor (m) | verkoper (de) | [vər'kɔpər] |

| jardineiro (m) | tuinman (de) | ['tœyn·man] |
| criado (m) | huisbediende (de) | ['hœys·bə'dində] |
| criada (f) | dienstmeisje (het) | [dinst 'mɛjçə] |
| empregada (f) de limpeza | schoonmaakster (de) | ['sxōn·mākstər] |

## 107. Profissões militares e postos

| soldado (m) raso | soldaat (de) | [sɔl'dāt] |
| sargento (m) | sergeant (de) | [sɛr'ʒant] |
| tenente (m) | luitenant (de) | [lœytə'nant] |
| capitão (m) | kapitein (de) | [kapi'tɛjn] |

| major (m) | majoor (de) | [ma'jōr] |
| coronel (m) | kolonel (de) | [kɔlɔ'nɛl] |
| general (m) | generaal (de) | [xenə'rāl] |
| marechal (m) | maarschalk (de) | ['mārsxalk] |
| almirante (m) | admiraal (de) | [atmi'rāl] |
| militar (m) | militair (de) | [mili'tɛ:r] |
| soldado (m) | soldaat (de) | [sɔl'dāt] |

| oficial (m) | officier (de) | [ɔfi'sir] |
| comandante (m) | commandant (de) | [kɔman'dant] |

| guarda (m) fronteiriço | grenswachter (de) | [xrɛns·'wahtər] |
| operador (m) de rádio | marconist (de) | [markɔ'nist] |
| explorador (m) | verkenner (de) | [vər'kenər] |
| sapador (m) | sappeur (de) | [sa'pør] |
| atirador (m) | schutter (de) | ['sxʉtər] |
| navegador (m) | stuurman (de) | ['stūrman] |

## 108. Oficiais. Padres

| rei (m) | koning (de) | ['kɔniŋ] |
| rainha (f) | koningin (de) | [kɔniŋ'in] |

| príncipe (m) | prins (de) | [prins] |
| princesa (f) | prinses (de) | [prin'sɛs] |

| czar (m) | tsaar (de) | [tsār] |
| czarina (f) | tsarina (de) | [tsa'rina] |

| presidente (m) | president (de) | [prezi'dɛnt] |
| ministro (m) | minister (de) | [mi'nistər] |
| primeiro-ministro (m) | eerste minister (de) | ['ērstə mi'nistər] |
| senador (m) | senator (de) | [se'natɔr] |

| diplomata (m) | diplomaat (de) | [diplɔ'māt] |
| cônsul (m) | consul (de) | ['kɔnsʉl] |
| embaixador (m) | ambassadeur (de) | [ambasa'dør] |
| conselheiro (m) | adviseur (de) | [atvi'zɔr] |

| funcionário (m) | ambtenaar (de) | ['amtənār] |
| prefeito (m) | prefect (de) | [pre'fɛkt] |
| Presidente (m) da Câmara | burgemeester (de) | [bʉrxə·'mēstər] |

| juiz (m) | rechter (de) | ['rɛxtər] |
| procurador (m) | aanklager (de) | ['ānklahər] |

| missionário (m) | missionaris (de) | [misiɔ'naris] |
| monge (m) | monnik (de) | ['mɔnək] |
| abade (m) | abt (de) | [apt] |
| rabino (m) | rabbi, rabbijn (de) | ['rabi], [ra'bɛjn] |

| vizir (m) | vizier (de) | [vi'zir] |
| xá (m) | sjah (de) | [ɕa] |
| xeque (m) | sjeik (de) | [ɕɛjk] |

## 109. Profissões agrícolas

| apicultor (m) | imker (de) | ['imkər] |
| pastor (m) | herder (de) | ['hɛrdər] |
| agrónomo (m) | landbouwkundige (de) | ['landbau·'kundixə] |

| criador (m) de gado | veehouder (de) | ['vē·haudər] |
| veterinário (m) | dierenarts (de) | ['dīrən·arts] |

| agricultor (m) | landbouwer (de) | ['lantbauər] |
| vinicultor (m) | wijnmaker (de) | ['wɛjn·makər] |
| zoólogo (m) | zoöloog (de) | [zoo'lōx] |
| cowboy (m) | cowboy (de) | ['kaubɔj] |

## 110. Profissões artísticas

| ator (m) | acteur (de) | [ak'tør] |
| atriz (f) | actrice (de) | [akt'risə] |

| cantor (m) | zanger (de) | ['zaŋər] |
| cantora (f) | zangeres (de) | [zaŋe'rɛs] |

| bailarino (m) | danser (de) | ['dansər] |
| bailarina (f) | danseres (de) | [dansə'rɛs] |

| artista (m) | artiest (de) | [ar'tist] |
| artista (f) | artiest (de) | [ar'tist] |

| músico (m) | muzikant (de) | [mʉzi'kant] |
| pianista (m) | pianist (de) | [pia'nist] |
| guitarrista (m) | gitarist (de) | [xita'rist] |

| maestro (m) | orkestdirigent (de) | [ɔr'kɛst·diri'xɛnt] |
| compositor (m) | componist (de) | [kɔmpo'nist] |
| empresário (m) | impresario (de) | [impre'sariɔ] |

| realizador (m) | filmregisseur (de) | [film·rexi'sør] |
| produtor (m) | filmproducent (de) | [film·prɔdʉ'sɛnt] |
| argumentista (m) | scenarioschrijver (de) | [sɛ'nariɔ·'sxrɛjvər] |
| crítico (m) | criticus (de) | ['kritikʉs] |

| escritor (m) | schrijver (de) | ['sxrɛjvər] |
| poeta (m) | dichter (de) | ['dixtər] |
| escultor (m) | beeldhouwer (de) | ['bēlt·hauwər] |
| pintor (m) | kunstenaar (de) | ['kʉnstənār] |

| malabarista (m) | jongleur (de) | [joŋ'lør] |
| palhaço (m) | clown (de) | ['klaun] |
| acrobata (m) | acrobaat (de) | [akrɔ'bāt] |
| mágico (m) | goochelaar (de) | ['xōxəlār] |

## 111. Várias profissões

| médico (m) | dokter, arts (de) | ['dɔktər], [arts] |
| enfermeira (f) | ziekenzuster (de) | ['zikən·zʉstər] |
| psiquiatra (m) | psychiater (de) | [psixi'atər] |
| estomatologista (m) | tandarts (de) | ['tand·arts] |
| cirurgião (m) | chirurg (de) | [ʃi'rʉrx] |

| astronauta (m) | astronaut (de) | [astrɔ'naut] |
| astrónomo (m) | astronoom (de) | [astrɔ'nõm] |
| piloto (m) | piloot (de) | [pi'lõt] |

| motorista (m) | chauffeur (de) | [ʃɔ'før] |
| maquinista (m) | machinist (de) | [maʃi'nist] |
| mecânico (m) | mecanicien (de) | [mekani'sjen] |

| mineiro (m) | mijnwerker (de) | ['mɛjn·wɛrkər] |
| operário (m) | arbeider (de) | ['arbɛjdər] |
| serralheiro (m) | bankwerker (de) | [bank·'wɛrkər] |
| marceneiro (m) | houtbewerker (de) | ['haut·bə'wɛrkər] |
| torneiro (m) | draaier (de) | ['drãjər] |
| construtor (m) | bouwvakker (de) | ['bau·'vakər] |
| soldador (m) | lasser (de) | ['lasər] |

| professor (m) catedrático | professor (de) | [prɔ'fɛsɔr] |
| arquiteto (m) | architect (de) | [arʃi'tɛkt] |
| historiador (m) | historicus (de) | [hi'stɔrikʉs] |
| cientista (m) | wetenschapper (de) | ['wetənsxapər] |
| físico (m) | fysicus (de) | ['fisikʉs] |
| químico (m) | scheikundige (de) | ['sxɛjkʉndəxə] |

| arqueólogo (m) | archeoloog (de) | [arheɔ'lõx] |
| geólogo (m) | geoloog (de) | [xeo'lõx] |
| pesquisador (cientista) | onderzoeker (de) | ['ɔndər'zukər] |

| babysitter (f) | babysitter (de) | ['bɛjbisitər] |
| professor (m) | leraar, pedagoog (de) | ['lerãr], [peda'xõx] |

| redator (m) | redacteur (de) | [redak'tør] |
| redator-chefe (m) | chef-redacteur (de) | [ʃɛf-redak'tør] |
| correspondente (m) | correspondent (de) | [kɔrɛspɔn'dɛnt] |
| datilógrafa (f) | typiste (de) | [ti'pistə] |

| designer (m) | designer (de) | [di'zajnər] |
| especialista (m) em informática | computerexpert (de) | [kɔm'pjutər·'ɛkspər] |
| programador (m) | programmeur (de) | [prɔxra'mør] |
| engenheiro (m) | ingenieur (de) | [inxe'njør] |

| marujo (m) | matroos (de) | [ma'trõs] |
| marinheiro (m) | zeeman (de) | ['zẽman] |
| salvador (m) | redder (de) | ['rɛdər] |

| bombeiro (m) | brandweerman (de) | ['brantwẽr·man] |
| polícia (m) | politieagent (de) | [pɔ'litsi·a'xɛnt] |
| guarda-noturno (m) | nachtwaker (de) | ['naxt·wakər] |
| detetive (m) | detective (de) | [de'tɛktif] |

| funcionário (m) da alfândega | douanier (de) | [dua'njẽ] |
| guarda-costas (m) | lijfwacht (de) | ['lɛjf·waxt] |
| guarda (m) prisional | gevangenisbewaker (de) | [xə'vaɲənis·bə'wakər] |
| inspetor (m) | inspecteur (de) | [inspɛk'tør] |
| desportista (m) | sportman (de) | ['spɔrtman] |
| treinador (m) | trainer (de) | ['trɛnər] |

| talhante (m) | slager, beenhouwer (de) | ['slaxər], ['bēnhauər] |
| sapateiro (m) | schoenlapper (de) | ['sxun·'lapər] |
| comerciante (m) | handelaar (de) | ['handəlãr] |
| carregador (m) | lader (de) | ['ladər] |

| estilista (m) | kledingstilist (de) | ['kledɪŋ·sti'list] |
| modelo (f) | model (het) | [mɔ'dɛl] |

## 112. Ocupações. Estatuto social

| aluno, escolar (m) | scholier (de) | [sxɔ'lir] |
| estudante (~ universitária) | student (de) | [stʉ'dɛnt] |

| filósofo (m) | filosoof (de) | [filɔ'zōf] |
| economista (m) | econoom (de) | [ɛkɔ'nōm] |
| inventor (m) | uitvinder (de) | ['œʏtvindər] |

| desempregado (m) | werkloze (de) | [wɛrk'lɔzə] |
| reformado (m) | gepensioneerde (de) | [xəpɛnʃə'nērdə] |
| espião (m) | spion (de) | [spi'jon] |

| preso (m) | gedetineerde (de) | [xədeti'nērdə] |
| grevista (m) | staker (de) | ['stakər] |
| burocrata (m) | bureaucraat (de) | [bʉrɔ'krãt] |
| viajante (m) | reiziger (de) | ['rɛjzixər] |

| homossexual (m) | homoseksueel (de) | [hɔmɔsɛksʉ'ēl] |
| hacker (m) | hacker (de) | ['hakər] |
| hippie | hippie (de) | ['hippi] |

| bandido (m) | bandiet (de) | [ban'dit] |
| assassino (m) a soldo | huurmoordenaar (de) | ['hūr·mōrdənãr] |
| toxicodependente (m) | drugsverslaafde (de) | ['drʉks·vər'slãfdə] |
| traficante (m) | drugshandelaar (de) | ['drʉks·'handəlãr] |
| prostituta (f) | prostituee (de) | [prɔstitʉ'ē] |
| chulo (m) | pooier (de) | ['pōjər] |

| bruxo (m) | tovenaar (de) | [tɔvə'nãr] |
| bruxa (f) | tovenares (de) | [tɔvəna'rɛs] |
| pirata (m) | piraat (de) | [pi'rãt] |
| escravo (m) | slaaf (de) | [slãf] |
| samurai (m) | samoerai (de) | [samu'raj] |
| selvagem (m) | wilde (de) | ['wildə] |

# Desportos

## 113. Tipos de desportos. Desportistas

| | | |
|---|---|---|
| desportista (m) | sportman (de) | ['sportman] |
| tipo (m) de desporto | soort sport (de/het) | [sõrt sport] |
| | | |
| basquetebol (m) | basketbal (het) | ['bāskətbal] |
| jogador (m) de basquetebol | basketbalspeler (de) | ['bāskətbal·'spelər] |
| | | |
| beisebol (m) | baseball (het) | ['bejzbɔl] |
| jogador (m) de beisebol | baseballspeler (de) | ['bejzbɔl·'spelər] |
| | | |
| futebol (m) | voetbal (het) | ['vutbal] |
| futebolista (m) | voetballer (de) | ['vutbalər] |
| guarda-redes (m) | doelman (de) | ['dulman] |
| | | |
| hóquei (m) | hockey (het) | ['hɔki] |
| jogador (m) de hóquei | hockeyspeler (de) | ['hɔki·'spelər] |
| | | |
| voleibol (m) | volleybal (het) | ['vɔlibal] |
| jogador (m) de voleibol | volleybalspeler (de) | ['vɔlibal·'spelər] |
| | | |
| boxe (m) | boksen (het) | ['bɔksən] |
| boxeador, pugilista (m) | bokser (de) | ['bɔksər] |
| | | |
| luta (f) | worstelen (het) | ['wɔrstələn] |
| lutador (m) | worstelaar (de) | ['wɔrstəlār] |
| | | |
| karaté (m) | karate (de) | [ka'ratə] |
| karateca (m) | karateka (de) | [kara'tɛka] |
| | | |
| judo (m) | judo (de) | [ju'dɔ] |
| judoca (m) | judoka (de) | [ju'dɔka] |
| | | |
| ténis (m) | tennis (het) | ['tɛnis] |
| tenista (m) | tennisspeler (de) | ['tɛnis·'spelər] |
| | | |
| natação (f) | zwemmen (het) | ['zwɛmən] |
| nadador (m) | zwemmer (de) | ['zwɛmər] |
| | | |
| esgrima (f) | schermen (het) | ['sxɛrmən] |
| esgrimista (m) | schermer (de) | ['sxɛrmər] |
| | | |
| xadrez (m) | schaak (het) | [sxāk] |
| xadrezista (m) | schaker (de) | ['sxakər] |
| | | |
| alpinismo (m) | alpinisme (het) | [alpi'nismə] |
| alpinista (m) | alpinist (de) | [alpi'nist] |
| corrida (f) | hardlopen (het) | ['hardlɔpən] |

| corredor (m) | renner (de) | ['renər] |
| atletismo (m) | atletiek (de) | [atle'tik] |
| atleta (m) | atleet (de) | [at'lēt] |

| hipismo (m) | paardensport (de) | ['pārdən·spɔrt] |
| cavaleiro (m) | ruiter (de) | ['rœytər] |

| patinagem (f) artística | kunstschaatsen (het) | ['kʉnst·'sxātsən] |
| patinador (m) | kunstschaatser (de) | ['kʉnst·'sxātsər] |
| patinadora (f) | kunstschaatsster (de) | ['kʉnst·'sxātstər] |

| halterofilismo (m) | gewichtheffen (het) | [xə'wixt·'hefən] |
| halterofilista (m) | gewichtheffer (de) | [xə'wixt·'hefər] |
| corrida (f) de carros | autoraces | ['autɔ·'resəs] |
| piloto (m) | coureur (de) | [ku'rør] |

| ciclismo (m) | wielersport (de) | ['wilər·spɔrt] |
| ciclista (m) | wielrenner (de) | ['wil·renər] |

| salto (m) em comprimento | verspringen (het) | [vər·'spriŋən] |
| salto (m) à vara | polsstokspringen (het) | ['pɔlstɔk·'spriŋən] |
| atleta (m) de saltos | verspringer (de) | [vər'spriŋər] |

## 114. Tipos de desportos. Diversos

| futebol (m) americano | Amerikaans voetbal (het) | [ameri'kāns 'vudbal] |
| badminton (m) | badminton (het) | ['bɛtmintɔn] |
| biatlo (m) | biatlon (de) | [biat'lɔn] |
| bilhar (m) | biljart (het) | [bi'ljart] |

| bobsled (m) | bobsleeën (het) | [bɔb'slēən] |
| musculação (f) | bodybuilding (de) | [bɔdi·'bildiŋ] |
| polo (m) aquático | waterpolo (het) | ['watər·pɔlɔ] |
| andebol (m) | handbal (de) | ['hantbal] |
| golfe (m) | golf (het) | [gɔlf] |

| remo (m) | roeisport (de) | ['ruj·spɔrt] |
| mergulho (m) | duiken (het) | ['dœykən] |
| corrida (f) de esqui | langlaufen (het) | [laŋ'laufən] |
| ténis (m) de mesa | tafeltennis (het) | ['tafəl·'tɛnis] |

| vela (f) | zeilen (het) | ['zɛjlən] |
| rali (m) | rally (de) | ['rali] |
| râguebi (m) | rugby (het) | ['ragbi] |
| snowboard (m) | snowboarden (het) | ['snɔw·bɔrdən] |
| tiro (m) com arco | boogschieten (het) | ['bōx·'sxitən] |

## 115. Ginásio

| barra (f) | lange halter (de) | ['laŋə 'haltɛr] |
| halteres (m pl) | halters | ['haltərs] |
| aparelho (m) de musculaçao | training machine (de) | ['trɛjniŋ·ma'ʃinə] |

| bicicleta (f) ergométrica | hometrainer (de) | [hɔm·'trɛnər] |
| passadeira (f) de corrida | loopband (de) | ['lōp·bant] |

| barra (f) fixa | rekstok (de) | ['rɛkstɔk] |
| barras (f) paralelas | brug (de) gelijke leggers | [brɤx xə'lɛjkə 'lexərs] |
| cavalo (m) | paardsprong (de) | ['pārt·sprɔŋ] |
| tapete (m) de ginástica | mat (de) | [mat] |

| corda (f) de saltar | springtouw (het) | ['spriŋ·tau] |
| aeróbica (f) | aerobics (de) | [ɛj'rɔbiks] |
| ioga (f) | yoga (de) | ['joxa] |

## 116. Desportos. Diversos

| Jogos (m pl) Olímpicos | Olympische Spelen | [ɔ'limpisə 'spelən] |
| vencedor (m) | winnaar (de) | ['winār] |
| vencer (vi) | overwinnen | [ɔvər'winən] |
| vencer, ganhar (vi) | winnen | ['winən] |

| líder (m) | leider (de) | ['lɛjdər] |
| liderar (vt) | leiden | ['lɛjdən] |

| primeiro lugar (m) | eerste plaats (de) | ['ērstə plāts] |
| segundo lugar (m) | tweede plaats (de) | ['twēdə plāts] |
| terceiro lugar (m) | derde plaats (de) | ['dɛrdə plāts] |

| medalha (f) | medaille (de) | [me'dajə] |
| troféu (m) | trofee (de) | [trɔ'fē] |
| taça (f) | beker (de) | ['bekər] |
| prémio (m) | prijs (de) | [prɛjs] |
| prémio (m) principal | hoofdprijs (de) | [hōft·prɛjs] |

| recorde (m) | record (het) | [re'kōr] |
| estabelecer um recorde | een record breken | [en re'kɔr 'brekən] |

| final (m) | finale (de) | [fi'nalə] |
| final | finale | [fi'nalə] |

| campeão (m) | kampioen (de) | [kam'pjun] |
| campeonato (m) | kampioenschap (het) | [kam'pjunsxap] |

| estádio (m) | stadion (het) | [stadi'ɔn] |
| bancadas (f pl) | tribune (de) | [tri'bɤnə] |
| fã, adepto (m) | fan, supporter (de) | [fan], [sɤ'pɔrtər] |
| adversário (m) | tegenstander (de) | ['texən·'standər] |

| partida (f) | start (de) | [start] |
| chegada, meta (f) | finish (de) | ['finiʃ] |

| derrota (f) | nederlaag (de) | ['nedərlāx] |
| perder (vt) | verliezen | [vər'lizən] |

| árbitro (m) | rechter (de) | ['rɛxtər] |
| júri (m) | jury (de) | ['ʒɤri] |

| resultado (m) | stand (de) | [stant] |
| empate (m) | gelijkspel (het) | [xə'lɛjk·spɛl] |
| empatar (vi) | in gelijk spel eindigen | [in xə'lɛjk spɛl 'ɛjndixən] |
| ponto (m) | punt (het) | [pʉnt] |
| resultado (m) final | uitslag (de) | ['œʏtslax] |
| | | |
| tempo, período (m) | periode (de) | [peri'ɔdə] |
| intervalo (m) | pauze (de) | ['pauzə] |
| doping (m) | doping (de) | ['dɔpiŋ] |
| penalizar (vt) | straffen | ['strafən] |
| desqualificar (vt) | diskwalificeren | [diskwalifi'serən] |
| | | |
| aparelho (m) | toestel (het) | ['tustɛl] |
| dardo (m) | speer (de) | [spēr] |
| peso (m) | kogel (de) | ['kɔxəl] |
| bola (f) | bal (de) | [bal] |
| | | |
| alvo, objetivo (m) | doel (het) | [dul] |
| alvo (~ de papel) | schietkaart (de) | ['sxit·kārt] |
| atirar, disparar (vi) | schieten | ['sxitən] |
| preciso (tiro ~) | precies | [prə'sis] |
| | | |
| treinador (m) | trainer, coach (de) | ['trɛnər], [kɔʧ] |
| treinar (vt) | trainen | ['trɛjnən] |
| treinar-se (vr) | zich trainen | [zix 'trɛjnən] |
| treino (m) | training (de) | ['trɛjniŋ] |
| | | |
| ginásio (m) | gymnastiekzaal (de) | [ximnas'tik·zāl] |
| exercício (m) | oefening (de) | ['ufəniŋ] |
| aquecimento (m) | opwarming (de) | ['ɔpwarmiŋ] |

# Educação

## 117. Escola

| | | |
|---|---|---|
| escola (f) | school (de) | [sxõl] |
| diretor (m) de escola | schooldirecteur (de) | [sxõl·dirɛk'tør] |
| | | |
| aluno (m) | leerling (de) | ['lērliŋ] |
| aluna (f) | leerlinge (de) | ['lērliŋə] |
| escolar (m) | scholier (de) | [sxɔ'lir] |
| escolar (f) | scholiere (de) | [sxɔ'lirə] |
| | | |
| ensinar (vt) | leren | ['lerən] |
| aprender (vt) | studeren | [stʉ'derən] |
| aprender de cor | van buiten leren | [van 'bœytən 'lerən] |
| | | |
| estudar (vi) | leren | ['lerən] |
| andar na escola | in school zijn | [in 'sxõl zɛjn] |
| ir à escola | naar school gaan | [nãr 'sxõl xãn] |
| | | |
| alfabeto (m) | alfabet (het) | ['alfabət] |
| disciplina (f) | vak (het) | [vak] |
| | | |
| sala (f) de aula | klaslokaal (het) | ['klas·lɔkãl] |
| lição (f) | les (de) | [lɛs] |
| recreio (m) | pauze (de) | ['pauzə] |
| toque (m) | bel (de) | [bel] |
| carteira (f) | schooltafel (de) | [sxõl·'tafəl] |
| quadro (m) negro | schoolbord (het) | [sxõl·bɔrt] |
| | | |
| nota (f) | cijfer (het) | ['sɛjfər] |
| boa nota (f) | goed cijfer (het) | [xut 'sɛjfər] |
| nota (f) baixa | slecht cijfer (het) | [slɛxt 'sɛjfər] |
| dar uma nota | een cijfer geven | [en 'sɛjfər 'xevən] |
| | | |
| erro (m) | fout (de) | ['faut] |
| fazer erros | fouten maken | ['fautən 'makən] |
| corrigir (vt) | corrigeren | [kɔri'dʒɛrən] |
| cábula (f) | spiekbriefje (het) | ['spik·brifjə] |
| | | |
| dever (m) de casa | huiswerk (het) | ['hœys·wɛrk] |
| exercício (m) | oefening (de) | ['ufəniŋ] |
| | | |
| estar presente | aanwezig zijn | ['ãnwezəx zɛjn] |
| estar ausente | absent zijn | [ap'sɛnt zɛjn] |
| faltar às aulas | school verzuimen | [sxõl vərzœymən] |
| | | |
| punir (vt) | bestraffen | [bə'strafən] |
| punição (f) | bestraffing (de) | [bə'strafiŋ] |
| comportamento (m) | gedrag (het) | [xə'drax] |

| | | |
|---|---|---|
| boletim (m) escolar | cijferlijst (de) | ['sɛjfər·lɛjst] |
| lápis (m) | potlood (het) | ['pɔtlõt] |
| borracha (f) | gom (de) | [xɔm] |
| giz (m) | krijt (het) | [krɛjt] |
| estojo (m) | pennendoos (de) | ['penən·dõs] |
| | | |
| pasta (f) escolar | boekentas (de) | ['bukən·tas] |
| caneta (f) | pen (de) | [pen] |
| caderno (m) | schrift (de) | [sxrift] |
| manual (m) escolar | leerboek (het) | ['lēr·buk] |
| compasso (m) | passer (de) | ['pasɛr] |
| | | |
| traçar (vt) | technisch tekenen | ['tɛxnis 'tekənən] |
| desenho (m) técnico | technische tekening (de) | ['tɛxnisə 'tekəniŋ] |
| | | |
| poesia (f) | gedicht (het) | [xə'diht] |
| de cor | van buiten | [van 'bœytən] |
| aprender de cor | van buiten leren | [van 'bœytən 'lerən] |
| | | |
| férias (f pl) | vakantie (de) | [va'kantsi] |
| estar de férias | met vakantie zijn | [mɛt va'kantsi zɛjn] |
| passar as férias | vakantie doorbrengen | [va'kantsi 'dõrbreŋən] |
| | | |
| teste (m) | toets (de) | [tuts] |
| composição, redação (f) | opstel (het) | ['ɔpstəl] |
| ditado (m) | dictee (het) | [dik'tē] |
| exame (m) | examen (het) | [ɛk'samən] |
| fazer exame | examen afleggen | [ɛk'samən 'aflexən] |
| experiência (~ química) | experiment (het) | [ɛksperi'mɛnt] |

## 118. Colégio. Universidade

| | | |
|---|---|---|
| academia (f) | academie (de) | [aka'demi] |
| universidade (f) | universiteit (de) | [junivɛrsi'tɛjt] |
| faculdade (f) | faculteit (de) | [fakʉl'tɛjt] |
| | | |
| estudante (m) | student (de) | [stʉ'dɛnt] |
| estudante (f) | studente (de) | [stʉ'dɛntə] |
| professor (m) | leraar (de) | ['lerãr] |
| | | |
| sala (f) de palestras | collegezaal (de) | [kɔ'leʒə·zāl] |
| graduado (m) | afgestudeerde (de) | ['afxɛstʉ'dērdə] |
| | | |
| diploma (m) | diploma (het) | [di'plɔma] |
| tese (f) | dissertatie (de) | [disɛr'tatsi] |
| | | |
| estudo (obra) | onderzoek (het) | ['ɔndərzuk] |
| laboratório (m) | laboratorium (het) | [labɔra'tɔrijum] |
| | | |
| palestra (f) | college (het) | [kɔ'leʒə] |
| colega (m) de curso | medestudent (de) | ['medə·stʉ'dɛnt] |
| | | |
| bolsa (f) de estudos | studiebeurs (de) | ['stʉdi'børs] |
| grau (m) académico | academische graad (de) | [aka'demisə xrāt] |

## 119. Ciências. Disciplinas

| | | |
|---|---|---|
| matemática (f) | wiskunde (de) | ['wiskʉndə] |
| álgebra (f) | algebra (de) | ['alxəbra] |
| geometria (f) | meetkunde (de) | ['mētkʉndə] |
| astronomia (f) | astronomie (de) | [astrɔnɔ'mi] |
| biologia (f) | biologie (de) | [biɔlɔ'xi] |
| geografia (f) | geografie (de) | [xeoxra'fi] |
| geologia (f) | geologie (de) | [xeolɔ'xi] |
| história (f) | geschiedenis (de) | [xə'sxidənis] |
| medicina (f) | geneeskunde (de) | [xə'nēs·kʉndə] |
| pedagogia (f) | pedagogiek (de) | [peda'xɔxik] |
| direito (m) | rechten | ['rɛxtən] |
| física (f) | fysica, natuurkunde (de) | ['fizika], [na'tūrkʉndə] |
| química (f) | scheikunde (de) | ['sxɛjkʉndə] |
| filosofia (f) | filosofie (de) | [filɔzɔ'fi] |
| psicologia (f) | psychologie (de) | [psihɔlɔ'xi] |

## 120. Sistema de escrita. Ortografia

| | | |
|---|---|---|
| gramática (f) | grammatica (de) | [xra'matika] |
| vocabulário (m) | vocabulaire (het) | [vɔkabʉ'lɛ:r] |
| fonética (f) | fonetiek (de) | [fɔnɛ'tik] |
| substantivo (m) | zelfstandig naamwoord (het) | [zɛlf'standix 'nãmwõrt] |
| adjetivo (m) | bijvoeglijk naamwoord (het) | [bɛj'fuxlək 'nãmwõrt] |
| verbo (m) | werkwoord (het) | ['wɛrk·vort] |
| advérbio (m) | bijwoord (het) | ['bɛj·wõrt] |
| pronome (m) | voornaamwoord (het) | ['võrnãm·wõrt] |
| interjeição (f) | tussenwerpsel (het) | ['tʉsən·'wɛrpsəl] |
| preposição (f) | voorzetsel (het) | ['võrzɛtsəl] |
| raiz (f) da palavra | stam (de) | [stam] |
| terminação (f) | achtervoegsel (het) | ['axtər·vuxsəl] |
| prefixo (m) | voorvoegsel (het) | ['võr·vuxsəl] |
| sílaba (f) | lettergreep (de) | ['lɛtər·xrēp] |
| sufixo (m) | achtervoegsel (het) | ['axtər·vuxsəl] |
| acento (m) | nadruk (de) | ['nadrʉk] |
| apóstrofo (m) | afkappingsteken (het) | ['afkapiŋs·'tekən] |
| ponto (m) | punt (de) | [pʉnt] |
| vírgula (f) | komma (de/het) | ['kɔma] |
| ponto e vírgula (m) | puntkomma (de) | [pʉnt·'kɔma] |
| dois pontos (m pl) | dubbelpunt (de) | ['dʉbəl·pʉnt] |
| reticências (f pl) | beletselteken (het) | [bə'lɛtsel·'tekən] |
| ponto (m) de interrogação | vraagteken (het) | ['vrãx·tekən] |

| ponto (m) de exclamação | uitroepteken (het) | ['œytrup·tekən] |
| aspas (f pl) | aanhalingstekens | ['ānhaliŋs·'tekəns] |
| entre aspas | tussen aanhalingstekens | ['tʉsən 'ānhaliŋ's·tekəns] |
| parênteses (m pl) | haakjes | ['hākjəs] |
| entre parênteses | tussen haakjes | ['tʉsən 'hākjəs] |

| hífen (m) | streepje (het) | ['strēpjə] |
| travessão (m) | gedachtestreepje (het) | [xə'dahtə 'strēpjə] |
| espaço (m) | spatie (de) | ['spatsi] |

| letra (f) | letter (de) | ['lɛtər] |
| letra (f) maiúscula | hoofdletter (de) | [hōft·'lɛtər] |

| vogal (f) | klinker (de) | ['klinkər] |
| consoante (f) | medeklinker (de) | ['medə·'klinkər] |

| frase (f) | zin (de) | [zin] |
| sujeito (m) | onderwerp (het) | ['ɔndərwɛrp] |
| predicado (m) | gezegde (het) | [xə'zɛxdə] |

| linha (f) | regel (de) | ['rexəl] |
| em uma nova linha | op een nieuwe regel | [ɔp en 'niuə 'rexəl] |
| parágrafo (m) | alinea (de) | [a'linɛa] |

| palavra (f) | woord (het) | [wõrt] |
| grupo (m) de palavras | woordgroep (de) | ['wõrt·xrup] |
| expressão (f) | uitdrukking (de) | ['œydrykiŋ] |
| sinónimo (m) | synoniem (het) | [sinɔ'nim] |
| antónimo (m) | antoniem (het) | [antɔ'nim] |

| regra (f) | regel (de) | ['rexəl] |
| exceção (f) | uitzondering (de) | ['œytzɔndəriŋ] |
| correto | correct | [kɔ'rɛkt] |

| conjugação (f) | vervoeging, conjugatie (de) | [vər'vuxiŋ], [kɔnju'xatsi] |
| declinação (f) | verbuiging, declinatie (de) | [vərbœyxiŋ], [dekli'natsi] |
| caso (m) | naamval (de) | ['nāmval] |
| pergunta (f) | vraag (de) | [vrãx] |
| sublinhar (vt) | onderstrepen | ['ɔndər'strepən] |
| linha (f) pontilhada | stippellijn (de) | ['stipəl·lɛjn] |

## 121. Línguas estrangeiras

| língua (f) | taal (de) | [tāl] |
| estrangeiro | vreemd | [vrēmt] |
| língua (f) estrangeira | vreemde taal (de) | ['vrēmdə tāl] |
| estudar (vt) | leren | ['lerən] |
| aprender (vt) | studeren | [stʉ'derən] |

| ler (vt) | lezen | ['lezən] |
| falar (vi) | spreken | ['sprekən] |
| compreender (vt) | begrijpen | [bə'xrɛjpən] |
| escrever (vt) | schrijven | ['sxrɛjvən] |
| rapidamente | snel | [snɛl] |

| devagar | langzaam | ['laŋzām] |
| fluentemente | vloeiend | ['vlujənt] |

| regras (f pl) | regels | ['rexəls] |
| gramática (f) | grammatica (de) | [xra'matika] |
| vocabulário (m) | vocabulaire (het) | [vɔkabʉ'lɛːr] |
| fonética (f) | fonetiek (de) | [fɔnɛ'tik] |

| manual (m) escolar | leerboek (het) | ['lēr·buk] |
| dicionário (m) | woordenboek (het) | ['wõrdən·buk] |
| manual (m) | leerboek (het) | ['lērbuk |
| de autoaprendizagem | voor zelfstudie | võr 'zɛlfstʉdi] |
| guia (m) de conversação | taalgids (de) | ['tāl·xits] |

| cassete (f) | cassette (de) | [ka'sɛtə] |
| vídeo cassete (m) | videocassette (de) | ['video·ka'sɛtə] |
| CD (m) | CD (de) | [se'de] |
| DVD (m) | DVD (de) | [deve'de] |

| alfabeto (m) | alfabet (het) | ['alfabət] |
| soletrar (vt) | spellen | ['spɛlən] |
| pronúncia (f) | uitspraak (de) | ['œʏtsprāk] |

| sotaque (m) | accent (het) | [ak'sɛnt] |
| com sotaque | met een accent | [mɛt en ak'sɛnt] |
| sem sotaque | zonder accent | ['zɔndər ak'sɛnt] |

| palavra (f) | woord (het) | [wõrt] |
| sentido (m) | betekenis (de) | [bə'tekənis] |

| cursos (m pl) | cursus (de) | ['kʉrzʉs] |
| inscrever-se (vr) | zich inschrijven | [zix 'insxrɛjvən] |
| professor (m) | leraar (de) | ['lerār] |

| tradução (processo) | vertaling (de) | [vər'taliŋ] |
| tradução (texto) | vertaling (de) | [vər'taliŋ] |
| tradutor (m) | vertaler (de) | [vər'talər] |
| intérprete (m) | tolk (de) | [tɔlk] |

| poliglota (m) | polyglot (de) | [poli'xlɔt] |
| memória (f) | geheugen (het) | [xə'høxən] |

## 122. Personagens de contos de fadas

| Pai (m) Natal | Sinterklaas (de) | [sintər·'klās] |
| Cinderela (f) | Assepoester (de) | [asə'pustər] |
| sereia (f) | zeemeermin (de) | ['zē·mērmin] |
| Neptuno (m) | Neptunus (de) | [nep'tʉnʉs] |

| mago (m) | magiër, tovenaar (de) | ['maxjər], [tɔve'nār] |
| fada (f) | goede heks (de) | ['xudə hɛks] |
| mágico | magisch | ['maxis] |
| varinha (f) mágica | toverstokje (het) | ['tɔvər·stɔkjə] |
| conto (m) de fadas | sprookje (het) | ['sprõkjə] |

| milagre (m) | wonder (het) | ['wɔndər] |
| anão (m) | dwerg (de) | [dwɛrx] |
| transformar-se em ... | veranderen in ... | [və'randərən in] |

| fantasma (m) | spook (het) | [spõk] |
| espetro (m) | geest (de) | [xēst] |
| monstro (m) | monster (het) | ['mɔnstər] |
| dragão (m) | draak (de) | [drāk] |
| gigante (m) | reus (de) | ['røs] |

## 123. Signos do Zodíaco

| Carneiro | Ram (de) | [ram] |
| Touro | Stier (de) | [stir] |
| Gémeos | Tweelingen | ['twēliŋən] |
| Caranguejo | Kreeft (de) | [krēft] |
| Leão | Leeuw (de) | [lēw] |
| Virgem (f) | Maagd (de) | [māxt] |

| Balança | Weegschaal (de) | ['wēxsxāl] |
| Escorpião | Schorpioen (de) | [sxɔrpi'un] |
| Sagitário | Boogschutter (de) | ['bõx·'sxʉtər] |
| Capricórnio | Steenbok (de) | ['stēnbɔk] |
| Aquário | Waterman (de) | ['watərman] |
| Peixes | Vissen | ['visən] |

| caráter (m) | karakter (het) | [ka'raktər] |
| traços (m pl) do caráter | karaktertrekken | [ka'raktər·'trɛkən] |
| comportamento (m) | gedrag (het) | [xə'drax] |
| predizer (vt) | waarzeggen | [wār'zexən] |
| adivinha (f) | waarzegster (de) | [wār'zexstər] |
| horóscopo (m) | horoscoop (de) | [hɔrɔ'skõp] |

# Artes

## 124. Teatro

| | | |
|---|---|---|
| teatro (m) | theater (het) | [te'atər] |
| ópera (f) | opera (de) | ['ɔpəra] |
| opereta (f) | operette (de) | [ɔpe'rɛtə] |
| balé (m) | ballet (het) | [ba'lɛt] |
| | | |
| cartaz (m) | affiche (de/het) | [a'fiʃə] |
| companhia (f) teatral | theatergezelschap (het) | [te'atər·xəzɛlsxap] |
| turné (digressão) | tournee (de) | [tur'nē] |
| estar em turné | op tournee zijn | [ɔp tur'nē zɛjn] |
| ensaiar (vt) | repeteren | [repɛ'terən] |
| ensaio (m) | repetitie (de) | [repɛ'titsi] |
| repertório (m) | repertoire (het) | [repɛrtu'ar] |
| | | |
| apresentação (f) | voorstelling (de) | ['vōrstɛliŋ] |
| espetáculo (m) | spektakel (het) | [spɛk'takəl] |
| peça (f) | toneelstuk (het) | [tɔ'nēl·stʉk] |
| | | |
| bilhete (m) | biljet (het) | [bi'ljet] |
| bilheteira (f) | kassa (de) | ['kasa] |
| hall (m) | foyer (de) | [fua'je] |
| guarda-roupa (m) | garderobe (de) | [xardə'rɔbə] |
| senha (f) numerada | garderobe nummer (het) | [xardə'rɔbə 'nʉmɛr] |
| binóculo (m) | verrekijker (de) | ['vɛrəkɛjkər] |
| lanterninha (m) | plaatsaanwijzer (de) | [plāts·'ānwɛjzər] |
| | | |
| plateia (f) | parterre (de) | [par'tɛ:rə] |
| balcão (m) | balkon (het) | [bal'kɔn] |
| primeiro balcão (m) | gouden rang (de) | ['xaudən raŋ] |
| camarote (m) | loge (de) | ['lɔʒə] |
| fila (f) | rij (de) | [rɛj] |
| assento (m) | plaats (de) | [plāts] |
| | | |
| público (m) | publiek (het) | [pʉ'blik] |
| espetador (m) | kijker (de) | ['kɛjkər] |
| aplaudir (vt) | klappen | ['klapən] |
| aplausos (m pl) | applaus (het) | [a'plaus] |
| ovação (f) | ovatie (de) | [ɔ'vatsi] |
| | | |
| palco (m) | toneel (het) | [tɔ'nēl] |
| pano (m) de boca | gordijn, doek (het) | [xɔr'dɛjn], [duk] |
| cenário (m) | toneeldecor (het) | [tɔ'nēl·de'kɔr] |
| bastidores (m pl) | backstage (de) | [bɛk·'stɛjdʒ] |
| | | |
| cena (f) | scène (de) | ['sɛjnə] |
| ato (m) | bedrijf (het) | [bə'drɛjf] |
| entreato (m) | pauze (de) | ['pauzə] |

## 125. Cinema

| | | |
|---|---|---|
| ator (m) | acteur (de) | [ak'tør] |
| atriz (f) | actrice (de) | [akt'risə] |
| | | |
| cinema (m) | bioscoop (de) | [biɔ'skōp] |
| filme (m) | speelfilm (de) | ['spēl·film] |
| episódio (m) | aflevering (de) | ['afleverɪŋ] |
| | | |
| filme (m) policial | detectivefilm (de) | [de'tɛktif·film] |
| filme (m) de ação | actiefilm (de) | ['aktsi·film] |
| filme (m) de aventuras | avonturenfilm (de) | [avɔn'tʉrən·film] |
| filme (m) de ficção científica | sciencefictionfilm (de) | ['sajəns·'fikʃən·film] |
| filme (m) de terror | griezelfilm (de) | ['xrizəl·film] |
| | | |
| comédia (f) | komedie (de) | [kɔ'medi] |
| melodrama (m) | melodrama (het) | [melɔ'drama] |
| drama (m) | drama (het) | ['drama] |
| | | |
| filme (m) ficcional | speelfilm (de) | ['spēl·film] |
| documentário (m) | documentaire (de) | [dɔkʉmen'tɛ:r] |
| desenho (m) animado | tekenfilm (de) | ['tekən·film] |
| cinema (m) mudo | stomme film (de) | ['stɔmə film] |
| | | |
| papel (m) | rol (de) | [rɔl] |
| papel (m) principal | hoofdrol (de) | ['hōft·rɔl] |
| representar (vt) | spelen | ['spelən] |
| | | |
| estrela (f) de cinema | filmster (de) | ['film·stɛr] |
| conhecido | bekend | [bə'kɛnt] |
| famoso | beroemd | [bə'rumt] |
| popular | populair | [pɔpʉ'lɛr] |
| | | |
| argumento (m) | scenario (het) | [sɛ'nariɔ] |
| argumentista (m) | scenarioschrijver (de) | [sɛ'nariɔ·'sxrɛjvər] |
| realizador (m) | regisseur (de) | [rexi'sør] |
| produtor (m) | filmproducent (de) | [film·prodʉ'sɛnt] |
| assistente (m) | assistent (de) | [asi'stɛnt] |
| diretor (m) de fotografia | cameraman (de) | ['kamǝraman] |
| duplo (m) | stuntman (de) | ['stʉnt·man] |
| duplo (m) de corpo | stuntdubbel (de) | ['stʉnt·dʉbəl] |
| | | |
| filmar (vt) | een film maken | [en film 'makən] |
| audição (f) | auditie (de) | [au'ditsi] |
| filmagem (f) | opnamen | ['ɔpnamən] |
| equipe (f) de filmagem | filmploeg (de) | ['film·plux] |
| set (m) de filmagem | filmset (de) | ['film·sɛt] |
| câmara (f) | filmcamera (de) | [film·'kamǝra] |
| | | |
| cinema (m) | bioscoop (de) | [biɔ'skōp] |
| ecrã (m), tela (f) | scherm (het) | [sxɛrm] |
| exibir um filme | een film vertonen | [en film vǝr'tɔnǝn] |
| | | |
| pista (f) sonora | geluidsspoor (de) | [xǝ'lœɣts·spōr] |
| efeitos (m pl) especiais | speciale effecten | [speʃi'alǝ ɛ'fɛktǝn] |

| legendas (f pl) | ondertiteling (de) | ['ɔndər'titəliŋ] |
| crédito (m) | voortiteling, aftiteling (de) | [võr'titəliŋ], [af'titəliŋ] |
| tradução (f) | vertaling (de) | [vər'taliŋ] |

## 126. Pintura

| arte (f) | kunst (de) | ['kʉnst] |
| belas-artes (f pl) | schone kunsten | ['sxɔnə 'kʉnstən] |
| galeria (f) de arte | kunstgalerie (de) | ['kʉnst·galə'ri] |
| exposição (f) de arte | kunsttentoonstelling (de) | ['kʉnst·tɛn'tõnstɛliŋ] |

| pintura (f) | schilderkunst (de) | ['sxildər·kʉnst] |
| arte (f) gráfica | grafiek (de) | [xra'fik] |
| arte (f) abstrata | abstracte kunst (de) | [ap'straktə kʉnst] |
| impressionismo (m) | impressionisme (het) | [impresiɔ'nismə] |

| pintura (f), quadro (m) | schilderij (het) | [sxildə'rɛj] |
| desenho (m) | tekening (de) | ['tekəniŋ] |
| cartaz, póster (m) | poster (de) | ['pɔstər] |

| ilustração (f) | illustratie (de) | [ilʉ'stratsi] |
| miniatura (f) | miniatuur (de) | [minia'tūr] |
| cópia (f) | kopie (de) | [kɔ'pi] |
| reprodução (f) | reproductie (de) | [reprɔ'dʉksi] |

| mosaico (m) | mozaïek (het) | [mɔza'ik] |
| vitral (m) | gebrandschilderd glas (het) | [xə'brant·sxildərt xlas] |
| fresco (m) | fresco (het) | ['frɛskɔ] |
| gravura (f) | gravure (de) | [xra'vʉrə] |

| busto (m) | buste (de) | ['bʉstə] |
| escultura (f) | beeldhouwwerk (het) | ['bēlt·hauwɛrk] |
| estátua (f) | beeld (het) | [bēlt] |
| gesso (m) | gips (het) | [xips] |
| em gesso | gipsen | ['xipsən] |

| retrato (m) | portret (het) | [pɔrt'rɛt] |
| autorretrato (m) | zelfportret (het) | ['zɛlf·pɔr'trɛt] |
| paisagem (f) | landschap (het) | ['landsxap] |
| natureza (f) morta | stilleven (het) | [sti'levən] |
| caricatura (f) | karikatuur (de) | [karika'tūr] |
| esboço (m) | schets (de) | [sxɛts] |

| tinta (f) | verf (de) | [vɛrf] |
| aguarela (f) | aquarel (de) | [akva'rɛl] |
| óleo (m) | olieverf (de) | ['ɔli·vɛrf] |
| lápis (m) | potlood (het) | ['pɔtlõt] |
| tinta da China (f) | Oost-Indische inkt (de) | [õst·'indisə inkt] |
| carvão (m) | houtskool (de) | ['haut·skõl] |

| desenhar (vt) | tekenen | ['tekənən] |
| pintar (vt) | schilderen | ['sxildərən] |
| posar (vi) | poseren | [pɔ'zerən] |
| modelo (m) | naaktmodel (het) | [nãkt·mɔ'dɛl] |

| modelo (f) | naaktmodel (het) | [nākt·mɔ'dɛl] |
| pintor (m) | kunstenaar (de) | ['kʉnstənār] |
| obra (f) | kunstwerk (het) | ['kʉnst·wɛrk] |
| obra-prima (f) | meesterwerk (het) | ['mēstər·wɛrk] |
| estúdio (m) | studio, werkruimte (de) | ['stydiɔ], [wɛrk·rœymtə] |

| tela (f) | schildersdoek (het) | ['sxildər·duk] |
| cavalete (m) | schildersezel (de) | ['sxildərs·'ezəl] |
| paleta (f) | palet (het) | [pa'lɛt] |

| moldura (f) | lijst (de) | [lɛjst] |
| restauração (f) | restauratie (de) | [rɛstɔ'ratsi] |
| restaurar (vt) | restaureren | [rɛstɔ'rerən] |

## 127. Literatura & Poesia

| literatura (f) | literatuur (de) | [litəra'tūr] |
| autor (m) | auteur (de) | [au'tør] |
| pseudónimo (m) | pseudoniem (het) | [psødɔ'nim] |

| livro (m) | boek (het) | [buk] |
| volume (m) | boekdeel (het) | ['bukdēl] |
| índice (m) | inhoudsopgave (de) | ['inhauts·'ɔpxavə] |
| página (f) | pagina (de) | ['paxina] |
| protagonista (m) | hoofdpersoon (de) | [hōft·pɛr'sɔn] |
| autógrafo (m) | handtekening (de) | ['hand·'tekəniŋ] |

| conto (m) | verhaal (het) | [vər'hāl] |
| novela (f) | novelle (de) | [nɔ'velə] |
| romance (m) | roman (de) | [rɔ'man] |
| obra (f) | werk (het) | [wɛrk] |
| fábula (m) | fabel (de) | ['fabəl] |
| romance (m) policial | detectiveroman (de) | [de'tɛktif·rɔ'man] |

| poesia (obra) | gedicht (het) | [xə'diht] |
| poesia (arte) | poëzie (de) | [pɔɛ'zi] |
| poema (m) | epos (het) | ['epɔs] |
| poeta (m) | dichter (de) | ['dixtər] |

| ficção (f) | fictie (de) | ['fiksi] |
| ficção (f) científica | sciencefiction (de) | ['sajəns·'fikʃən] |
| aventuras (f pl) | avonturenroman (de) | [avɔn'tʉrən·rɔ'man] |
| literatura (f) didática | opvoedkundige literatuur (de) | ['ɔpvud'kundəxə litəra'tūr] |
| literatura (f) infantil | kinderliteratuur (de) | ['kindər·litəra'tūr] |

## 128. Circo

| circo (m) | circus (de/het) | ['sirkʉs] |
| circo (m) ambulante | chapiteau circus (de/het) | [ʃʌpi'tɔ 'sirkʉs] |
| programa (m) | programma (het) | [prɔ'xrama] |
| apresentação (f) | voorstelling (de) | ['vōrstɛliŋ] |

| | | |
|---|---|---|
| número (m) | nummer (het) | ['nʉmər] |
| arena (f) | arena (de) | [a'rena] |
| | | |
| pantomima (f) | pantomime (de) | [pantɔ'mim] |
| palhaço (m) | clown (de) | ['klaun] |
| | | |
| acrobata (m) | acrobaat (de) | [akrɔ'bāt] |
| acrobacia (f) | acrobatiek (de) | [akrɔba'tik] |
| ginasta (m) | gymnast (de) | [xim'nast] |
| salto (m) mortal | salto (de) | ['saltɔ] |
| | | |
| homem forte (m) | sterke man (de) | ['stɛrkə man] |
| domador (m) | temmer (de) | ['tɛmər] |
| cavaleiro (m) equilibrista | ruiter (de) | ['rœytər] |
| assistente (m) | assistent (de) | [asi'stɛnt] |
| | | |
| truque (m) | stunt (de) | [stʉnt] |
| truque (m) de mágica | goocheltruc (de) | ['xōxəl·trʉk] |
| mágico (m) | goochelaar (de) | ['xōxəlār] |
| | | |
| malabarista (m) | jongleur (de) | [joŋ'lør] |
| fazer malabarismos | jongleren | [joŋ'lerən] |
| domador (m) | dierentrainer (de) | ['dīrən·trɛjnər] |
| adestramento (m) | dressuur (de) | [drɛ'sūr] |
| adestrar (vt) | dresseren | [drɛ'serən] |

## 129. Música. Música popular

| | | |
|---|---|---|
| música (f) | muziek (de) | [mʉ'zik] |
| músico (m) | muzikant (de) | [mʉzi'kant] |
| instrumento (m) musical | muziekinstrument (het) | [mʉ'zik·instrʉ'mɛnt] |
| tocar ... | ... spelen | ['spelən] |
| | | |
| guitarra (f) | gitaar (de) | [xi'tār] |
| violino (m) | viool (de) | [vi'jōl] |
| violoncelo (m) | cello (de) | ['ʧɛlɔ] |
| contrabaixo (m) | contrabas (de) | ['kɔntrabas] |
| harpa (f) | harp (de) | [harp] |
| | | |
| piano (m) | piano (de) | [pi'anɔ] |
| piano (m) de cauda | vleugel (de) | ['vløxəl] |
| órgão (m) | orgel (het) | ['ɔrxəl] |
| | | |
| instrumentos (m pl) de sopro | blaasinstrumenten | [blāz·instrʉ'mɛntən] |
| oboé (m) | hobo (de) | [hɔ'bɔ] |
| saxofone (m) | saxofoon (de) | [saksɔ'fōn] |
| clarinete (m) | klarinet (de) | [klari'nɛt] |
| flauta (f) | fluit (de) | ['flœyt] |
| trompete (m) | trompet (de) | [trɔm'pɛt] |
| | | |
| acordeão (m) | accordeon (de/het) | [akɔrdɛ'ɔn] |
| tambor (m) | trommel (de) | ['trɔməl] |
| duo, dueto (m) | duet (het) | [dʉ'wɛt] |
| trio (m) | trio (het) | ['triɔ] |

| | | |
|---|---|---|
| quarteto (m) | kwartet (het) | ['kwar'tɛt] |
| coro (m) | koor (het) | [kōr] |
| orquestra (f) | orkest (het) | [ɔr'kɛst] |
| | | |
| música (f) pop | popmuziek (de) | [pɔp·mʉ'zik] |
| música (f) rock | rockmuziek (de) | [rɔk·mʉ'zik] |
| grupo (m) de rock | rockgroep (de) | ['rɔk·xrup] |
| jazz (m) | jazz (de) | [dʒaz] |
| | | |
| ídolo (m) | idool (het) | [i'dōl] |
| fã, admirador (m) | bewonderaar (de) | [bə'wɔndərār] |
| | | |
| concerto (m) | concert (het) | [kɔn'sɛrt] |
| sinfonia (f) | symfonie (de) | [simfo'ni] |
| composição (f) | compositie (de) | [kɔmpɔ'zitsi] |
| compor (vt) | componeren | [kɔmpɔ'nerən] |
| | | |
| canto (m) | zang (de) | [zaŋ] |
| canção (f) | lied (het) | [lit] |
| melodia (f) | melodie (de) | [melɔ'di] |
| ritmo (m) | ritme (het) | ['ritmə] |
| blues (m) | blues (de) | [blʉs] |
| | | |
| notas (f pl) | bladmuziek (de) | ['blat·mʉ'zik] |
| batuta (f) | dirigeerstok (de) | [diri'xēr·stɔk] |
| arco (m) | strijkstok (de) | ['strɛjk·stɔk] |
| corda (f) | snaar (de) | [snãr] |
| estojo (m) | koffer (de) | ['kɔfər] |

# Descanso. Entretenimento. Viagens

## 130. Viagens

| | | |
|---|---|---|
| turismo (m) | toerisme (het) | [tu'rismə] |
| turista (m) | toerist (de) | [tu'rist] |
| viagem (f) | reis (de) | [rɛjs] |
| aventura (f) | avontuur (het) | [avɔn'tür] |
| viagem (f) | tocht (de) | [tɔxt] |
| | | |
| férias (f pl) | vakantie (de) | [va'kantsi] |
| estar de férias | met vakantie zijn | [mɛt va'kantsi zɛjn] |
| descanso (m) | rust (de) | [rʉst] |
| | | |
| comboio (m) | trein (de) | [trɛjn] |
| de comboio (chegar ~) | met de trein | [mɛt də trɛjn] |
| avião (m) | vliegtuig (het) | ['vlixtœɣx] |
| de avião | met het vliegtuig | [mɛt ət 'vlixtœɣx] |
| de carro | met de auto | [mɛt də 'autɔ] |
| de navio | per schip | [pər sxip] |
| | | |
| bagagem (f) | bagage (de) | [ba'xaʒə] |
| mala (f) | valies (de) | [va'lis] |
| carrinho (m) | bagagekarretje (het) | [ba'xaʒə·'karɛtʃə] |
| | | |
| passaporte (m) | paspoort (het) | ['paspört] |
| visto (m) | visum (het) | ['vizʉm] |
| bilhete (m) | kaartje (het) | ['kārtʃə] |
| bilhete (m) de avião | vliegticket (het) | ['vlix·'tikət] |
| | | |
| guia (m) de viagem | reisgids (de) | ['rɛjs·xids] |
| mapa (m) | kaart (de) | [kārt] |
| local (m), area (f) | gebied (het) | [xə'bit] |
| lugar, sítio (m) | plaats (de) | [plāts] |
| | | |
| exotismo (m) | exotische bestemming (de) | [ɛ'ksɔtise bɛ'stemiŋ] |
| exótico | exotisch | [ɛk'sɔtis] |
| surpreendente | verwonderlijk | [vər'wɔndərlək] |
| | | |
| grupo (m) | groep (de) | [xrup] |
| excursão (f) | rondleiding (de) | ['rɔntlɛjdiŋ] |
| guia (m) | gids (de) | [xits] |

## 131. Hotel

| | | |
|---|---|---|
| hotel (m) | hotel (het) | [hɔ'tɛl] |
| motel (m) | motel (het) | [mɔ'tɛl] |
| três estrelas | 3-sterren | [dri-'stɛrən] |

| | | |
|---|---|---|
| cinco estrelas | 5-sterren | [vɛjf-'stɛrən] |
| ficar (~ num hotel) | overnachten | [ɔvər'naxtən] |

| | | |
|---|---|---|
| quarto (m) | kamer (de) | ['kamər] |
| quarto (m) individual | eenpersoonskamer (de) | [ēnpɛr'sōns·'kamər] |
| quarto (m) duplo | tweepersoonskamer (de) | [twē·pɛr'sōns·'kamər] |
| reservar um quarto | een kamer reserveren | [en 'kamər rezər'verən] |

| | | |
|---|---|---|
| meia pensão (f) | halfpension (het) | [half·pɛn'ʃɔn] |
| pensão (f) completa | volpension (het) | ['vɔl·pɛn'ʃɔn] |

| | | |
|---|---|---|
| com banheira | met badkamer | [mɛt 'batkamər] |
| com duche | met douche | [mɛt 'duʃ] |
| televisão (m) satélite | satelliet-tv (de) | [satə'lit-te've] |
| ar (m) condicionado | airconditioner (de) | [ɛr·kɔn'diʃənər] |
| toalha (f) | handdoek (de) | ['handuk] |
| chave (f) | sleutel (de) | ['sløtəl] |

| | | |
|---|---|---|
| administrador (m) | administrateur (de) | [atministra'tør] |
| camareira (f) | kamermeisje (het) | ['kamər·'mɛjɕə] |
| bagageiro (m) | piccolo (de) | ['pikɔlɔ] |
| porteiro (m) | portier (de) | [pɔ'rtīr] |

| | | |
|---|---|---|
| restaurante (m) | restaurant (het) | [rɛstɔ'rant] |
| bar (m) | bar (de) | [bar] |
| pequeno-almoço (m) | ontbijt (het) | [ɔn'bɛjt] |
| jantar (m) | avondeten (het) | ['avɔntetən] |
| buffet (m) | buffet (het) | [bʉ'fɛt] |

| | | |
|---|---|---|
| hall (m) de entrada | hal (de) | [hal] |
| elevador (m) | lift (de) | [lift] |

| | | |
|---|---|---|
| NÃO PERTURBE | NIET STOREN | [nit 'stɔrən] |
| PROIBIDO FUMAR! | VERBODEN TE ROKEN! | [vər'bɔdən tə 'rɔkən] |

## 132. Livros. Leitura

| | | |
|---|---|---|
| livro (m) | boek (het) | [buk] |
| autor (m) | auteur (de) | [au'tør] |
| escritor (m) | schrijver (de) | ['sxrɛjvər] |
| escrever (vt) | schrijven | ['sxrɛjvən] |

| | | |
|---|---|---|
| leitor (m) | lezer (de) | ['lezər] |
| ler (vt) | lezen | ['lezən] |
| leitura (f) | lezen (het) | ['lezən] |

| | | |
|---|---|---|
| para si | stil | [stil] |
| em voz alta | hardop | ['hartɔp] |

| | | |
|---|---|---|
| publicar (vt) | uitgeven | ['œʏtxevən] |
| publicação (f) | uitgeven (het) | ['œʏtxevən] |
| editor (m) | uitgever (de) | ['œʏtxevər] |
| editora (f) | uitgeverij (de) | [œʏtxevə'rɛj] |
| sair (vi) | verschijnen | [vər'sxɛjnən] |

| | | |
|---|---|---|
| lançamento (m) | **verschijnen (het)** | [vər'sxɛjnən] |
| tiragem (f) | **oplage (de)** | ['ɔplaxə] |
| | | |
| livraria (f) | **boekhandel (de)** | ['bukən·'handəl] |
| biblioteca (f) | **bibliotheek (de)** | [bibliɔ'tēk] |
| | | |
| novela (f) | **novelle (de)** | [nɔ'velə] |
| conto (m) | **verhaal (het)** | [vər'hāl] |
| romance (m) | **roman (de)** | [rɔ'man] |
| romance (m) policial | **detectiveroman (de)** | [de'tɛktif·rɔ'man] |
| | | |
| memórias (f pl) | **memoires** | [memu'arəs] |
| lenda (f) | **legende (de)** | [le'xɛndə] |
| mito (m) | **mythe (de)** | ['mitə] |
| | | |
| poesia (f) | **gedichten** | [xə'dihtən] |
| autobiografia (f) | **autobiografie (de)** | ['auto·bioxra'fi] |
| obras (f pl) escolhidas | **bloemlezing (de)** | [blum'leziŋ] |
| ficção (f) científica | **sciencefiction (de)** | ['sajəns·'fikʃən] |
| | | |
| título (m) | **naam (de)** | [nām] |
| introdução (f) | **inleiding (de)** | [in'lɛjdiŋ] |
| folha (f) de rosto | **voorblad (het)** | ['vōr·blat] |
| | | |
| capítulo (m) | **hoofdstuk (het)** | ['hōftstʉk] |
| excerto (m) | **fragment (het)** | [frax'mɛnt] |
| episódio (m) | **episode (de)** | [ɛpi'zɔdə] |
| | | |
| tema (m) | **intrige (de)** | [in'trīʒə] |
| conteúdo (m) | **inhoud (de)** | ['inhaut] |
| índice (m) | **inhoudsopgave (de)** | ['inhauts·'ɔpxavə] |
| protagonista (m) | **hoofdpersonage (het)** | [hōft·pɛrsɔ'naʒə] |
| | | |
| tomo, volume (m) | **boekdeel (het)** | ['bukdēl] |
| capa (f) | **omslag (de/het)** | ['ɔmslax] |
| encadernação (f) | **boekband (de)** | ['buk·bant] |
| marcador (m) de livro | **bladwijzer (de)** | [blat·'wɛjzər] |
| | | |
| página (f) | **pagina (de)** | ['paxina] |
| folhear (vt) | **bladeren** | ['bladerən] |
| margem (f) | **marges** | ['marʒəs] |
| anotação (f) | **annotatie (de)** | [anɔ'tatsi] |
| nota (f) de rodapé | **opmerking (de)** | ['ɔpmɛrkiŋ] |
| | | |
| texto (m) | **tekst (de)** | [tɛkst] |
| fonte (f) | **lettertype (het)** | ['lɛtər·tipə] |
| gralha (f) | **drukfout (de)** | ['drʉk·faut] |
| | | |
| tradução (f) | **vertaling (de)** | [vər'taliŋ] |
| traduzir (vt) | **vertalen** | [vər'talən] |
| original (m) | **origineel (het)** | [ɔriʒi'nēl] |
| | | |
| famoso | **beroemd** | [bə'rumt] |
| desconhecido | **onbekend** | [ɔmbə'kɛnt] |
| interessante | **interessant** | [interə'sant] |
| best-seller (m) | **bestseller (de)** | [bɛst'sɛlər] |

| dicionário (m) | woordenboek (het) | ['wōrdən·buk] |
| manual (m) escolar | leerboek (het) | ['lēr·buk] |
| enciclopédia (f) | encyclopedie (de) | [ɛnsiklɔpə'di] |

## 133. Caça. Pesca

| caça (f) | jacht (de) | [jaxt] |
| caçar (vi) | jagen | ['jaxən] |
| caçador (m) | jager (de) | ['jaxər] |

| atirar (vi) | schieten | ['sxitən] |
| caçadeira (f) | geweer (het) | [xə'wēr] |
| cartucho (m) | patroon (de) | [pa'trõn] |
| chumbo (m) de caça | hagel (de) | ['haxəl] |

| armadilha (f) | val (de) | [val] |
| armadilha (com corda) | valstrik (de) | ['valstrək] |
| cair na armadilha | in de val trappen | [in də val t'rapən] |
| pôr a armadilha | een val zetten | [ən val 'zetən] |

| caçador (m) furtivo | stroper (de) | ['strɔpər] |
| caça (f) | wild (het) | [wilt] |
| cão (m) de caça | jachthond (de) | ['jaxt·hɔnt] |
| safári (m) | safari (de) | [sa'fari] |
| animal (m) empalhado | opgezet dier (het) | ['ɔpxezət dīr] |

| pescador (m) | visser (de) | ['visər] |
| pesca (f) | visvangst (de) | ['visvaŋst] |
| pescar (vt) | vissen | ['visən] |

| cana (f) de pesca | hengel (de) | ['hɛŋəl] |
| linha (f) de pesca | vislijn (de) | ['vis·lɛjn] |
| anzol (m) | haak (de) | [hāk] |

| boia (f) | dobber (de) | ['dɔbər] |
| isca (f) | aas (het) | [ās] |

| lançar a linha | de hengel uitwerpen | [də 'hɛŋɛl œʏt'wɛrpən] |
| morder (vt) | bijten | ['bɛjtən] |

| pesca (f) | vangst (de) | ['vaŋst] |
| buraco (m) no gelo | wak (het) | [wak] |

| rede (f) | net (het) | [nɛt] |
| barco (m) | boot (de) | [bõt] |

| pescar com rede | vissen met netten | ['visən mɛt 'nɛtən] |
| lançar a rede | het net uitwerpen | [ət nɛt œʏt'wɛrpən] |
| puxar a rede | het net binnenhalen | [də nɛt 'binənhalən] |
| cair nas malhas | in het net vallen | [in ət nɛt 'valən] |

| baleeiro (m) | walvisvangst (de) | ['walvis·vaŋst] |
| baleeira (f) | walvisvaarder (de) | ['walvis·'vārdər] |
| arpão (m) | harpoen (de) | [har'pun] |

## 134. Jogos. Bilhar

| | | |
|---|---|---|
| bilhar (m) | biljart (het) | [bi'ljart] |
| sala (f) de bilhar | biljartzaal (de) | [bi'ljart·zāl] |
| bola (f) de bilhar | biljartbal (de) | [bi'ljart·bal] |
| | | |
| embolsar uma bola | een bal in het gat jagen | [en 'bal in het xat 'jaxən] |
| taco (m) | keu (de) | ['kø] |
| caçapa (f) | gat (het) | [xat] |

## 135. Jogos. Jogar cartas

| | | |
|---|---|---|
| ouros (m pl) | ruiten | ['rœytən] |
| espadas (f pl) | schoppen | ['sxɔpən] |
| copas (f pl) | klaveren | ['klavərən] |
| paus (m pl) | harten | ['hartən] |
| | | |
| ás (m) | aas (de) | [ās] |
| rei (m) | koning (de) | ['kɔniŋ] |
| dama (f) | dame (de) | ['damə] |
| valete (m) | boer (de) | [bur] |
| | | |
| carta (f) de jogar | speelkaart (de) | ['spēl·kārt] |
| cartas (f pl) | kaarten | ['kārtən] |
| trunfo (m) | troef (de) | ['truf] |
| baralho (m) | pak (het) kaarten | [pak 'kārtən] |
| | | |
| ponto (m) | punt (het) | [pʉnt] |
| dar, distribuir (vt) | uitdelen | ['œytdelən] |
| embaralhar (vt) | schudden | ['sxʉdən] |
| vez, jogada (f) | beurt (de) | ['børt] |
| batoteiro (m) | valsspeler (de) | ['vals·spelər] |

## 136. Descanso. Jogos. Diversos

| | | |
|---|---|---|
| passear (vi) | wandelen | ['wandələn] |
| passeio (m) | wandeling (de) | ['wandəliŋ] |
| viagem (f) de carro | trip (de) | [trip] |
| aventura (f) | avontuur (het) | [avɔn'tūr] |
| piquenique (m) | picknick (de) | ['piknik] |
| | | |
| jogo (m) | spel (het) | [spɛl] |
| jogador (m) | speler (de) | ['spelər] |
| partida (f) | partij (de) | [par'tɛj] |
| | | |
| colecionador (m) | collectioneur (de) | [kɔlektsjo'nør] |
| colecionar (vt) | collectioneren | [kɔlektsjo'nerən] |
| coleção (f) | collectie (de) | [kɔ'lɛksi] |
| | | |
| palavras (f pl) cruzadas | kruiswoordraadsel (het) | ['krœyswōrt·'rādsəl] |
| hipódromo (m) | hippodroom (de) | [hipo'drōm] |

| discoteca (f) | discotheek (de) | [diskɔ'tēk] |
| sauna (f) | sauna (de) | ['sauna] |
| lotaria (f) | loterij (de) | [lɔtə'rɛj] |

| campismo (m) | trektocht (de) | ['trɛk·tɔxt] |
| acampamento (m) | kamp (het) | [kamp] |
| tenda (f) | tent (de) | [tɛnt] |
| bússola (f) | kompas (het) | [kɔm'pas] |
| campista (m) | rugzaktoerist (de) | ['rʉxzak·tu'rist] |

| ver (vt), assistir à ... | bekijken | [bə'kɛjkən] |
| telespectador (m) | kijker (de) | ['kɛjkər] |
| programa (m) de TV | televisie-uitzending (de) | [telə'vizi-'œʏtsɛndiŋ] |

## 137. Fotografia

| máquina (f) fotográfica | fotocamera (de) | ['fotɔ·'kamərə] |
| foto, fotografia (f) | foto (de) | ['fotɔ] |

| fotógrafo (m) | fotograaf (de) | [fotɔx'rāf] |
| estúdio (m) fotográfico | fotostudio (de) | [fotɔ·'stʉdiɔ] |
| álbum (m) de fotografias | fotoalbum (het) | [fotɔ·'albʉm] |

| objetiva (f) | lens (de), objectief (het) | [lɛns], [ɔbjek'tif] |
| teleobjetiva (f) | telelens (de) | [telə·'lɛns] |
| filtro (m) | filter (de/het) | ['filtər] |
| lente (f) | lens (de) | [lɛns] |

| ótica (f) | optiek (de) | [ɔp'tik] |
| abertura (f) | diafragma (het) | [dia'fraxma] |
| exposição (f) | belichtingstijd (de) | [bə'lixtiŋs·tɛjt] |
| visor (m) | zoeker (de) | ['zukər] |

| câmara (f) digital | digitale camera (de) | [dixi'talə 'kamərə] |
| tripé (m) | statief (het) | [sta'tif] |
| flash (m) | flits (de) | [flits] |

| fotografar (vt) | fotograferen | [fotɔxra'ferən] |
| tirar fotos | foto's maken | ['fotɔs 'makən] |
| fotografar-se | zich laten fotograferen | [zih 'latən fotɔxra'ferən] |

| foco (m) | focus (de) | ['fokəs] |
| focar (vt) | scherpstellen | ['sxɛrpstɛlən] |
| nítido | scherp | [sxɛrp] |
| nitidez (f) | scherpte (de) | ['sxɛrptə] |

| contraste (m) | contrast (het) | [kɔn'trast] |
| contrastante | contrastrijk | [kɔn'trastrɛjk] |

| retrato (m) | kiekje (het) | ['kikjə] |
| negativo (m) | negatief (het) | [nexa'tif] |
| filme (m) | filmpje (het) | ['filmpjə] |
| fotograma (m) | beeld (het) | [bēlt] |
| imprimir (vt) | afdrukken | ['afdrʉkən] |

## 138. Praia. Natação

| praia (f) | strand (het) | [strɑnt] |
| areia (f) | zand (het) | [zɑnt] |
| deserto | leeg | [lēx] |

| bronzeado (m) | bruine kleur (de) | ['brœʏnə 'klør] |
| bronzear-se (vr) | zonnebaden | ['zɔnə·badən] |
| bronzeado | gebruind | [xə'brœʏnt] |
| protetor (m) solar | zonnecrème (de) | ['zɔnə·krɛ:m] |

| biquíni (m) | bikini (de) | [bi'kini] |
| fato (m) de banho | badpak (het) | ['bad·pak] |
| calção (m) de banho | zwembroek (de) | ['zwɛm·bruk] |

| piscina (f) | zwembad (het) | ['zwɛm·bat] |
| nadar (vi) | zwemmen | ['zwɛmən] |
| duche (m) | douche (de) | [duʃ] |
| mudar de roupa | zich omkleden | [zix 'ɔmkledən] |
| toalha (f) | handdoek (de) | ['handuk] |

| barco (m) | boot (de) | [bōt] |
| lancha (f) | motorboot (de) | ['mɔtɔr·bōt] |
| esqui (m) aquático | waterski's | ['watər·skis] |
| barco (m) de pedais | waterfiets (de) | ['watər·fits] |
| surf (m) | surfen (het) | ['sʉrfən] |
| surfista (m) | surfer (de) | ['sʉrfər] |

| equipamento (m) de mergulho | scuba, aqualong (de) | ['skʉba], [akwa'lɔŋ] |
| barbatanas (f pl) | zwemvliezen | ['zwɛm·vlizən] |
| máscara (f) | duikmasker (het) | ['dœʏk·'maskər] |
| mergulhador (m) | duiker (de) | ['dœʏkər] |
| mergulhar (vi) | duiken | ['dœʏkən] |
| debaixo d'água | onder water | ['ɔndər 'watər] |

| guarda-sol (m) | parasol (de) | [para'sɔl] |
| espreguiçadeira (f) | ligstoel (de) | ['lix·stul] |
| óculos (m pl) de sol | zonnebril (de) | [zɔnə·bril] |
| colchão (m) de ar | luchtmatras (de/het) | ['lʉxt·ma'tras] |

| brincar (vi) | spelen | ['spelən] |
| ir nadar | gaan zwemmen | [xān 'zwɛmən] |

| bola (f) de praia | bal (de) | [bal] |
| encher (vt) | opblazen | ['ɔpblazən] |
| inflável, de ar | lucht-, opblaasbare | [lʉxt], [ɔpblās'barə] |

| onda (f) | golf (de) | [xɔlf] |
| boia (f) | boei (de) | [buj] |
| afogar-se (pessoa) | verdrinken | [vər'drinkən] |

| salvar (vt) | redden | ['rɛdən] |
| colete (m) salva-vidas | reddingsvest (de) | ['rɛdiŋs·vɛst] |
| observar (vt) | waarnemen | ['wārnemən] |
| nadador-salvador (m) | redder (de) | ['rɛdər] |

# EQUIPAMENTO TÉCNICO. TRANSPORTES

## Equipamento técnico. Transportes

### 139. Computador

| | | |
|---|---|---|
| computador (m) | computer (de) | [kɔm'pjutər] |
| portátil (m) | laptop (de) | ['laptɔp] |
| | | |
| ligar (vt) | aanzetten | ['ānzɛtən] |
| desligar (vt) | uitzetten | ['œʏtzɛtən] |
| | | |
| teclado (m) | toetsenbord (het) | ['tutsən·bɔrt] |
| tecla (f) | toets (de) | [tuts] |
| rato (m) | muis (de) | [mœʏs] |
| tapete (m) de rato | muismat (de) | ['mœʏs·mat] |
| | | |
| botão (m) | knopje (het) | ['knɔpjə] |
| cursor (m) | cursor (de) | ['kʉrzɔr] |
| | | |
| monitor (m) | monitor (de) | ['mɔnitɔr] |
| ecrã (m) | scherm (het) | [sxɛrm] |
| | | |
| disco (m) rígido | harde schijf (de) | ['hardə sxɛjf] |
| capacidade (f) do disco rígido | volume (het) van de harde schijf | [vɔ'lʉmə van də 'hardə sxɛjf] |
| | | |
| memória (f) | geheugen (het) | [xə'høxən] |
| memória RAM (f) | RAM-geheugen (het) | [rɛm-xə'høxən] |
| | | |
| ficheiro (m) | bestand (het) | [bə'stant] |
| pasta (f) | folder (de) | ['fɔldər] |
| abrir (vt) | openen | ['ɔpənən] |
| fechar (vt) | sluiten | ['slœʏtən] |
| | | |
| guardar (vt) | opslaan | ['ɔpslān] |
| apagar, eliminar (vt) | verwijderen | [vər'wɛjdərən] |
| copiar (vt) | kopiëren | [kɔpi'erən] |
| ordenar (vt) | sorteren | [sɔr'terən] |
| copiar (vt) | overplaatsen | [ɔvər'platsən] |
| | | |
| programa (m) | programma (het) | [prɔ'xrama] |
| software (m) | software (de) | [sɔft'wɛr] |
| programador (m) | programmeur (de) | [prɔxra'mør] |
| programar (vt) | programmeren | [prɔxra'merən] |
| | | |
| hacker (m) | hacker (de) | ['hakər] |
| senha (f) | wachtwoord (het) | ['waxt·wõrt] |
| vírus (m) | virus (het) | ['virʉs] |
| detetar (vt) | ontdekken | [ɔn'dɛkən] |

| byte (m) | byte (de) | [bajt] |
| megabyte (m) | megabyte (de) | ['mexabajt] |

| dados (m pl) | data (de) | ['data] |
| base (f) de dados | databank (de) | ['data·bank] |

| cabo (m) | kabel (de) | ['kabəl] |
| desconectar (vt) | afsluiten | ['afslœʏtən] |
| conetar (vt) | aansluiten op | ['ānslœʏtən ɔp] |

## 140. Internet. E-mail

| internet (f) | internet (het) | ['intɛrnɛt] |
| browser (m) | browser (de) | ['brausər] |
| motor (m) de busca | zoekmachine (de) | ['zuk·ma'ʃinə] |
| provedor (m) | internetprovider (de) | ['intɛrnɛt·prɔ'vajdər] |

| webmaster (m) | webmaster (de) | [wɛb·'mastər] |
| website, sítio web (m) | website (de) | [wɛbsajt] |
| página (f) web | webpagina (de) | [wɛb·'paxina] |

| endereço (m) | adres (het) | [ad'rɛs] |
| livro (m) de endereços | adresboek (het) | [ad'rɛs·buk] |

| caixa (f) de correio | postvak (het) | ['pɔst·vak] |
| correio (m) | post (de) | [pɔst] |
| cheia (caixa de correio) | vol | [vɔl] |

| mensagem (f) | bericht (het) | [bə'rixt] |
| mensagens (f pl) recebidas | binnenkomende berichten | ['binənkɔmɛndə bə'rixtən] |
| mensagens (f pl) enviadas | uitgaande berichten | ['œʏtxāndə bə'rihtən] |
| remetente (m) | verzender (de) | [vər'zɛndər] |
| enviar (vt) | verzenden | [vər'zɛndən] |
| envio (m) | verzending (de) | [vər'zɛndiŋ] |

| destinatário (m) | ontvanger (de) | [ɔnt'faŋər] |
| receber (vt) | ontvangen | [ɔnt'faŋən] |

| correspondência (f) | correspondentie (de) | [kɔrɛspɔn'dɛntsi] |
| corresponder-se (vr) | corresponderen | [kɔrɛspɔn'derən] |

| ficheiro (m) | bestand (het) | [bə'stant] |
| fazer download, baixar | downloaden | [daun'lɔudən] |
| criar (vt) | creëren | [krə'jerən] |
| apagar, eliminar (vt) | verwijderen | [vər'wɛjdərən] |
| eliminado | verwijderd | [vər'wɛjdərt] |

| conexão (f) | verbinding (de) | [vər'bindiŋ] |
| velocidade (f) | snelheid (de) | ['snɛlhɛjt] |
| modem (m) | modem (de) | ['mɔdɛm] |
| acesso (m) | toegang (de) | ['tuxaŋ] |
| porta (f) | poort (de) | ['pōrt] |
| conexão (f) | aansluiting (de) | ['ānslœʏtiŋ] |
| conetar (vi) | zich aansluiten | [zix 'ānslœʏtən] |

| escolher (vt) | **selecteren** | [selɛk'terən] |
| buscar (vt) | **zoeken** | ['zukən] |

# Transportes

## 141. Avião

| | | |
|---|---|---|
| avião (m) | vliegtuig (het) | ['vlixtœɣx] |
| bilhete (m) de avião | vliegticket (het) | ['vlix·'tikət] |
| companhia (f) aérea | luchtvaart-maatschappij (de) | ['lʉxtvārt mātsxa'pɛj] |
| aeroporto (m) | luchthaven (de) | ['lʉxthavən] |
| supersónico | supersonisch | [sʉpər'sɔnis] |
| comandante (m) do avião | gezagvoerder (de) | [xəzax·'vurdər] |
| tripulação (f) | bemanning (de) | [bə'maniŋ] |
| piloto (m) | piloot (de) | [pi'lōt] |
| hospedeira (f) de bordo | stewardess (de) | [stʉwər'dɛs] |
| copiloto (m) | stuurman (de) | ['stūrman] |
| asas (f pl) | vleugels | ['vløxəls] |
| cauda (f) | staart (de) | [stārt] |
| cabine (f) de pilotagem | cabine (de) | [ka'binə] |
| motor (m) | motor (de) | ['mɔtɔr] |
| trem (m) de aterragem | landingsgestel (het) | ['landiŋs·xə'stɛl] |
| turbina (f) | turbine (de) | [tʉr'binə] |
| hélice (f) | propeller (de) | [prɔ'pelər] |
| caixa-preta (f) | zwarte doos (de) | ['zwartə dōs] |
| coluna (f) de controlo | stuur (het) | [stūr] |
| combustível (m) | brandstof (de) | ['brandstɔf] |
| instruções (f pl) de segurança | veiligheidskaart (de) | ['vɛjləxhɛjts·kārt] |
| máscara (f) de oxigénio | zuurstofmasker (het) | ['zūrstɔf·'maskər] |
| uniforme (m) | uniform (het) | ['juniform] |
| colete (m) salva-vidas | reddingsvest (de) | ['rɛdiŋs·vɛst] |
| paraquedas (m) | parachute (de) | [para'ʃʉtə] |
| descolagem (f) | opstijgen (het) | ['ɔpstɛjxən] |
| descolar (vi) | opstijgen | ['ɔpstɛjxən] |
| pista (f) de descolagem | startbaan (de) | ['start·bān] |
| visibilidade (f) | zicht (het) | [zixt] |
| voo (m) | vlucht (de) | [vlʉxt] |
| altura (f) | hoogte (de) | ['hōxtə] |
| poço (m) de ar | luchtzak (de) | ['lʉxt·zak] |
| assento (m) | plaats (de) | [plāts] |
| auscultadores (m pl) | koptelefoon (de) | ['kɔp·telə'fōn] |
| mesa (f) rebatível | tafeltje (het) | ['tafɛltʃə] |
| vigia (f) | venster (het) | ['vɛnstər] |
| passagem (f) | gangpad (het) | ['haŋpat] |

## 142. Comboio

| | | |
|---|---|---|
| comboio (m) | trein (de) | [trɛjn] |
| comboio (m) suburbano | elektrische trein (de) | [ɛ'lɛktrisə trɛjn] |
| comboio (m) rápido | sneltrein (de) | ['snɛl·trɛjn] |
| locomotiva (f) diesel | diesellocomotief (de) | ['dizəl·lɔkɔmɔ'tif] |
| locomotiva (f) a vapor | stoomlocomotief (de) | [stōm·lɔkɔmɔ'tif] |
| | | |
| carruagem (f) | rijtuig (het) | ['rɛjtœɣx] |
| carruagem restaurante (f) | restauratierijtuig (het) | [rɛstɔ'ratsi·'rɛjtœɣx] |
| | | |
| carris (m pl) | rails | ['rɛjls] |
| caminho de ferro (m) | spoorweg (de) | ['spōr·wɛx] |
| travessa (f) | dwarsligger (de) | ['dwars·lixə] |
| | | |
| plataforma (f) | perron (het) | [pɛ'rɔn] |
| linha (f) | spoor (het) | [spōr] |
| semáforo (m) | semafoor (de) | [səma'fōr] |
| estação (f) | halte (de) | ['haltə] |
| | | |
| maquinista (m) | machinist (de) | [maʃi'nist] |
| bagageiro (m) | kruier (de) | ['krœɣər] |
| hospedeiro, -a (da carruagem) | conducteur (de) | [kɔndʉk'tør] |
| passageiro (m) | passagier (de) | [pasa'xir] |
| revisor (m) | controleur (de) | [kɔntrɔ'lør] |
| | | |
| corredor (m) | gang (de) | [xaŋ] |
| freio (m) de emergência | noodrem (de) | ['nōd·rɛm] |
| | | |
| compartimento (m) | coupé (de) | [ku'pɛ] |
| cama (f) | bed (het) | [bɛt] |
| cama (f) de cima | bovenste bed (het) | ['bɔvənstə bɛt] |
| cama (f) de baixo | onderste bed (het) | ['ɔndərstə bɛt] |
| roupa (f) de cama | beddengoed (het) | ['bɛdən·xut] |
| | | |
| bilhete (m) | kaartje (het) | ['kārtʃə] |
| horário (m) | dienstregeling (de) | [dinst·'rexəliŋ] |
| painel (m) de informação | informatiebord (het) | [infɔr'matsi·bɔrt] |
| | | |
| partir (vt) | vertrekken | [vər'trɛkən] |
| partida (f) | vertrek (het) | [vər'trɛk] |
| chegar (vi) | aankomen | ['ānkɔmən] |
| chegada (f) | aankomst (de) | ['ānkɔmst] |
| | | |
| chegar de comboio | aankomen per trein | ['ānkɔmən pɛr trɛjn] |
| apanhar o comboio | in de trein stappen | [in də 'trɛjn 'stapən] |
| sair do comboio | uit de trein stappen | ['œɣt də 'trɛjn 'stapən] |
| | | |
| acidente (m) ferroviário | treinwrak (het) | ['trɛjn·wrak] |
| descarrilar (vi) | ontspoord zijn | [ɔnt'spōrt zɛjn] |
| locomotiva (f) a vapor | stoomlocomotief (de) | [stōm·lɔkɔmɔ'tif] |
| fogueiro (m) | stoker (de) | ['stɔkər] |
| fornalha (f) | stookplaats (de) | ['stōk·plāts] |
| carvão (m) | steenkool (de) | ['stēn·kōl] |

## 143. Barco

| navio (m) | schip (het) | [sxip] |
| embarcação (f) | vaartuig (het) | ['vārtœʏx] |

| vapor (m) | stoomboot (de) | ['stōm·bōt] |
| navio (m) | motorschip (het) | ['motor·sxip] |
| transatlântico (m) | lijnschip (het) | ['lɛjn·sxip] |
| cruzador (m) | kruiser (de) | ['krœʏsər] |

| iate (m) | jacht (het) | [jaxt] |
| rebocador (m) | sleepboot (de) | ['slēp·bōt] |
| barcaça (f) | duwbak (de) | ['dʉwbak] |
| ferry (m) | ferryboot (de) | ['fɛri·bōt] |

| veleiro (m) | zeilboot (de) | ['zɛjl·bōt] |
| bergantim (m) | brigantijn (de) | [brixan'tɛjn] |

| quebra-gelo (m) | ijsbreker (de) | ['ɛjs·brekər] |
| submarino (m) | duikboot (de) | ['dœʏk·bōt] |

| bote, barco (m) | boot (de) | [bōt] |
| bote, dingue (m) | sloep (de) | [slup] |
| bote (m) salva-vidas | reddingssloep (de) | ['rɛdɪŋs·slup] |
| lancha (f) | motorboot (de) | ['motor·bōt] |

| capitão (m) | kapitein (de) | [kapi'tɛjn] |
| marinheiro (m) | zeeman (de) | ['zēman] |
| marujo (m) | matroos (de) | [ma'trōs] |
| tripulação (f) | bemanning (de) | [bə'manɪŋ] |

| contramestre (m) | bootsman (de) | ['bōtsman] |
| grumete (m) | scheepsjongen (de) | ['sxēps·'joŋən] |
| cozinheiro (m) de bordo | kok (de) | [kɔk] |
| médico (m) de bordo | scheepsarts (de) | ['sxēps·arts] |

| convés (m) | dek (het) | [dɛk] |
| mastro (m) | mast (de) | [mast] |
| vela (f) | zeil (het) | [zɛjl] |

| porão (m) | ruim (het) | [rœʏm] |
| proa (f) | voorsteven (de) | ['vōrstevən] |
| popa (f) | achtersteven (de) | ['axtər·stevən] |
| remo (m) | roeispaan (de) | ['rujs·pān] |
| hélice (f) | schroef (de) | [sxruf] |

| camarote (m) | kajuit (de) | [kajœʏt] |
| sala (f) dos oficiais | officierskamer (de) | [ɔfi'sir·'kamər] |
| sala (f) das máquinas | machinekamer (de) | [ma'ʃinə·'kamər] |
| ponte (m) de comando | brug (de) | [brʉx] |
| sala (f) de comunicações | radiokamer (de) | ['radio·'kamər] |
| onda (f) de rádio | radiogolf (de) | ['radio·xɔlf] |
| diário (m) de bordo | logboek (het) | ['lɔxbuk] |
| luneta (f) | verrekijker (de) | ['vɛrəkɛjkər] |
| sino (m) | klok (de) | [klɔk] |

| | | |
|---|---|---|
| bandeira (f) | **vlag (de)** | [vlax] |
| cabo (m) | **kabel (de)** | ['kabəl] |
| nó (m) | **knoop (de)** | [knōp] |
| | | |
| corrimão (m) | **leuning (de)** | ['løniŋ] |
| prancha (f) de embarque | **trap (de)** | [trap] |
| | | |
| âncora (f) | **anker (het)** | ['ankər] |
| recolher a âncora | **het anker lichten** | [ət 'ankər 'lixtən] |
| lançar a âncora | **het anker neerlaten** | [ət 'ankər 'nērlatən] |
| amarra (f) | **ankerketting (de)** | ['ankər·'ketiŋ] |
| | | |
| porto (m) | **haven (de)** | ['havən] |
| cais, amarradouro (m) | **kaai (de)** | [kāj] |
| atracar (vi) | **aanleggen** | ['ānlexən] |
| desatracar (vi) | **wegvaren** | ['wɛxvarən] |
| | | |
| viagem (f) | **reis (de)** | [rɛjs] |
| cruzeiro (m) | **cruise (de)** | [krus] |
| rumo (m), rota (f) | **koers (de)** | [kurs] |
| itinerário (m) | **route (de)** | ['rutə] |
| | | |
| canal (m) navegável | **vaarwater (het)** | ['vār·watər] |
| banco (m) de areia | **zandbank (de)** | ['zant·bank] |
| encalhar (vt) | **stranden** | ['strandən] |
| | | |
| tempestade (f) | **storm (de)** | [stɔrm] |
| sinal (m) | **signaal (het)** | [si'njāl] |
| afundar-se (vr) | **zinken** | ['zinkən] |
| Homem ao mar! | **Man overboord!** | [man ɔvər'bōrt] |
| SOS | **SOS** | [ɛs ɔ ɛs] |
| boia (f) salva-vidas | **reddingsboei (de)** | ['rɛdiŋs·bui] |

## 144. Aeroporto

| | | |
|---|---|---|
| aeroporto (m) | **luchthaven (de)** | ['lʉxthavən] |
| avião (m) | **vliegtuig (het)** | ['vlixtœyx] |
| companhia (f) aérea | **luchtvaart-maatschappij (de)** | ['lʉxtvārt mātsxa'pɛj] |
| controlador (m) de tráfego aéreo | **luchtverkeersleider (de)** | ['lʉxt·verkērs·'lɛjdər] |
| | | |
| partida (f) | **vertrek (het)** | [vər'trɛk] |
| chegada (f) | **aankomst (de)** | ['ānkɔmst] |
| chegar (~ de avião) | **aankomen** | ['ānkɔmən] |
| | | |
| hora (f) de partida | **vertrektijd (de)** | [vər'trɛk·tɛjt] |
| hora (f) de chegada | **aankomstuur (het)** | ['ānkɔmst·'ūr] |
| | | |
| estar atrasado | **vertraagd zijn** | [vər'trāxt zɛjn] |
| atraso (m) de voo | **vluchtvertraging (de)** | ['vlʉxt·vərt'raxiŋ] |
| | | |
| painel (m) de informação | **informatiebord (het)** | [infɔr'matsi·bɔrt] |
| informação (f) | **informatie (de)** | [infɔr'matsi] |

| anunciar (vt) | aankondigen | ['ānkɔndəxən] |
| voo (m) | vlucht (de) | [vlʉxt] |

| alfândega (f) | douane (de) | [du'anə] |
| funcionário (m) da alfândega | douanier (de) | [dua'njē] |

| declaração (f) alfandegária | douaneaangifte (de) | [du'anə·'ānxiftə] |
| preencher (vt) | invullen | ['invʉlən] |
| preencher a declaração | een douaneaangifte invullen | [en du'anə·'ānxiftə 'invʉlən] |
| controlo (m) de passaportes | paspoortcontrole (de) | ['paspōrt·kɔn'trɔlə] |

| bagagem (f) | bagage (de) | [ba'xaʒə] |
| bagagem (f) de mão | handbagage (de) | [hant·ba'xaʒə] |
| carrinho (m) | bagagekarretje (het) | [ba'xaʒə·'karɛtʃə] |

| aterragem (f) | landing (de) | ['landiŋ] |
| pista (f) de aterragem | landingsbaan (de) | ['landiŋs·bān] |
| aterrar (vi) | landen | ['landən] |
| escada (f) de avião | vliegtuigtrap (de) | ['vlixtœʏx·trap] |

| check-in (m) | inchecken (het) | ['intʃɛkən] |
| balcão (m) do check-in | incheckbalie (de) | ['intʃɛk·'bali] |
| fazer o check-in | inchecken | ['intʃɛkən] |
| cartão (m) de embarque | instapkaart (de) | ['instap·kārt] |
| porta (f) de embarque | gate (de) | [gejt] |

| trânsito (m) | transit (de) | ['transit] |
| esperar (vi, vt) | wachten | ['waxtən] |
| sala (f) de espera | wachtzaal (de) | ['waxt·zāl] |
| despedir-se de ... | begeleiden | [bəxə'lɛjdən] |
| despedir-se (vr) | afscheid nemen | ['afsxɛjt 'nemən] |

## 145. Bicicleta. Motocicleta

| bicicleta (f) | fiets (de) | [fits] |
| scotter, lambreta (f) | bromfiets (de) | ['brɔmfits] |
| mota (f) | motorfiets (de) | ['mɔtɔrfits] |

| ir de bicicleta | met de fiets rijden | [mɛt də fits 'rɛjdən] |
| guiador (m) | stuur (het) | [stūr] |
| pedal (m) | pedaal (de/het) | [pe'dāl] |
| travões (m pl) | remmen | ['rɛmən] |
| selim (m) | fietszadel (de/het) | ['fits·zadəl] |

| bomba (f) de ar | pomp (de) | [pɔmp] |
| porta-bagagens (m) | bagagedrager (de) | [ba'xaʒə·'draxər] |
| lanterna (f) | fietslicht (het) | ['fits·lixt] |
| capacete (m) | helm (de) | [hɛlm] |

| roda (f) | wiel (het) | [wil] |
| guarda-lamas (m) | spatbord (het) | ['spat·bort] |
| aro (m) | velg (de) | [vɛlx] |
| raio (m) | spaak (de) | [spāk] |

# Carros

## 146. Tipos de carros

| | | |
|---|---|---|
| carro, automóvel (m) | auto (de) | ['autɔ] |
| carro (m) desportivo | sportauto (de) | [spɔrt·'autɔ] |
| | | |
| limusine (f) | limousine (de) | [limu'zinə] |
| todo o terreno (m) | terreinwagen (de) | [te'rɛjn·'waxən] |
| descapotável (m) | cabriolet (de) | [kabriɔ'let] |
| minibus (m) | minibus (de) | ['minibʉs] |
| | | |
| ambulância (f) | ambulance (de) | [ambʉ'lansə] |
| limpa-neve (m) | sneeuwruimer (de) | ['snẽw·'rœʏmər] |
| | | |
| camião (m) | vrachtwagen (de) | ['vraht·'waxən] |
| camião-cisterna (m) | tankwagen (de) | ['tank·'waxən] |
| carrinha (f) | bestelwagen (de) | [bə'stɛl·'waxən] |
| camião-trator (m) | trekker (de) | ['trɛkər] |
| atrelado (m) | aanhangwagen (de) | ['ānhaŋ·'wahən] |
| | | |
| confortável | comfortabel | [kɔmfɔr'tabəl] |
| usado | tweedehands | [twẽdə'hants] |

## 147. Carros. Carroçaria

| | | |
|---|---|---|
| capô (m) | motorkap (de) | ['mɔtɔr·kap] |
| guarda-lamas (m) | spatbord (het) | ['spat·bɔrt] |
| tejadilho (m) | dak (het) | [dak] |
| | | |
| para-brisa (m) | voorruit (de) | ['võr·rœʏt] |
| espelho (m) retrovisor | achterruit (de) | ['axtər·rœʏt] |
| lavador (m) | ruitensproeier (de) | ['rœʏtən·'sprujər] |
| limpa-para-brisas (m) | wisserbladen | ['wisər·bladən] |
| | | |
| vidro (m) lateral | zijruit (de) | ['zɛj·rœʏt] |
| elevador (m) do vidro | raamlift (de) | ['rām·lift] |
| antena (f) | antenne (de) | [an'tɛnə] |
| teto solar (m) | zonnedak (het) | ['zɔnə·dak] |
| | | |
| para-choques (m pl) | bumper (de) | ['bʉmpər] |
| bagageira (f) | koffer (de) | ['kɔfər] |
| bagageira (f) de tejadilho | imperiaal (de/het) | [imperi'jāl] |
| porta (f) | portier (het) | [pɔ'rtīr] |
| maçaneta (f) | handvat (het) | ['hand·fat] |
| fechadura (f) | slot (het) | [slɔt] |
| matrícula (f) | nummerplaat (de) | ['nʉmər·plāt] |
| silenciador (m) | knalpot (de) | ['knal·pɔt] |

| | | |
|---|---|---|
| tanque (m) de gasolina | benzinetank (de) | [bɛn'zinə·tank] |
| tubo (m) de escape | uitlaatpijp (de) | ['œytlāt·pɛjp] |

| | | |
|---|---|---|
| acelerador (m) | gas (het) | [xas] |
| pedal (m) | pedaal (de/het) | [pe'dāl] |
| pedal (m) do acelerador | gaspedaal (de/het) | [xas·pe'dāl] |

| | | |
|---|---|---|
| travão (m) | rem (de) | [rɛm] |
| pedal (m) do travão | rempedaal (de/het) | [rɛm·pə'dāl] |
| travar (vt) | remmen | ['rɛmən] |
| travão (m) de mão | handrem (de) | ['hand·rɛm] |

| | | |
|---|---|---|
| embraiagem (f) | koppeling (de) | ['kɔpəliŋ] |
| pedal (m) da embraiagem | koppelingspedaal (de/het) | ['kɔpəliŋs·pə'dāl] |
| disco (m) de embraiagem | koppelingsschijf (de) | ['kɔpəliŋs·sxɛjf] |
| amortecedor (m) | schokdemper (de) | ['sxɔk·dɛmpər] |

| | | |
|---|---|---|
| roda (f) | wiel (het) | [wil] |
| pneu (m) sobresselente | reservewiel (het) | [re'zɛrvə·wil] |
| pneu (m) | band (de) | [bant] |
| tampão (m) de roda | wieldop (de) | ['wil·dɔp] |

| | | |
|---|---|---|
| rodas (f pl) motrizes | aandrijfwielen | ['āndrɛjf·'wilən] |
| de tração dianteira | met voorwielaandrijving | [mɛt 'vōr·wilān·'drɛjviŋ] |
| de tração traseira | met achterwielaandrijving | [mɛt 'axtər·wilān·'drɛjviŋ] |
| de tração às 4 rodas | met vierwielaandrijving | [mɛt 'vir·wilān·'drɛjviŋ] |

| | | |
|---|---|---|
| caixa (f) de mudanças | versnellingsbak (de) | [vər'sneliŋs·bak] |
| automático | automatisch | [auto'matis] |
| mecânico | mechanisch | [me'xanis] |
| alavanca (f) das mudanças | versnellingspook (de) | [vər'sneliŋs·pōk] |

| | | |
|---|---|---|
| farol (m) | voorlicht (het) | ['vōrlixt] |
| faróis, luzes | voorlichten | ['vōrlixtən] |

| | | |
|---|---|---|
| médios (m pl) | dimlicht (het) | ['dim·lixt] |
| máximos (m pl) | grootlicht (het) | [xrōt·'liht] |
| luzes (f pl) de stop | stoplicht (het) | ['stɔp·lixt] |

| | | |
|---|---|---|
| mínimos (m pl) | standlichten | ['stant·'lixtən] |
| luzes (f pl) de emergência | noodverlichting (de) | ['nōtvər·'lixtiŋ] |
| faróis (m pl) antinevoeiro | mistlichten | ['mist·'lixtən] |
| pisca-pisca (m) | pinker (de) | ['pinkər] |
| luz (f) de marcha atrás | achteruitrijdlicht (het) | ['axtərœyt·rɛjt·'lixt] |

## 148. Carros. Habitáculo

| | | |
|---|---|---|
| interior (m) do carro | interieur (het) | [intə'rør] |
| de couro, de pele | leren | ['lerən] |
| de veludo | fluwelen | [flʉ'welən] |
| estofos (m pl) | bekleding (de) | [bə'klediŋ] |

| | | |
|---|---|---|
| indicador (m) | toestel (het) | ['tustɛl] |
| painel (m) de instrumentos | instrumentenbord (het) | [instrʉ'mɛntən·bɔrt] |

| | | |
|---|---|---|
| velocímetro (m) | snelheidsmeter (de) | ['snɛlhɛjts·'metər] |
| ponteiro (m) | pijltje (het) | ['pɛjltjə] |

| | | |
|---|---|---|
| conta-quilómetros (m) | kilometerteller (de) | [kilɔmetər·'tɛlər] |
| sensor (m) | sensor (de) | ['sɛnsɔr] |
| nível (m) | niveau (het) | [ni'vɔ] |
| luz (f) avisadora | controlelampje (het) | [kɔn'trɔlə·'lampjə] |

| | | |
|---|---|---|
| volante (m) | stuur (het) | [stūr] |
| buzina (f) | toeter (de) | ['tutər] |
| botão (m) | knopje (het) | ['knɔpjə] |
| interruptor (m) | schakelaar (de) | ['sxakəlār] |

| | | |
|---|---|---|
| assento (m) | stoel (de) | [stul] |
| costas (f pl) do assento | rugleuning (de) | ['rʉx·'løniŋ] |
| cabeceira (f) | hoofdsteun (de) | ['hõft'støn] |
| cinto (m) de segurança | veiligheidsgordel (de) | ['vɛjləxhɛjts·'xɔrdəl] |
| apertar o cinto | de gordel aandoen | [də 'xɔrdəl 'āndun] |
| regulação (f) | regeling (de) | ['rexəliŋ] |

| | | |
|---|---|---|
| airbag (m) | airbag (de) | ['ɛjrbax] |
| ar (m) condicionado | airconditioner (de) | [ɛr·kɔn'diʃənər] |

| | | |
|---|---|---|
| rádio (m) | radio (de) | ['radiɔ] |
| leitor (m) de CD | CD-speler (de) | [se'de-'spelər] |
| ligar (vt) | aanzetten | ['ānzɛtən] |
| antena (f) | antenne (de) | [an'tɛnə] |
| porta-luvas (m) | handschoenenkastje (het) | ['xand·'sxunən·'kaçə] |
| cinzeiro (m) | asbak (de) | ['asbak] |

## 149. Carros. Motor

| | | |
|---|---|---|
| motor (m) | motor (de) | ['mɔtɔr] |
| diesel | diesel- | ['dizəl] |
| a gasolina | benzine- | [bɛn'zinə] |

| | | |
|---|---|---|
| cilindrada (f) | motorinhoud (de) | ['mɔtɔr·'inhaut] |
| potência (f) | vermogen (het) | [vər'mɔxən] |
| cavalo-vapor (m) | paardenkracht (de) | ['pārdən·kraxt] |
| pistão (m) | zuiger (de) | ['zœɣxər] |
| cilindro (m) | cilinder (de) | [si'lindər] |
| válvula (f) | klep (de) | [klɛp] |

| | | |
|---|---|---|
| injetor (m) | injectie (de) | [inj'eksi] |
| gerador (m) | generator (de) | [xenə'ratɔr] |
| carburador (m) | carburator (de) | [karbʉ'ratɔr] |
| óleo (m) para motor | motorolie (de) | ['mɔtɔr·ɔli] |

| | | |
|---|---|---|
| radiador (m) | radiator (de) | [radi'atɔr] |
| refrigerante (m) | koelvloeistof (de) | ['kul·vlujstɔf] |
| ventilador (m) | ventilator (de) | [vɛnti'latɔr] |

| | | |
|---|---|---|
| bateria (f) | accu (de) | ['akʉ] |
| dispositivo (m) de arranque | starter (de) | ['startər] |

| ignição (f) | contact (het) | [kɔn'takt] |
| vela (f) de ignição | bougie (de) | [bu'ʒi] |

| borne (m) | pool (de) | [pōl] |
| borne (m) positivo | positieve pool (de) | [pɔzi'tivə pōl] |
| borne (m) negativo | negatieve pool (de) | [nexa'tivə pōl] |
| fusível (m) | zekering (de) | ['zekəriŋ] |

| filtro (m) de ar | luchtfilter (de) | ['lʉxt·'filtər] |
| filtro (m) de óleo | oliefilter (de) | ['ɔli·'filtər] |
| filtro (m) de combustível | benzinefilter (de) | [bɛn'zinə·'filtər] |

## 150. Carros. Batidas. Reparação

| acidente (m) de carro | auto-ongeval (het) | ['autɔ-'ɔŋɛval] |
| acidente (m) rodoviário | verkeersongeluk (het) | [vər'kērs·'ɔŋəlʉk] |
| ir contra ... | aanrijden | ['ānrɛjdən] |
| sofrer um acidente | verongelukken | [və'rɔnxəlʉkən] |
| danos (m pl) | beschadiging (de) | [bə'sxadəxiŋ] |
| intato | heelhuids | ['hēlhœyts] |

| avaria (no motor, etc.) | pech (de) | [pɛx] |
| avariar (vi) | kapot gaan | [ka'pɔt xān] |
| cabo (m) de reboque | sleeptouw (het) | ['slēp·tau] |

| furo (m) | lek (het) | [lɛk] |
| estar furado | lekke krijgen | ['lɛkə 'krɛjxən] |
| encher (vt) | oppompen | ['ɔpɔmpən] |
| pressão (f) | druk (de) | [drʉk] |
| verificar (vt) | checken | ['tʃɛkən] |

| reparação (f) | reparatie (de) | [repa'ratsi] |
| oficina (f) | garage (de) | [xa'raʒə] |
| de reparação de carros | | |
| peça (f) sobresselente | wisselstuk (het) | ['wisəl·stʉk] |
| peça (f) | onderdeel (het) | ['ɔndərdēl] |

| parafuso (m) | bout (de) | ['baut] |
| parafuso (m) | schroef (de) | [sxruf] |
| porca (f) | moer (de) | [mur] |
| anilha (f) | sluiting (de) | ['slœytriŋ] |
| rolamento (m) | kogellager (de/het) | ['kɔxəllahər] |

| tubo (m) | pijp (de) | [pɛjp] |
| junta (f) | pakking (de) | ['pakiŋ] |
| fio, cabo (m) | kabel (de) | ['kabəl] |

| macaco (m) | dommekracht (de) | ['dɔməkraxt] |
| chave (f) de boca | moersleutel (de) | ['mur·'sløtəl] |
| martelo (m) | hamer (de) | ['hamər] |
| bomba (f) | pomp (de) | [pɔmp] |
| chave (f) de fendas | schroevendraaier (de) | ['sxruvən·'drājər] |
| extintor (m) | brandblusser (de) | ['brant·blʉsər] |
| triângulo (m) de emergência | gevarendriehoek (de) | [xə'varən·'drihuk] |

| parar (vi) (motor) | afslaan | ['afslān] |
| paragem (f) | uitvallen (het) | ['œʏtvalən] |
| estar quebrado | zijn gebroken | [zɛjn xə'brɔkən] |

| superaquecer-se (vr) | oververhitten | [ɔvərvər'hitən] |
| entupir-se (vr) | verstopt raken | [vər'stɔpt 'rakən] |
| congelar-se (vr) | bevriezen | [bə'vrizən] |
| rebentar (vi) | barsten | ['barstən] |

| pressão (f) | druk (de) | [drʉk] |
| nível (m) | niveau (het) | [ni'vɔ] |
| frouxo | slap | [slap] |

| mossa (f) | deuk (de) | ['døk] |
| ruído (m) | geklop (het) | [xə'klɔp] |
| fissura (f) | barst (de) | [barst] |
| arranhão (m) | kras (de) | [kras] |

## 151. Carros. Estrada

| estrada (f) | weg (de) | [wɛx] |
| autoestrada (f) | snelweg (de) | ['snɛlwɛx] |
| rodovia (f) | autoweg (de) | ['autowɛx] |
| direção (f) | richting (de) | ['rixtiŋ] |
| distância (f) | afstand (de) | ['afstant] |

| ponte (f) | brug (de) | [brʉx] |
| parque (m) de estacionamento | parking (de) | ['parkiŋ] |
| praça (f) | plein (het) | [plɛjn] |
| nó (m) rodoviário | verkeersknooppunt (het) | [vər'kērs·'knōp·pʉnt] |
| túnel (m) | tunnel (de) | ['tʉnəl] |

| posto (m) de gasolina | benzinestation (het) | [bɛn'zinə·sta'tsjɔn] |
| parque (m) de estacionamento | parking (de) | ['parkiŋ] |
| bomba (f) de gasolina | benzinepomp (de) | [bɛn'zinə·pɔmp] |
| oficina (f) de reparação de carros | garage (de) | [xa'raʒə] |
| abastecer (vt) | tanken | ['tankən] |
| combustível (m) | brandstof (de) | ['brandstɔf] |
| bidão (m) de gasolina | jerrycan (de) | ['dʒɛrikən] |

| asfalto (m) | asfalt (het) | ['asfalt] |
| marcação (f) de estradas | markering (de) | [mar'keriŋ] |
| lancil (m) | trottoirband (de) | [trɔtu'ar·bant] |
| proteção (f) guard-rail | geleiderail (de) | [xəlɛjdə'rel] |
| valeta (f) | greppel (de) | ['xrepəl] |
| berma (f) da estrada | vluchtstrook (de) | ['vlʉxt·strɔk] |
| poste (m) de luz | lichtmast (de) | ['lixt·mast] |

| conduzir, guiar (vt) | besturen | [bə'stʉrən] |
| virar (ex. ~ à direita) | afslaan | ['afslān] |
| dar retorno | U-bocht maken | [ju-bɔxt 'makən] |
| marcha-atrás (f) | achteruit (de) | ['axtərœʏt] |
| buzinar (vi) | toeteren | ['tutərən] |

| buzina (f) | toeter (de) | ['tutər] |
| atolar-se (vr) | vastzitten | ['vastzitən] |
| patinar (na lama) | spinnen | ['spinən] |
| desligar (vt) | uitzetten | ['œʏtzɛtən] |

| velocidade (f) | snelheid (de) | ['snɛlhɛjt] |
| exceder a velocidade | een snelheidsovertreding maken | [ən 'snɛlhɛjts·ɔvər'trediŋ 'makən] |
| multar (vt) | bekeuren | [bə'kørən] |
| semáforo (m) | verkeerslicht (het) | [vər'kērs·lixt] |
| carta (f) de condução | rijbewijs (het) | ['rɛj·bɛwɛjs] |

| passagem (f) de nível | overgang (de) | ['ɔvərxaŋ] |
| cruzamento (m) | kruispunt (het) | ['krœʏs·pynt] |
| passadeira (f) | zebrapad (het) | ['zɛbra·pat] |
| curva (f) | bocht (de) | [bɔxt] |
| zona (f) pedonal | voetgangerszone (de) | ['vutxaŋərs·'zɔnə] |

# PESSOAS. EVENTOS

## Eventos

### 152. Férias. Evento

| | | |
|---|---|---|
| festa (f) | feest (het) | [fēst] |
| festa (f) nacional | nationale feestdag (de) | [natsjo'nalə 'fēstdax] |
| feriado (m) | feestdag (de) | ['fēst·dax] |
| festejar (vt) | herdenken | ['hɛrdɛŋkən] |
| | | |
| evento (festa, etc.) | gebeurtenis (de) | [xə'børtənis] |
| evento (banquete, etc.) | evenement (het) | [ɛvənə'mɛnt] |
| banquete (m) | banket (het) | [ban'ket] |
| receção (f) | receptie (de) | [re'sɛpsi] |
| festim (m) | feestmaal (het) | ['fēst·māl] |
| | | |
| aniversário (m) | verjaardag (de) | [vər'jār·dax] |
| jubileu (m) | jubileum (het) | [jubi'lejum] |
| celebrar (vt) | vieren | ['virən] |
| | | |
| Ano (m) Novo | Nieuwjaar (het) | [niu'jār] |
| Feliz Ano Novo! | Gelukkig Nieuwjaar! | [xə'lʉkəx niu'jār] |
| Pai (m) Natal | Sinterklaas (de) | [sintər·'klās] |
| | | |
| Natal (m) | Kerstfeest (het) | ['kɛrstfēst] |
| Feliz Natal! | Vrolijk kerstfeest! | ['vrɔlək 'kɛrstfēst] |
| árvore (f) de Natal | kerstboom (de) | ['kɛrst·bōm] |
| fogo (m) de artifício | vuurwerk (het) | ['vūr·wɛrk] |
| | | |
| boda (f) | bruiloft (de) | ['brœʏlɔft] |
| noivo (m) | bruidegom (de) | ['brœʏdəxɔm] |
| noiva (f) | bruid (de) | ['brœʏd] |
| | | |
| convidar (vt) | uitnodigen | ['œʏtnɔdixən] |
| convite (m) | uitnodigingskaart (de) | [œʏt'nɔdixiŋs·kārt] |
| | | |
| convidado (m) | gast (de) | [xast] |
| visitar (vt) | op bezoek gaan | [ɔp bə'zuk xān] |
| receber os hóspedes | gasten verwelkomen | ['xastən vər'wɛlkɔmən] |
| | | |
| presente (m) | geschenk, cadeau (het) | [xə'sxɛnk] |
| oferecer (vt) | geven | ['xevən] |
| receber presentes | geschenken ontvangen | [xə'sxɛnkən ɔnt'vaŋən] |
| ramo (m) de flores | boeket (het) | [bu'kɛt] |
| | | |
| felicitações (f pl) | felicitaties | [felisi'tatsis] |
| felicitar (dar os parabéns) | feliciteren | [felisi'terən] |
| cartão (m) de parabéns | wenskaart (de) | ['wɛns·kārt] |

| | | |
|---|---|---|
| enviar um postal | een kaartje versturen | [ɛn 'kãrtʃe vər'stʉrən] |
| receber um postal | een kaartje ontvangen | [ɛn 'kãrtʃe ɔnt'vaŋən] |
| | | |
| brinde (m) | toast (de) | [tɔst] |
| oferecer (vt) | aanbieden | [ãm'bidən] |
| champanhe (m) | champagne (de) | [ʃʌm'panjə] |
| | | |
| divertir-se (vr) | plezier hebben | [plɛ'zir 'hɛbən] |
| diversão (f) | plezier (het) | [plɛ'zir] |
| alegria (f) | vreugde (de) | ['vrøhdə] |
| | | |
| dança (f) | dans (de) | [dans] |
| dançar (vi) | dansen | ['dansən] |
| | | |
| valsa (f) | wals (de) | [wals] |
| tango (m) | tango (de) | ['tangɔ] |

## 153. Funerais. Enterro

| | | |
|---|---|---|
| cemitério (m) | kerkhof (het) | ['kɛrkhɔf] |
| sepultura (f), túmulo (m) | graf (het) | [xraf] |
| cruz (f) | kruis (het) | ['krœʏs] |
| lápide (f) | grafsteen (de) | ['xraf·stẽn] |
| cerca (f) | omheining (de) | [ɔm'hɛjniŋ] |
| capela (f) | kapel (de) | [ka'pɛl] |
| | | |
| morte (f) | dood (de) | [dõt] |
| morrer (vi) | sterven | ['stɛrvən] |
| defunto (m) | overledene (de) | [ɔvər'ledenə] |
| luto (m) | rouw (de) | ['rau] |
| | | |
| enterrar, sepultar (vt) | begraven | [bə'xravən] |
| agência (f) funerária | begrafenis-onderneming (de) | [bə'xrafənis ɔndər'nemiŋ] |
| | | |
| funeral (m) | begrafenis (de) | [bə'xrafənis] |
| coroa (f) de flores | krans (de) | [krans] |
| caixão (m) | doodskist (de) | ['dõd·skist] |
| carro (m) funerário | lijkwagen (de) | ['lɛjk·waxən] |
| mortalha (f) | lijkkleed (de) | ['lɛjk·klẽt] |
| | | |
| procissão (f) funerária | begrafenisstoet (de) | [bə'xrafənis·stut] |
| urna (f) funerária | urn (de) | [jurn] |
| crematório (m) | crematorium (het) | [krema'tɔrijum] |
| | | |
| obituário (m), necrologia (f) | overlijdensbericht (het) | [ɔvər'lɛjdəns·bə'rixt] |
| chorar (vi) | huilen | ['hœʏlən] |
| soluçar (vi) | snikken | ['snikən] |

## 154. Guerra. Soldados

| | | |
|---|---|---|
| pelotão (m) | peloton (het) | [pelɔ'tɔn] |
| companhia (f) | compagnie (de) | [kɔmpa'njɪ] |

| regimento (m) | regiment (het) | [rexi'mɛnt] |
| exército (m) | leger (het) | ['lexər] |
| divisão (f) | divisie (de) | [di'vizi] |

| destacamento (m) | sectie (de) | ['sɛksi] |
| hoste (f) | troep (de) | [trup] |

| soldado (m) | soldaat (de) | [sɔl'dāt] |
| oficial (m) | officier (de) | [ɔfi'sir] |

| soldado (m) raso | soldaat (de) | [sɔl'dāt] |
| sargento (m) | sergeant (de) | [sɛr'ʒant] |
| tenente (m) | luitenant (de) | [lœʏtə'nant] |
| capitão (m) | kapitein (de) | [kapi'tɛjn] |
| major (m) | majoor (de) | [ma'jōr] |
| coronel (m) | kolonel (de) | [kɔlɔ'nɛl] |
| general (m) | generaal (de) | [xenə'rāl] |

| marujo (m) | matroos (de) | [ma'trōs] |
| capitão (m) | kapitein (de) | [kapi'tɛjn] |
| contramestre (m) | bootsman (de) | ['bōtsman] |

| artilheiro (m) | artillerist (de) | [artile'rist] |
| soldado (m) paraquedista | valschermjager (de) | ['valsxərm·'jaxər] |
| piloto (m) | piloot (de) | [pi'lōt] |
| navegador (m) | stuurman (de) | ['stūrman] |
| mecânico (m) | mecanicien (de) | [mekani'sjen] |

| sapador (m) | sappeur (de) | [sa'pør] |
| paraquedista (m) | parachutist (de) | [paraʃʉ'tist] |
| explorador (m) | verkenner (de) | [vər'kenər] |
| franco-atirador (m) | scherpschutter (de) | ['sxɛrp·sxʉtər] |

| patrulha (f) | patrouille (de) | [pa'trujə] |
| patrulhar (vt) | patrouilleren | [patru'jerən] |
| sentinela (f) | wacht (de) | [waxt] |

| guerreiro (m) | krijger (de) | ['krɛjxə] |
| patriota (m) | patriot (de) | [patri'ɔt] |

| herói (m) | held (de) | [hɛlt] |
| heroína (f) | heldin (de) | [hɛl'din] |

| traidor (m) | verrader (de) | [və'radər] |
| trair (vt) | verraden | [və'radən] |

| desertor (m) | deserteur (de) | [dezɛr'tør] |
| desertar (vt) | deserteren | [dezɛr'terən] |

| mercenário (m) | huurling (de) | ['hūrliŋ] |
| recruta (m) | rekruut (de) | [rek'rūt] |
| voluntário (m) | vrijwilliger (de) | [vrɛj'wiləxər] |

| morto (m) | gedode (de) | [xə'dɔdə] |
| ferido (m) | gewonde (de) | [xə'wɔndə] |
| prisioneiro (m) de guerra | krijgsgevangene (de) | ['krɛjxs·xə'vaŋənə] |

## 155. Guerra. Ações militares. Parte 1

| guerra (f) | oorlog (de) | ['ŏrlɔx] |
| guerrear (vt) | oorlog voeren | ['ŏrlɔx 'vurən] |
| guerra (f) civil | burgeroorlog (de) | ['bʉrxər·'ŏrlɔx] |

| perfidamente | achterbaks | ['axtərbaks] |
| declaração (f) de guerra | oorlogsverklaring (de) | ['ŏrlɔxs·vər'klariŋ] |
| declarar (vt) guerra | verklaren | [vər'klarən] |
| agressão (f) | agressie (de) | [ax'rɛsi] |
| atacar (vt) | aanvallen | ['ãnvalən] |

| invadir (vt) | binnenvallen | ['binənvalən] |
| invasor (m) | invaller (de) | ['invalə] |
| conquistador (m) | veroveraar (de) | [və'rɔvərār] |

| defesa (f) | verdediging (de) | [vər'dedəxiŋ] |
| defender (vt) | verdedigen | [vər'dedixən] |
| defender-se (vr) | zich verdedigen | [zih vər'dedixən] |

| inimigo (m) | vijand (de) | ['vɛjant] |
| adversário (m) | tegenstander (de) | ['texən·'standər] |
| inimigo | vijandelijk | [vɛ'jandələk] |

| estratégia (f) | strategie (de) | [stratə'xi] |
| tática (f) | tactiek (de) | [tak'tik] |

| ordem (f) | order (de) | ['ɔrdər] |
| comando (m) | bevel (het) | [bə'vɛl] |
| ordenar (vt) | bevelen | [bə'velən] |
| missão (f) | opdracht (de) | ['ɔpdraxt] |
| secreto | geheim | [xə'hɛjm] |

| batalha (f) | slag (de) | [slax] |
| batalha (f) | veldslag (de) | ['vɛlt·slax] |
| combate (m) | strijd (de) | [strɛjt] |

| ataque (m) | aanval (de) | ['ãnval] |
| assalto (m) | bestorming (de) | [bə'stɔrmiŋ] |
| assaltar (vt) | bestormen | [bə'stɔrmən] |
| assédio, sítio (m) | bezetting (de) | [bə'zɛtiŋ] |

| ofensiva (f) | aanval (de) | ['ãnval] |
| passar à ofensiva | in het offensief te gaan | [in ət ɔfɛn'sif te xãn] |

| retirada (f) | terugtrekking (de) | [te'rʉx·trɛkiŋ] |
| retirar-se (vr) | zich terugtrekken | [zih tə'rʉxtrɛkən] |

| cerco (m) | omsingeling (de) | [ɔm'siŋəliŋ] |
| cercar (vt) | omsingelen | [ɔm'siŋələn] |

| bombardeio (m) | bombardement (het) | [bɔmbardə'mɛnt] |
| lançar uma bomba | een bom gooien | [en bɔm 'xŏjən] |
| bombardear (vt) | bombarderen | [bɔmbar'derən] |
| explosão (f) | ontploffing (de) | [ɔnt'plɔfiŋ] |

| | | |
|---|---|---|
| tiro (m) | schot (het) | [sxɔt] |
| disparar um tiro | een schot lossen | [en sxɔt 'lɔsən] |
| tiroteio (m) | schieten (het) | ['sxitən] |

| | | |
|---|---|---|
| apontar para ... | mikken op | ['mikən ɔp] |
| apontar (vt) | aanleggen | ['ānlexən] |
| acertar (vt) | treffen | ['trefən] |

| | | |
|---|---|---|
| afundar (um navio) | zinken | ['zinkən] |
| brecha (f) | kogelgat (het) | ['kɔxəlxat] |
| afundar-se (vr) | zinken | ['zinkən] |

| | | |
|---|---|---|
| frente (m) | front (het) | [frɔnt] |
| evacuação (f) | evacuatie (de) | [ɛvakʉ'atsi] |
| evacuar (vt) | evacueren | [ɛvakʉ'erən] |

| | | |
|---|---|---|
| trincheira (f) | loopgraaf (de) | ['lōpxrāf] |
| arame (m) farpado | prikkeldraad (de) | ['prikəl·drāt] |
| obstáculo (m) anticarro | verdedigingsobstakel (het) | [vər'dedəhiŋ·ɔp'stakəl] |
| torre (f) de vigia | wachttoren (de) | ['waxt·tɔrən] |

| | | |
|---|---|---|
| hospital (m) | hospitaal (het) | ['hɔspitāl] |
| ferir (vt) | verwonden | [vər'wɔndən] |
| ferida (f) | wond (de) | [wɔnt] |
| ferido (m) | gewonde (de) | [xə'wɔndə] |
| ficar ferido | gewond raken | [xə'wɔnt 'rakən] |
| grave (ferida ~) | ernstig | ['ɛrnstəx] |

## 156. Armas

| | | |
|---|---|---|
| arma (f) | wapens | ['wapəns] |
| arma (f) de fogo | vuurwapens | [vūr·'wapəns] |
| arma (f) branca | koude wapens | ['kaudə 'wapəns] |

| | | |
|---|---|---|
| arma (f) química | chemische wapens | ['hemisə 'wapəns] |
| nuclear | kern-, nucleair | [kɛrn], [nʉkle'ɛr] |
| arma (f) nuclear | kernwapens | [kɛrn·'wapəns] |

| | | |
|---|---|---|
| bomba (f) | bom (de) | [bɔm] |
| bomba (f) atómica | atoombom (de) | [a'tōm·bɔm] |

| | | |
|---|---|---|
| pistola (f) | pistool (het) | [pi'stōl] |
| caçadeira (f) | geweer (het) | [xə'wēr] |
| pistola-metralhadora (f) | machinepistool (het) | [ma'ʃinə·pis'tōl] |
| metralhadora (f) | machinegeweer (het) | [ma'ʃinə·xə'wēr] |

| | | |
|---|---|---|
| boca (f) | loop (de) | [lōp] |
| cano (m) | loop (de) | [lōp] |
| calibre (m) | kaliber (het) | [ka'libər] |

| | | |
|---|---|---|
| gatilho (m) | trekker (de) | ['trɛkər] |
| mira (f) | korrel (de) | ['kɔrəl] |
| carregador (m) | magazijn (het) | [maxa'zɛjn] |
| coronha (f) | geweerkolf (de) | [xə'wēr·kɔlf] |

| granada (f) de mão | granaat (de) | [xra'nāt] |
| explosivo (m) | explosieven | [ɛksplo'zivən] |

| bala (f) | kogel (de) | ['kɔxəl] |
| cartucho (m) | patroon (de) | [pa'trõn] |
| carga (f) | lading (de) | ['ladiŋ] |
| munições (f pl) | ammunitie (de) | [amʉ'nitsi] |

| bombardeiro (m) | bommenwerper (de) | ['bɔmən·'wɛrpər] |
| avião (m) de caça | straaljager (de) | ['strāl·'jaxər] |
| helicóptero (m) | helikopter (de) | [heli'kɔptər] |

| canhão (m) antiaéreo | afweergeschut (het) | ['afwēr·xəsxʉt] |
| tanque (m) | tank (de) | [tank] |
| canhão (de um tanque) | kanon (het) | [ka'nɔn] |

| artilharia (f) | artillerie (de) | [artile'ri] |
| canhão (m) | kanon (het) | [ka'nɔn] |
| fazer a pontaria | aanleggen | ['ānlexən] |

| obus (m) | projectiel (het) | [prɔjek'til] |
| granada (f) de morteiro | mortiergranaat (de) | [mɔr'tir·xra'nāt] |
| morteiro (m) | mortier (de) | [mɔr'tir] |
| estilhaço (m) | granaatscherf (de) | [xra'nāt·'sxerf] |

| submarino (m) | duikboot (de) | ['dœʏk·bōt] |
| torpedo (m) | torpedo (de) | [tɔr'pedɔ] |
| míssil (m) | raket (de) | [ra'kɛt] |

| carregar (uma arma) | laden | ['ladən] |
| atirar, disparar (vi) | schieten | ['sxitən] |
| apontar para … | richten op | ['rixtən ɔp] |
| baioneta (f) | bajonet (de) | [bajo'nɛt] |

| espada (f) | degen (de) | ['dexən] |
| sabre (m) | sabel (de) | ['sabəl] |
| lança (f) | speer (de) | [spēr] |
| arco (m) | boog (de) | [bōx] |
| flecha (f) | pijl (de) | [pɛjl] |
| mosquete (m) | musket (de) | [mʉs'kɛt] |
| besta (f) | kruisboog (de) | ['krœʏs·bōx] |

## 157. Povos da antiguidade

| primitivo | primitief | [primi'tif] |
| pré-histórico | voorhistorisch | ['vōrhis'tɔris] |
| antigo | eeuwenoude | [ēwə'naudə] |

| Idade (f) da Pedra | Steentijd (de) | ['stēn·tɛjt] |
| Idade (f) do Bronze | Bronstijd (de) | ['brɔns·tɛjt] |
| período (m) glacial | IJstijd (de) | ['ɛjs·tɛjt] |

| tribo (f) | stam (de) | [stam] |
| canibal (m) | menseneter (de) | ['mɛnsən·'ɛtər] |

| | | |
|---|---|---|
| caçador (m) | **jager (de)** | ['jaxər] |
| caçar (vi) | **jagen** | ['jaxən] |
| mamute (m) | **mammoet (de)** | [ma'mut] |

| | | |
|---|---|---|
| caverna (f) | **grot (de)** | [xrɔt] |
| fogo (m) | **vuur (het)** | [vūr] |
| fogueira (f) | **kampvuur (het)** | ['kampvūr] |
| pintura (f) rupestre | **rotstekening (de)** | ['rɔts·tekəniŋ] |

| | | |
|---|---|---|
| ferramenta (f) | **werkinstrument (het)** | ['wɛrk·instrʉ'mɛnt] |
| lança (f) | **speer (de)** | [spēr] |
| machado (m) de pedra | **stenen bijl (de)** | ['stenən bɛjl] |
| guerrear (vt) | **oorlog voeren** | ['ōrlɔx 'vurən] |
| domesticar (vt) | **temmen** | ['tɛmən] |

| | | |
|---|---|---|
| ídolo (m) | **idool (het)** | [i'dōl] |
| adorar, venerar (vt) | **aanbidden** | [ām'bidən] |
| superstição (f) | **bijgeloof (het)** | ['bɛjxəlōf] |
| ritual (m) | **ritueel (het)** | [ritʉ'ēl] |

| | | |
|---|---|---|
| evolução (f) | **evolutie (de)** | [ɛvɔ'lʉtsi] |
| desenvolvimento (m) | **ontwikkeling (de)** | [ɔnt'wikəliŋ] |
| desaparecimento (m) | **verdwijning (de)** | [vərd'wɛjniŋ] |
| adaptar-se (vr) | **zich aanpassen** | [zix 'ānpasən] |

| | | |
|---|---|---|
| arqueologia (f) | **archeologie (de)** | [arheɔlɔ'xi] |
| arqueólogo (m) | **archeoloog (de)** | [arheɔ'lōx] |
| arqueológico | **archeologisch** | [arheɔ'lɔxis] |

| | | |
|---|---|---|
| local (m) das escavações | **opgravingsplaats (de)** | ['ɔpxraviŋs·plāts] |
| escavações (f pl) | **opgravingen** | ['ɔpxraviŋən] |
| achado (m) | **vondst (de)** | [vɔntst] |
| fragmento (m) | **fragment (het)** | [frax'mɛnt] |

## 158. Idade média

| | | |
|---|---|---|
| povo (m) | **volk (het)** | [vɔlk] |
| povos (m pl) | **volkeren** | ['vɔlkərən] |
| tribo (f) | **stam (de)** | [stam] |
| tribos (f pl) | **stammen** | ['stamən] |

| | | |
|---|---|---|
| bárbaros (m pl) | **barbaren** | [bar'barən] |
| gauleses (m pl) | **Galliërs** | ['xaliers] |
| godos (m pl) | **Goten** | ['xɔtən] |
| eslavos (m pl) | **Slaven** | ['slavən] |
| víquingues (m pl) | **Vikings** | ['vikiŋs] |

| | | |
|---|---|---|
| romanos (m pl) | **Romeinen** | [rɔ'mɛjnən] |
| romano | **Romeins** | [rɔ'mɛjns] |

| | | |
|---|---|---|
| bizantinos (m pl) | **Byzantijnen** | [bizan'tɛjnən] |
| Bizâncio | **Byzantium (het)** | [bi'zantijum] |
| bizantino | **Byzantijns** | [bizan'tɛjns] |
| imperador (m) | **keizer (de)** | ['kɛjzər] |

| líder (m) | opperhoofd (het) | ['ɔpərhõft] |
| poderoso | machtig | ['mahtəx] |
| rei (m) | koning (de) | ['kɔniŋ] |
| governante (m) | heerser (de) | ['hẽrsər] |

| cavaleiro (m) | ridder (de) | ['ridər] |
| senhor feudal (m) | feodaal (de) | [feɔ'dāl] |
| feudal | feodaal | [feɔ'dāl] |
| vassalo (m) | vazal (de) | [va'zal] |

| duque (m) | hertog (de) | ['hɛrtɔx] |
| conde (m) | graaf (de) | [xrāf] |
| barão (m) | baron (de) | [ba'rɔn] |
| bispo (m) | bisschop (de) | ['bisxɔp] |

| armadura (f) | harnas (het) | ['harnas] |
| escudo (m) | schild (het) | [sxilt] |
| espada (f) | zwaard (het) | [zwārt] |
| viseira (f) | vizier (het) | [vi'zir] |
| cota (f) de malha | maliënkolder (de) | ['malien·'kɔldər] |

| cruzada (f) | kruistocht (de) | ['krœys·tɔxt] |
| cruzado (m) | kruisvaarder (de) | ['krœys·'vārdər] |

| território (m) | gebied (het) | [xə'bit] |
| atacar (vt) | aanvallen | ['ānvalən] |
| conquistar (vt) | veroveren | [və'rɔvərən] |
| ocupar, invadir (vt) | innemen | ['innemən] |

| assédio, sítio (m) | bezetting (de) | [bə'zɛtiŋ] |
| sitiado | belegerd | [bə'lexert] |
| assediar, sitiar (vt) | belegeren | [bə'lexerən] |

| inquisição (f) | inquisitie (de) | [inkvi'zitsi] |
| inquisidor (m) | inquisiteur (de) | [inkvizi'tør] |
| tortura (f) | foltering (de) | ['fɔltəriŋ] |
| cruel | wreed | [wrēt] |
| herege (m) | ketter (de) | ['kɛtər] |
| heresia (f) | ketterij (de) | [kɛtə'rɛj] |

| navegação (f) marítima | zeevaart (de) | ['zē·vārt] |
| pirata (m) | piraat (de) | [pi'rāt] |
| pirataria (f) | piraterij (de) | [piratə'rɛj] |
| abordagem (f) | enteren (het) | ['ɛntərən] |

| presa (f), butim (m) | buit (de) | ['bœyt] |
| tesouros (m pl) | schatten | ['sxatən] |

| descobrimento (m) | ontdekking (de) | [ɔn'dɛkiŋ] |
| descobrir (novas terras) | ontdekken | [ɔn'dɛkən] |
| expedição (f) | expeditie (de) | [ɛkspe'ditsi] |

| mosqueteiro (m) | musketier (de) | [mʉskə'tir] |
| cardeal (m) | kardinaal (de) | [kardi'nāl] |
| heráldica (f) | heraldiek (de) | [hɛral'dik] |
| heráldico | heraldisch | [hɛ'raldis] |

## 159. Líder. Chefe. Autoridades

| | | |
|---|---|---|
| rei (m) | koning (de) | ['konɪŋ] |
| rainha (f) | koningin (de) | [konɪŋ'in] |
| real | koninklijk | ['koninklək] |
| reino (m) | koninkrijk (het) | ['koninkrɛjk] |

| | | |
|---|---|---|
| príncipe (m) | prins (de) | [prins] |
| princesa (f) | prinses (de) | [prin'sɛs] |

| | | |
|---|---|---|
| presidente (m) | president (de) | [prezi'dɛnt] |
| vice-presidente (m) | vicepresident (de) | ['visə·prezi'dɛnt] |
| senador (m) | senator (de) | [se'nator] |

| | | |
|---|---|---|
| monarca (m) | monarch (de) | [mo'narx] |
| governante (m) | heerser (de) | ['hērsər] |
| ditador (m) | dictator (de) | [dik'tator] |
| tirano (m) | tiran (de) | [ti'ran] |
| magnata (m) | magnaat (de) | [max'nāt] |

| | | |
|---|---|---|
| diretor (m) | directeur (de) | [dirɛk'tør] |
| chefe (m) | chef (de) | [ʃɛf] |
| dirigente (m) | beheerder (de) | [bə'hērdər] |
| patrão (m) | baas (de) | [bās] |
| dono (m) | eigenaar (de) | ['ɛjxənār] |

| | | |
|---|---|---|
| líder, chefe (m) | leider (de) | ['lɛjdər] |
| chefe (~ de delegação) | hoofd (het) | [hōft] |
| autoridades (f pl) | autoriteiten | [autori'tɛjtən] |
| superiores (m pl) | superieuren | [supə'rørən] |

| | | |
|---|---|---|
| governador (m) | gouverneur (de) | [xuvɛr'nør] |
| cônsul (m) | consul (de) | ['konsul] |
| diplomata (m) | diplomaat (de) | [diplo'māt] |
| Presidente (m) da Câmara | burgemeester (de) | [burxə·'mēstər] |
| xerife (m) | sheriff (de) | ['ʃerif] |

| | | |
|---|---|---|
| imperador (m) | keizer (de) | ['kɛjzər] |
| czar (m) | tsaar (de) | [tsār] |
| faraó (m) | farao (de) | ['faraɔ] |
| cã (m) | kan (de) | [kan] |

## 160. Viloação da lei. Criminosos. Parte 1

| | | |
|---|---|---|
| bandido (m) | bandiet (de) | [ban'dit] |
| crime (m) | misdaad (de) | ['misdāt] |
| criminoso (m) | misdadiger (de) | [mis'dadixər] |

| | | |
|---|---|---|
| ladrão (m) | dief (de) | [dif] |
| roubar (vt) | stelen | ['stelən] |
| furto (m) | stelen (de) | ['stelən] |
| furto (m) | diefstal (de) | ['difstal] |
| raptar (ex. ~ uma criança) | kidnappen | [kid'nɛpən] |

| rapto (m) | kidnapping (de) | [kid'nɛpiŋ] |
| raptor (m) | kidnapper (de) | [kid'nɛpər] |

| resgate (m) | losgeld (het) | ['lɔshəlt] |
| pedir resgate | eisen losgeld | ['ɛjsən 'lɔshəlt] |

| roubar (vt) | overvallen | [ɔvər'valən] |
| assalto, roubo (m) | overval (de) | [ɔvər'val] |
| assaltante (m) | overvaller (de) | [ɔvər'valər] |

| extorquir (vt) | afpersen | ['afpɛrsən] |
| extorsionário (m) | afperser (de) | ['afpɛrsər] |
| extorsão (f) | afpersing (de) | ['afpɛrsiŋ] |

| matar, assassinar (vt) | vermoorden | [vər'mõrdən] |
| homicídio (m) | moord (de) | [mõrt] |
| homicida, assassino (m) | moordenaar (de) | ['mõrdənār] |

| tiro (m) | schot (het) | [sxɔt] |
| dar um tiro | een schot lossen | [en sxɔt 'lɔsən] |
| matar a tiro | neerschieten | [nēr'sxitən] |
| atirar, disparar (vi) | schieten | ['sxitən] |
| tiroteio (m) | schieten (het) | ['sxitən] |

| incidente (m) | ongeluk (het) | ['ɔnxəlʉk] |
| briga (~ de rua) | gevecht (het) | [xə'vɛht] |
| Socorro! | Help! | [hɛlp] |
| vítima (f) | slachtoffer (het) | ['slaxtɔfər] |

| danificar (vt) | beschadigen | [bə'sxadəxən] |
| dano (m) | schade (de) | ['sxadə] |
| cadáver (m) | lijk (het) | [lɛjk] |
| grave | zwaar | [zwãr] |

| atacar (vt) | aanvallen | ['ãnvalən] |
| bater (espancar) | slaan | [slãn] |
| espancar (vt) | in elkaar slaan | [in ɛl'kãr slãn] |
| tirar, roubar (dinheiro) | ontnemen | [ɔnt'nemən] |
| esfaquear (vt) | steken | ['stekən] |
| mutilar (vt) | verminken | [vər'minkən] |
| ferir (vt) | verwonden | [vər'wɔndən] |

| chantagem (f) | chantage (de) | [ʃʌn'taʒə] |
| chantagear (vt) | chanteren | [ʃʌn'terən] |
| chantagista (m) | chanteur (de) | [ʃʌn'tør] |

| extorsão (em troca de proteção) | afpersing (de) | ['afpɛrsiŋ] |
| extorsionário (m) | afperser (de) | ['afpɛrsər] |
| gângster (m) | gangster (de) | ['xɛŋstər] |
| máfia (f) | maffia (de) | ['mafia] |

| carteirista (m) | kruimeldief (de) | ['krœɣmɛldif] |
| assaltante, ladrão (m) | inbreker (de) | ['inbrekər] |
| contrabando (m) | smokkelen (het) | ['smɔkələn] |
| contrabandista (m) | smokkelaar (de) | ['smɔkəlãr] |

| | | |
|---|---|---|
| falsificação (f) | **namaak (de)** | ['namāk] |
| falsificar (vt) | **namaken** | ['namakən] |
| falsificado | **vals, namaak-** | [vals], ['namāk] |

## 161. Viloação da lei. Criminosos. Parte 2

| | | |
|---|---|---|
| violação (f) | **verkrachting (de)** | [vər'kraxtiŋ] |
| violar (vt) | **verkrachten** | [vər'kraxtən] |
| violador (m) | **verkrachter (de)** | [vər'kraxtər] |
| maníaco (m) | **maniak (de)** | [mani'ak] |
| | | |
| prostituta (f) | **prostituee (de)** | [prɔstitu'ē] |
| prostituição (f) | **prostitutie (de)** | [prɔsti'tutsi] |
| chulo (m) | **pooier (de)** | ['põjər] |
| | | |
| toxicodependente (m) | **drugsverslaafde (de)** | ['druks·vər'slāfdə] |
| traficante (m) | **drugshandelaar (de)** | ['druks·'handəlār] |
| | | |
| explodir (vt) | **opblazen** | ['ɔpblazən] |
| explosão (f) | **explosie (de)** | [ɛks'plɔzi] |
| incendiar (vt) | **in brand steken** | [in brant 'stekən] |
| incendiário (m) | **brandstichter (de)** | ['brant·stixtər] |
| | | |
| terrorismo (m) | **terrorisme (het)** | [tɛrɔ'rismə] |
| terrorista (m) | **terrorist (de)** | [tɛrɔ'rist] |
| refém (m) | **gijzelaar (de)** | ['xɛjzəlār] |
| | | |
| enganar (vt) | **bedriegen** | [bə'drixən] |
| engano (m) | **bedrog (het)** | [bə'drɔx] |
| vigarista (m) | **oplichter (de)** | ['ɔplixtər] |
| | | |
| subornar (vt) | **omkopen** | [ɔmkɔpən] |
| suborno (atividade) | **omkoperij (de)** | [ɔmkɔpərɛj] |
| suborno (dinheiro) | **smeergeld (het)** | ['smēr·xɛlt] |
| | | |
| veneno (m) | **vergif (het)** | [vər'xif] |
| envenenar (vt) | **vergiftigen** | [vər'xiftixən] |
| envenenar-se (vr) | **vergif innemen** | [vər'xif 'innemən] |
| | | |
| suicídio (m) | **zelfmoord (de)** | ['zɛlf·mōrt] |
| suicida (m) | **zelfmoordenaar (de)** | ['zɛlf·mōrdə'nār] |
| | | |
| ameaçar (vt) | **bedreigen** | [bə'drɛjxən] |
| ameaça (f) | **bedreiging (de)** | [bə'drɛjxiŋ] |
| atentar contra a vida de ... | **een aanslag plegen** | [en 'ānslax 'plexən] |
| atentado (m) | **aanslag (de)** | ['ānslax] |
| | | |
| roubar (o carro) | **stelen** | ['stelən] |
| desviar (o avião) | **kapen** | ['kapən] |
| | | |
| vingança (f) | **wraak (de)** | [wrāk] |
| vingar (vt) | **wreken** | ['wrekən] |
| torturar (vt) | **martelen** | ['martələn] |
| tortura (f) | **foltering (de)** | ['foltəriŋ] |

| atormentar (vt) | folteren | ['foltərən] |
| pirata (m) | piraat (de) | [pi'rãt] |
| desordeiro (m) | straatschender (de) | ['strãt·sxəndə] |
| armado | gewapend | [xə'wapənt] |
| violência (f) | geweld (het) | [xə'wɛlt] |
| ilegal | onwettig | [ɔn'wɛtəx] |

| espionagem (f) | spionage (de) | [spijo'naʒə] |
| espionar (vi) | spioneren | [spijo'nerən] |

## 162. Polícia. Lei. Parte 1

| justiça (f) | justitie (de) | [jus'titsi] |
| tribunal (m) | gerechtshof (het) | [xe'rɛhtshɔf] |

| juiz (m) | rechter (de) | ['rɛxtər] |
| jurados (m pl) | jury (de) | ['ʒʉri] |
| tribunal (m) do júri | juryrechtspraak (de) | ['ʒʉri·'rɛxtsprãk] |
| julgar (vt) | berechten | [bə'rɛxtən] |

| advogado (m) | advocaat (de) | [atvɔ'kãt] |
| réu (m) | beklaagde (de) | [bə'klãxdə] |
| banco (m) dos réus | beklaagdenbank (de) | [bə'klãxdən·bank] |

| acusação (f) | beschuldiging (de) | [bə'sxʉldəxiŋ] |
| acusado (m) | beschuldigde (de) | [bə'sxʉldəxdə] |

| sentença (f) | vonnis (het) | ['vɔnis] |
| sentenciar (vt) | veroordelen | [və'rõrdələn] |

| culpado (m) | schuldige (de) | ['sxʉldixə] |
| punir (vt) | straffen | ['strafən] |
| punição (f) | bestraffing (de) | [bə'strafiŋ] |

| multa (f) | boete (de) | ['butə] |
| prisão (f) perpétua | levenslange opsluiting (de) | ['levənslaŋə 'ɔpslœytiŋ] |
| pena (f) de morte | doodstraf (de) | ['dõd·straf] |
| cadeira (f) elétrica | elektrische stoel (de) | [ɛ'lɛktrisə stul] |
| forca (f) | schavot (het) | [sxa'vɔt] |

| executar (vt) | executeren | [ɛksekʉ'terən] |
| execução (f) | executie (de) | [ɛkse'kʉtsi] |

| prisão (f) | gevangenis (de) | [xə'vaŋenis] |
| cela (f) de prisão | cel (de) | [sɛl] |

| escolta (f) | konvooi (het) | [kɔn'võj] |
| guarda (m) prisional | gevangenisbewaker (de) | [xə'vaŋenis·bə'wakər] |
| preso (m) | gedetineerde (de) | [xədeti'nẽrdə] |

| algemas (f pl) | handboeien | ['hant·bujən] |
| algemar (vt) | handboeien omdoen | ['hantbujən 'ɔmdun] |
| fuga, evasão (f) | ontsnapping (de) | [ɔnt'snapiŋ] |
| fugir (vi) | ontsnappen | [ɔnt'snapən] |

| desaparecer (vi) | verdwijnen | [vərd'wɛjnən] |
| soltar, libertar (vt) | vrijlaten | ['vrɛjlatən] |
| amnistia (f) | amnestie (de) | [amnɛs'ti] |

| polícia (instituição) | politie (de) | [pɔ'litsi] |
| polícia (m) | politieagent (de) | [pɔ'litsi·a'xɛnt] |
| esquadra (f) de polícia | politiebureau (het) | [pɔ'litsi·bʉ'rɔ] |
| cassetete (m) | knuppel (de) | ['knʉpəl] |
| megafone (m) | megafoon (de) | [mexa'fōn] |

| carro (m) de patrulha | patrouilleerwagen (de) | [patru'jēr·'waxən] |
| sirene (f) | sirene (de) | [si'renə] |
| ligar a sirene | de sirene aansteken | [də si'renə 'ānstekən] |
| toque (m) da sirene | geloei (het) van de sirene | [xə'lui van də si'renə] |

| cena (f) do crime | plaats delict (de) | [plāts dɛ'likt] |
| testemunha (f) | getuige (de) | [xə'tœyxə] |
| liberdade (f) | vrijheid (de) | ['vrɛjhɛjt] |
| cúmplice (m) | handlanger (de) | ['hantlaŋər] |
| escapar (vi) | ontvluchten | [ɔn'flʉxtən] |
| traço (não deixar ~s) | spoor (het) | [spōr] |

## 163. Polícia. Lei. Parte 2

| procura (f) | opsporing (de) | ['ɔpspɔriŋ] |
| procurar (vt) | opsporen | ['ɔpspɔrən] |
| suspeita (f) | verdenking (de) | [vər'dɛnkiŋ] |
| suspeito | verdacht | [vər'daxt] |
| parar (vt) | aanhouden | ['ānhaudən] |
| deter (vt) | tegenhouden | ['texən·'haudən] |

| caso (criminal) | strafzaak (de) | ['straf·zāk] |
| investigação (f) | onderzoek (het) | ['ɔndərzuk] |
| detetive (m) | detective (de) | [de'tɛktif] |
| investigador (m) | onderzoeksrechter (de) | ['ɔndərzuks 'rɛxtər] |
| versão (f) | versie (de) | ['vɛrsi] |

| motivo (m) | motief (het) | [mɔ'tif] |
| interrogatório (m) | verhoor (het) | [vər'hōr] |
| interrogar (vt) | ondervragen | ['ɔndər'vraxən] |
| questionar (vt) | ondervragen | ['ɔndər'vraxən] |
| verificação (f) | controle (de) | [kɔn'trɔlə] |

| batida (f) policial | razzia (de) | ['razia] |
| busca (f) | huiszoeking (de) | ['hœys·'zukiŋ] |
| perseguição (f) | achtervolging (de) | ['axtərvɔlxiŋ] |
| perseguir (vt) | achtervolgen | ['axtərvɔlxən] |
| seguir (vt) | opsporen | ['ɔpspɔrən] |

| prisão (f) | arrest (het) | [a'rɛst] |
| prender (vt) | arresteren | [arɛ'sterən] |
| pegar, capturar (vt) | vangen, aanhouden | ['vaŋən], [ān'haudən] |
| captura (f) | aanhouding (de) | ['ānhaudiŋ] |
| documento (m) | document (het) | [dɔkʉ'mɛnt] |

| prova (f) | bewijs (het) | [bə'wɛjs] |
| provar (vt) | bewijzen | [bə'wɛjzən] |
| pegada (f) | voetspoor (het) | ['vutspōr] |
| impressões (f pl) digitais | vingerafdrukken | ['viŋər·'afdrʉkən] |
| prova (f) | bewijs (het) | [bə'wɛjs] |

| álibi (m) | alibi (het) | ['alibi] |
| inocente | onschuldig | [ɔn'sxʉldəx] |
| injustiça (f) | onrecht (het) | ['ɔnrɛxt] |
| injusto | onrechtvaardig | ['ɔnrɛxt 'vārdəx] |

| criminal | crimineel | [krimi'nēl] |
| confiscar (vt) | confisqueren | [kɔnfi'skerən] |
| droga (f) | drug (de) | [drʉx] |
| arma (f) | wapen (het) | ['wapən] |
| desarmar (vt) | ontwapenen | [ɔnt'wapənən] |
| ordenar (vt) | bevelen | [bə'velən] |
| desaparecer (vi) | verdwijnen | [vərd'wɛjnən] |

| lei (f) | wet (de) | [wɛt] |
| legal | wettelijk | ['wɛtələk] |
| ilegal | onwettelijk | [ɔn'wɛtələk] |

| responsabilidade (f) | verantwoordelijkheid (de) | [vərant·'wōrdələk 'hɛjt] |
| responsável | verantwoordelijk | [vərant·'wōrdələk] |

# NATUREZA

## A Terra. Parte 1

### 164. Espaço sideral

| | | |
|---|---|---|
| cosmos (m) | kosmos (de) | ['kɔsmɔs] |
| cósmico | kosmisch | ['kɔsmis] |
| espaço (m) cósmico | kosmische ruimte (de) | ['kɔsmisə 'rœʏmtə] |
| | | |
| mundo (m) | wereld (de) | ['werəlt] |
| universo (m) | heelal (het) | [hē'lal] |
| galáxia (f) | sterrenstelsel (het) | ['stɛrən·'stɛlsəl] |
| | | |
| estrela (f) | ster (de) | [stɛr] |
| constelação (f) | sterrenbeeld (het) | ['stɛrən·bēlt] |
| planeta (m) | planeet (de) | [pla'nēt] |
| satélite (m) | satelliet (de) | [satə'lit] |
| | | |
| meteorito (m) | meteoriet (de) | [meteɔ'rit] |
| cometa (m) | komeet (de) | [kɔ'mēt] |
| asteroide (m) | asteroïde (de) | [aste'rɔidə] |
| | | |
| órbita (f) | baan (de) | [bān] |
| girar (vi) | draaien | ['drājən] |
| atmosfera (f) | atmosfeer (de) | [atmɔ'sfēr] |
| | | |
| Sol (m) | Zon (de) | [zɔn] |
| Sistema (m) Solar | zonnestelsel (het) | ['zɔnə·stɛlsəl] |
| eclipse (m) solar | zonsverduistering (de) | ['zɔns·vər'dœʏsteriŋ] |
| | | |
| Terra (f) | Aarde (de) | ['ārdə] |
| Lua (f) | Maan (de) | [mān] |
| | | |
| Marte (m) | Mars (de) | [mars] |
| Vénus (f) | Venus (de) | ['venʉs] |
| Júpiter (m) | Jupiter (de) | [jupi'tɛr] |
| Saturno (m) | Saturnus (de) | [sa'tʉrnʉs] |
| | | |
| Mercúrio (m) | Mercurius (de) | [mər'kʉrijus] |
| Urano (m) | Uranus (de) | [u'ranʉs] |
| Neptuno (m) | Neptunus (de) | [nep'tʉnʉs] |
| Plutão (m) | Pluto (de) | ['plʉtɔ] |
| | | |
| Via Láctea (f) | Melkweg (de) | ['mɛlk·wɛx] |
| Ursa Maior (f) | Grote Beer (de) | ['xrɔtə bēr] |
| Estrela Polar (f) | Poolster (de) | ['pōlstər] |
| marciano (m) | marsmannetje (het) | ['mars·'manɛtʃə] |
| extraterrestre (m) | buitenaards wezen (het) | ['bœʏtən·ārts 'wezən] |

| | | |
|---|---|---|
| alienígena (m) | bovenaards (het) | ['bɔvən·ārts] |
| disco (m) voador | vliegende schotel (de) | ['vlixəndə 'sxɔtəl] |
| nave (f) espacial | ruimtevaartuig (het) | ['rœʏmtə·'vārtœʏx] |
| estação (f) orbital | ruimtestation (het) | ['rœʏmtə·sta'tsjɔn] |
| lançamento (m) | start (de) | [start] |
| motor (m) | motor (de) | ['mɔtɔr] |
| bocal (m) | straalpijp (de) | ['strāl·pɛjp] |
| combustível (m) | brandstof (de) | ['brandstɔf] |
| cabine (f) | cabine (de) | [ka'binə] |
| antena (f) | antenne (de) | [an'tɛnə] |
| vigia (f) | patrijspoort (de) | [pa'trɛjs·pōrt] |
| bateria (f) solar | zonnebatterij (de) | ['zɔnə·batə'rɛj] |
| traje (m) espacial | ruimtepak (het) | ['rœʏmtə·pak] |
| imponderabilidade (f) | gewichtloosheid (de) | [xə'wixtlō'shɛjt] |
| oxigénio (m) | zuurstof (de) | ['zūrstɔf] |
| acoplagem (f) | koppeling (de) | ['kɔpəliŋ] |
| fazer uma acoplagem | koppeling maken | ['kɔpəliŋ 'makən] |
| observatório (m) | observatorium (het) | [ɔbsərva'tɔrijum] |
| telescópio (m) | telescoop (de) | [telə'skōp] |
| observar (vt) | waarnemen | ['wārnemən] |
| explorar (vt) | exploreren | [ɛksplɔ'rerən] |

## 165. A Terra

| | | |
|---|---|---|
| Terra (f) | Aarde (de) | ['ārdə] |
| globo terrestre (Terra) | aardbol (de) | ['ārd·bɔl] |
| planeta (m) | planeet (de) | [pla'nēt] |
| atmosfera (f) | atmosfeer (de) | [atmɔ'sfēr] |
| geografia (f) | aardrijkskunde (de) | ['ārdrɛjkskʉndə] |
| natureza (f) | natuur (de) | [na'tūr] |
| globo (mapa esférico) | wereldbol (de) | ['werəld·bɔl] |
| mapa (m) | kaart (de) | [kārt] |
| atlas (m) | atlas (de) | ['atlas] |
| Europa (f) | Europa (het) | [ø'rɔpa] |
| Ásia (f) | Azië (het) | ['āzijə] |
| África (f) | Afrika (het) | ['afrika] |
| Austrália (f) | Australië (het) | [ɔu'straliə] |
| América (f) | Amerika (het) | [a'merika] |
| América (f) do Norte | Noord-Amerika (het) | [nōrd-a'merika] |
| América (f) do Sul | Zuid-Amerika (het) | ['zœʏd-a'merika] |
| Antártida (f) | Antarctica (het) | [an'tarktika] |
| Ártico (m) | Arctis (de) | ['arktis] |

## 166. Pontos cardeais

| | | |
|---|---|---|
| norte (m) | noorden (het) | ['nõrdən] |
| para norte | naar het noorden | [nãr ət 'nõrdən] |
| no norte | in het noorden | [in ət 'nõrdən] |
| do norte | noordelijk | ['nõrdələk] |
| | | |
| sul (m) | zuiden (het) | ['zœydən] |
| para sul | naar het zuiden | [nãr ət zœydən] |
| no sul | in het zuiden | [in ət 'zœydən] |
| do sul | zuidelijk | ['zœydələk] |
| | | |
| oeste, ocidente (m) | westen (het) | ['wɛstən] |
| para oeste | naar het westen | [nãr ət 'wɛstən] |
| no oeste | in het westen | [in ət 'wɛstən] |
| ocidental | westelijk | ['wɛstələk] |
| | | |
| leste, oriente (m) | oosten (het) | ['õstən] |
| para leste | naar het oosten | [nãr ət 'õstən] |
| no leste | in het oosten | [in ət 'õstən] |
| oriental | oostelijk | ['õstələk] |

## 167. Mar. Oceano

| | | |
|---|---|---|
| mar (m) | zee (de) | [zẽ] |
| oceano (m) | oceaan (de) | [ɔse'ãn] |
| golfo (m) | golf (de) | [xɔlf] |
| estreito (m) | straat (de) | [strãt] |
| | | |
| terra (f) firme | grond (de) | ['xrɔnt] |
| continente (m) | continent (het) | [kɔnti'nɛnt] |
| ilha (f) | eiland (het) | ['ɛjlant] |
| península (f) | schiereiland (het) | ['sxir·ɛjlant] |
| arquipélago (m) | archipel (de) | [arxipɛl] |
| | | |
| baía (f) | baai, bocht (de) | [bãj], [bɔxt] |
| porto (m) | haven (de) | ['havən] |
| lagoa (f) | lagune (de) | [la'xʉnə] |
| cabo (m) | kaap (de) | [kãp] |
| | | |
| atol (m) | atol (de) | [a'tɔl] |
| recife (m) | rif (het) | [rif] |
| coral (m) | koraal (het) | [ko'rãl] |
| recife (m) de coral | koraalrif (het) | [ko'rãl·rif] |
| | | |
| profundo | diep | [dip] |
| profundidade (f) | diepte (de) | ['diptə] |
| abismo (m) | diepzee (de) | [dip·zẽ] |
| fossa (f) oceânica | trog (de) | [trɔx] |
| | | |
| corrente (f) | stroming (de) | ['strɔmiŋ] |
| banhar (vt) | omspoelen | ['ɔmspulən] |
| litoral (m) | oever (de) | ['uvər] |

| | | |
|---|---|---|
| costa (f) | kust (de) | [kʊst] |
| maré (f) alta | vloed (de) | ['vlut] |
| refluxo (m), maré (f) baixa | eb (de) | [ɛb] |
| restinga (f) | ondiepte (de) | [ɔn'diptə] |
| fundo (m) | bodem (de) | ['bɔdəm] |
| | | |
| onda (f) | golf (de) | [xɔlf] |
| crista (f) da onda | golfkam (de) | ['xɔlfkam] |
| espuma (f) | schuim (het) | ['sxœʏm] |
| | | |
| tempestade (f) | storm (de) | [stɔrm] |
| furacão (m) | orkaan (de) | [ɔr'kān] |
| tsunami (m) | tsunami (de) | [tsʉ'nami] |
| calmaria (f) | windstilte (de) | ['wind·stiltə] |
| calmo | kalm | [kalm] |
| | | |
| polo (m) | pool (de) | [pōl] |
| polar | polair | [pɔ'lɛr] |
| | | |
| latitude (f) | breedtegraad (de) | ['brētə·xrāt] |
| longitude (f) | lengtegraad (de) | ['lɛŋtə·xrāt] |
| paralela (f) | parallel (de) | [para'lɛl] |
| equador (m) | evenaar (de) | ['ɛvənār] |
| | | |
| céu (m) | hemel (de) | ['heməl] |
| horizonte (m) | horizon (de) | ['hɔrizɔn] |
| ar (m) | lucht (de) | [lʉxt] |
| | | |
| farol (m) | vuurtoren (de) | ['vūr·tɔrən] |
| mergulhar (vi) | duiken | ['dœʏkən] |
| afundar-se (vr) | zinken | ['zinkən] |
| tesouros (m pl) | schatten | ['sxatən] |

## 168. Montanhas

| | | |
|---|---|---|
| montanha (f) | berg (de) | [bɛrx] |
| cordilheira (f) | bergketen (de) | ['bɛrx·'ketən] |
| serra (f) | gebergte (het) | [xə'bɛrxtə] |
| | | |
| cume (m) | bergtop (de) | ['bɛrx·tɔp] |
| pico (m) | bergpiek (de) | ['bɛrx·pik] |
| sopé (m) | voet (de) | [vut] |
| declive (m) | helling (de) | ['heliŋ] |
| | | |
| vulcão (m) | vulkaan (de) | [vʉl'kān] |
| vulcão (m) ativo | actieve vulkaan (de) | [ak'tivə vʉl'kān] |
| vulcão (m) extinto | uitgedoofde vulkaan (de) | ['œʏtxədōfdə vyl'kān] |
| | | |
| erupção (f) | uitbarsting (de) | ['œʏtbarstiŋ] |
| cratera (f) | krater (de) | ['kratər] |
| magma (m) | magma (het) | ['maxma] |
| lava (f) | lava (de) | ['lava] |
| fundido (lava ~a) | gloeiend | ['xlʉjənt] |
| desfiladeiro (m) | kloof (de) | [klōf] |

| garganta (f) | bergkloof (de) | ['bɛrx·klōf] |
| fenda (f) | spleet (de) | [splet] |
| precipício (m) | afgrond (de) | ['afxrɔnt] |

| passo, colo (m) | bergpas (de) | ['bɛrx·pas] |
| planalto (m) | plateau (het) | [pla'tɔ] |
| falésia (f) | klip (de) | [klip] |
| colina (f) | heuvel (de) | ['høvəl] |

| glaciar (m) | gletsjer (de) | ['xletʃər] |
| queda (f) d'água | waterval (de) | ['watər·val] |
| géiser (m) | geiser (de) | ['xɛjzər] |
| lago (m) | meer (het) | [mēr] |

| planície (f) | vlakte (de) | ['vlaktə] |
| paisagem (f) | landschap (het) | ['landsxap] |
| eco (m) | echo (de) | ['ɛxɔ] |

| alpinista (m) | alpinist (de) | [alpi'nist] |
| escalador (m) | bergbeklimmer (de) | ['bɛrx·bə'klimər] |
| conquistar (vt) | trotseren | [trɔ'tserən] |
| subida, escalada (f) | beklimming (de) | [bə'klimiŋ] |

## 169. Rios

| rio (m) | rivier (de) | [ri'vir] |
| fonte, nascente (f) | bron (de) | [brɔn] |
| leito (m) do rio | rivierbedding (de) | [ri'vir·'bɛdiŋ] |
| bacia (f) | rivierbekken (het) | [ri'vir·'bɛkən] |
| desaguar no ... | uitmonden in ... | ['œytmɔndən in] |

| afluente (m) | zijrivier (de) | [zɛj·ri'vir] |
| margem (do rio) | oever (de) | ['uvər] |

| corrente (f) | stroming (de) | ['strɔmiŋ] |
| rio abaixo | stroomafwaarts | [strōm·'afwārts] |
| rio acima | stroomopwaarts | [strōm·'ɔpwārts] |

| inundação (f) | overstroming (de) | [ɔvər'strɔmiŋ] |
| cheia (f) | overstroming (de) | [ɔvər'strɔmiŋ] |
| transbordar (vi) | buiten zijn oevers treden | ['bœytən zɛjn 'uvərs 'trɛdən] |
| inundar (vt) | overstromen | [ɔvər'strɔmən] |

| banco (m) de areia | zandbank (de) | ['zant·bank] |
| rápidos (m pl) | stroomversnelling (de) | [strōm·vər'sneliŋ] |

| barragem (f) | dam (de) | [dam] |
| canal (m) | kanaal (het) | [ka'nāl] |
| reservatório (m) de água | spaarbekken (het) | ['spār·bɛkən] |
| eclusa (f) | sluis (de) | ['slœys] |

| corpo (m) de água | waterlichaam (het) | ['watər·'lixām] |
| pântano (m) | moeras (het) | [mu'ras] |
| tremedal (m) | broek (het) | [bruk] |

| | | |
|---|---|---|
| remoinho (m) | draaikolk (de) | ['drāj·kɔlk] |
| arroio, regato (m) | stroom (de) | [strõm] |
| potável | drink- | [drink] |
| doce (água) | zoet | [zut] |
| | | |
| gelo (m) | ijs (het) | [ɛjs] |
| congelar-se (vr) | bevriezen | [bə'vrizən] |

## 170. Floresta

| | | |
|---|---|---|
| floresta (f), bosque (m) | bos (het) | [bɔs] |
| florestal | bos- | [bɔs] |
| | | |
| mata (f) cerrada | oerwoud (het) | ['urwaut] |
| arvoredo (m) | bosje (het) | ['boɕə] |
| clareira (f) | open plek (de) | ['ɔpən plek] |
| | | |
| matagal (m) | struikgewas (het) | ['strœvk·xə'was] |
| mato (m) | struiken | ['strœvkən] |
| | | |
| vereda (f) | paadje (het) | ['pādjə] |
| ravina (f) | ravijn (het) | [ra'vɛjn] |
| | | |
| árvore (f) | boom (de) | [bõm] |
| folha (f) | blad (het) | [blat] |
| folhagem (f) | gebladerte (het) | [xə'bladərtə] |
| | | |
| queda (f) das folhas | vallende bladeren | ['valəndə 'bladerən] |
| cair (vi) | vallen | ['valən] |
| topo (m) | boomtop (de) | ['bõm·tɔp] |
| | | |
| ramo (m) | tak (de) | [tak] |
| galho (m) | ent (de) | [ɛnt] |
| botão, rebento (m) | knop (de) | [knɔp] |
| agulha (f) | naald (de) | [nālt] |
| pinha (f) | dennenappel (de) | ['dɛnən·'apəl] |
| | | |
| buraco (m) de árvore | boom holte (de) | [bõm 'hɔltə] |
| ninho (m) | nest (het) | [nɛst] |
| toca (f) | hol (het) | [hɔl] |
| | | |
| tronco (m) | stam (de) | [stam] |
| raiz (f) | wortel (de) | ['wortəl] |
| casca (f) de árvore | schors (de) | [sxɔrs] |
| musgo (m) | mos (het) | [mɔs] |
| | | |
| arrancar pela raiz | ontwortelen | [ɔnt'wortələn] |
| cortar (vt) | kappen | ['kapən] |
| desflorestar (vt) | ontbossen | [ɔn'bosən] |
| toco, cepo (m) | stronk (de) | [strɔnk] |
| | | |
| fogueira (f) | kampvuur (het) | ['kampvūr] |
| incêndio (m) florestal | bosbrand (de) | ['bɔs·brant] |
| apagar (vt) | blussen | ['blʉsən] |

| guarda-florestal (m) | boswachter (de) | [bɔs·'waxtər] |
|---|---|---|
| proteção (f) | bescherming (de) | [bə'sxɛrmiŋ] |
| proteger (a natureza) | beschermen | [bə'sxɛrmən] |
| caçador (m) furtivo | stroper (de) | ['strɔpər] |
| armadilha (f) | val (de) | [val] |

| colher (cogumelos, bagas) | plukken | ['plʉkən] |
|---|---|---|
| perder-se (vr) | verdwalen | [vərd'walən] |
| | (de weg kwijt zijn) | |

## 171. Recursos naturais

| recursos (m pl) naturais | natuurlijke rijkdommen | [na'tūrləkə 'rɛjkdɔmən] |
|---|---|---|
| minerais (m pl) | delfstoffen | ['dɛlfstɔfən] |
| depósitos (m pl) | lagen | ['laxən] |
| jazida (f) | veld (het) | [vɛlt] |

| extrair (vt) | winnen | ['winən] |
|---|---|---|
| extração (f) | winning (de) | ['winiŋ] |
| minério (m) | erts (het) | [ɛrts] |
| mina (f) | mijn (de) | [mɛjn] |
| poço (m) de mina | mijnschacht (de) | ['mɛjn·sxaxt] |
| mineiro (m) | mijnwerker (de) | ['mɛjn·wɛrkər] |

| gás (m) | gas (het) | [xas] |
|---|---|---|
| gasoduto (m) | gasleiding (de) | [xas·'lɛjdiŋ] |

| petróleo (m) | olie (de) | ['ɔli] |
|---|---|---|
| oleoduto (m) | olieleiding (de) | ['ɔli·'lɛjdiŋ] |
| poço (m) de petróleo | oliebron (de) | ['ɔli·brɔn] |
| torre (f) petrolífera | boortoren (de) | [bōr·'tɔrən] |
| petroleiro (m) | tanker (de) | ['tankər] |
| areia (f) | zand (het) | [zant] |
| calcário (m) | kalksteen (de) | ['kalkstēn] |
| cascalho (m) | grind (het) | [xrint] |
| turfa (f) | veen (het) | [vēn] |
| argila (f) | klei (de) | [klɛj] |
| carvão (m) | steenkool (de) | ['stēn·kōl] |

| ferro (m) | ijzer (het) | ['ɛjzər] |
|---|---|---|
| ouro (m) | goud (het) | ['xaut] |
| prata (f) | zilver (het) | ['zilvər] |
| níquel (m) | nikkel (het) | ['nikəl] |
| cobre (m) | koper (het) | ['kɔpər] |

| zinco (m) | zink (het) | [zink] |
|---|---|---|
| manganês (m) | mangaan (het) | [man'xān] |
| mercúrio (m) | kwik (het) | ['kwik] |
| chumbo (m) | lood (het) | [lōt] |

| mineral (m) | mineraal (het) | [minə'rāl] |
|---|---|---|
| cristal (m) | kristal (het) | [kris'tal] |
| mármore (m) | marmer (het) | ['marmər] |
| urânio (m) | uraan (het) | [ju'rān] |

# A Terra. Parte 2

## 172. Tempo

| | | |
|---|---|---|
| tempo (m) | weer (het) | [wẽr] |
| previsão (f) do tempo | weersvoorspelling (de) | ['wẽrs·võr'spɛliŋ] |
| temperatura (f) | temperatuur (de) | [tɛmpəra'tũr] |
| termómetro (m) | thermometer (de) | ['tɛrmɔmetər] |
| barómetro (m) | barometer (de) | ['barɔ'metər] |
| | | |
| húmido | vochtig | ['vɔhtəx] |
| humidade (f) | vochtigheid (de) | ['vɔhtixhɛjt] |
| calor (m) | hitte (de) | ['hitə] |
| cálido | heet | [hēt] |
| está muito calor | het is heet | [ət is hēt] |
| | | |
| está calor | het is warm | [ət is warm] |
| quente | warm | [warm] |
| | | |
| está frio | het is koud | [ət is 'kaut] |
| frio | koud | ['kaut] |
| | | |
| sol (m) | zon (de) | [zɔn] |
| brilhar (vi) | schijnen | ['sxɛjnən] |
| de sol, ensolarado | zonnig | ['zɔnɛx] |
| nascer (vi) | opgaan | ['ɔpxān] |
| pôr-se (vr) | ondergaan | ['ɔndərxān] |
| | | |
| nuvem (f) | wolk (de) | [wɔlk] |
| nublado | bewolkt | [bə'wɔlkt] |
| nuvem (f) preta | regenwolk (de) | ['rexən·wɔlk] |
| escuro, cinzento | somber | ['sɔmbər] |
| | | |
| chuva (f) | regen (de) | ['rexən] |
| está a chover | het regent | [ət 'rexənt] |
| | | |
| chuvoso | regenachtig | ['rexənaxtəx] |
| chuviscar (vi) | motregenen | ['mɔtrexənən] |
| | | |
| chuva (f) torrencial | plensbui (de) | ['plɛnsbœɤ] |
| chuvada (f) | stortbui (de) | ['stɔrt·bœɤ] |
| forte (chuva) | hard | [hart] |
| | | |
| poça (f) | plas (de) | [plas] |
| molhar-se (vr) | nat worden | [nat 'wɔrdən] |
| | | |
| nevoeiro (m) | mist (de) | [mist] |
| de nevoeiro | mistig | ['mistəx] |
| neve (f) | sneeuw (de) | [snēw] |
| está a nevar | het sneeuwt | [ət 'snēwt] |

## 173. Tempo extremo. Catástrofes naturais

| | | |
|---|---|---|
| trovoada (f) | noodweer (het) | ['nɔtwer] |
| relâmpago (m) | bliksem (de) | ['bliksəm] |
| relampejar (vi) | flitsen | ['flitsən] |
| | | |
| trovão (m) | donder (de) | ['dɔndər] |
| trovejar (vi) | donderen | ['dɔndərən] |
| está a trovejar | het dondert | [ət 'dɔndərt] |
| | | |
| granizo (m) | hagel (de) | ['haxəl] |
| está a cair granizo | het hagelt | [ət 'haxəlt] |
| | | |
| inundar (vt) | overstromen | [ɔvər'strɔmən] |
| inundação (f) | overstroming (de) | [ɔvər'strɔmiŋ] |
| | | |
| terremoto (m) | aardbeving (de) | ['ārd·beviŋ] |
| abalo, tremor (m) | aardschok (de) | ['ārd·sxɔk] |
| epicentro (m) | epicentrum (het) | [ɛpi'sɛntrʉm] |
| | | |
| erupção (f) | uitbarsting (de) | ['œʏtbarstiŋ] |
| lava (f) | lava (de) | ['lava] |
| | | |
| turbilhão (m) | wervelwind (de) | ['wɛrvəl·vint] |
| tornado (m) | windhoos (de) | ['windhōs] |
| tufão (m) | tyfoon (de) | [taj'fōn] |
| | | |
| furacão (m) | orkaan (de) | [ɔr'kān] |
| tempestade (f) | storm (de) | [stɔrm] |
| tsunami (m) | tsunami (de) | [tsʉ'nami] |
| | | |
| ciclone (m) | cycloon (de) | [si'klōn] |
| mau tempo (m) | onweer (het) | ['ɔnwēr] |
| incêndio (m) | brand (de) | [brant] |
| catástrofe (f) | ramp (de) | [ramp] |
| meteorito (m) | meteoriet (de) | [meteɔ'rit] |
| | | |
| avalanche (f) | lawine (de) | [la'winə] |
| deslizamento (m) de neve | sneeuwverschuiving (de) | ['snēw·'fɛrsxœʏviŋ] |
| nevasca (f) | sneeuwjacht (de) | ['snēw·jaxt] |
| tempestade (f) de neve | sneeuwstorm (de) | ['snēw·stɔrm] |

# Fauna

## 174. Mamíferos. Predadores

| | | |
|---|---|---|
| predador (m) | roofdier (het) | ['rõf·dīr] |
| tigre (m) | tijger (de) | ['tɛjxər] |
| leão (m) | leeuw (de) | [lēw] |
| lobo (m) | wolf (de) | [wɔlf] |
| raposa (f) | vos (de) | [vɔs] |
| | | |
| jaguar (m) | jaguar (de) | ['jaguar] |
| leopardo (m) | luipaard (de) | ['lœypārt] |
| chita (f) | jachtluipaard (de) | ['jaxt·lœypārt] |
| | | |
| pantera (f) | panter (de) | ['pantər] |
| puma (m) | poema (de) | ['puma] |
| leopardo-das-neves (m) | sneeuwluipaard (de) | ['snēw·lœypārt] |
| lince (m) | lynx (de) | [links] |
| | | |
| coiote (m) | coyote (de) | [kɔ'jot] |
| chacal (m) | jakhals (de) | ['jakhals] |
| hiena (f) | hyena (de) | [hi'ena] |

## 175. Animais selvagens

| | | |
|---|---|---|
| animal (m) | dier (het) | [dīr] |
| besta (f) | beest (het) | [bēst] |
| | | |
| esquilo (m) | eekhoorn (de) | ['ēkhōrn] |
| ouriço (m) | egel (de) | ['exəl] |
| lebre (f) | haas (de) | [hās] |
| coelho (m) | konijn (het) | [kɔ'nɛjn] |
| | | |
| texugo (m) | das (de) | [das] |
| guaxinim (m) | wasbeer (de) | ['wasbēr] |
| hamster (m) | hamster (de) | ['hamstər] |
| marmota (f) | marmot (de) | [mar'mɔt] |
| | | |
| toupeira (f) | mol (de) | [mɔl] |
| rato (m) | muis (de) | [mœys] |
| ratazana (f) | rat (de) | [rat] |
| morcego (m) | vleermuis (de) | ['vlēr·mœys] |
| | | |
| arminho (m) | hermelijn (de) | [hɛrmə'lɛjn] |
| zibelina (f) | sabeldier (het) | ['sabəl·dīr] |
| marta (f) | marter (de) | ['martər] |
| doninha (f) | wezel (de) | ['wezəl] |
| vison (m) | nerts (de) | [nɛrts] |

| | | |
|---|---|---|
| castor (m) | bever (de) | ['bɛvər] |
| lontra (f) | otter (de) | ['ɔtər] |
| cavalo (m) | paard (het) | [pãrt] |
| alce (m) | eland (de) | ['ɛlant] |
| veado (m) | hert (het) | [hɛrt] |
| camelo (m) | kameel (de) | [ka'mēl] |
| bisão (m) | bizon (de) | [bi'zɔn] |
| auroque (m) | wisent (de) | ['wĩzɛnt] |
| búfalo (m) | buffel (de) | ['bʉfəl] |
| zebra (f) | zebra (de) | ['zɛbra] |
| antílope (m) | antilope (de) | [anti'lɔpə] |
| corça (f) | ree (de) | [rē] |
| gamo (m) | damhert (het) | ['damhɛrt] |
| camurça (f) | gems (de) | [xɛms] |
| javali (m) | everzwijn (het) | ['ɛvər·zwɛjn] |
| baleia (f) | walvis (de) | ['walvis] |
| foca (f) | rob (de) | [rɔb] |
| morsa (f) | walrus (de) | ['walrʉs] |
| urso-marinho (m) | zeebeer (de) | ['zē·bēr] |
| golfinho (m) | dolfijn (de) | [dɔl'fɛjn] |
| urso (m) | beer (de) | [bēr] |
| urso (m) branco | ijsbeer (de) | ['ɛjs·bēr] |
| panda (m) | panda (de) | ['panda] |
| macaco (em geral) | aap (de) | [ãp] |
| chimpanzé (m) | chimpansee (de) | [ʃimpan'sē] |
| orangotango (m) | orang-oetan (de) | [ɔ'raŋ-utaŋ] |
| gorila (m) | gorilla (de) | [xɔ'rila] |
| macaco (m) | makaak (de) | [ma'kãk] |
| gibão (m) | gibbon (de) | ['xibɔn] |
| elefante (m) | olifant (de) | ['ɔlifant] |
| rinoceronte (m) | neushoorn (de) | ['nøshõrn] |
| girafa (f) | giraffe (de) | [xi'rafə] |
| hipopótamo (m) | nijlpaard (het) | ['nɛjl·pãrt] |
| canguru (m) | kangoeroe (de) | ['kanxəru] |
| coala (m) | koala (de) | [kɔ'ala] |
| mangusto (m) | mangoest (de) | [man'xust] |
| chinchila (f) | chinchilla (de) | [ʃin'ʃila] |
| doninha-fedorenta (f) | stinkdier (het) | ['stink·dĩr] |
| porco-espinho (m) | stekelvarken (het) | ['stekəl·'varkən] |

## 176. Animais domésticos

| | | |
|---|---|---|
| gata (f) | poes (de) | [pus] |
| gato (m) macho | kater (de) | ['katər] |
| cão (m) | hond (de) | [hɔnt] |

| | | |
|---|---|---|
| cavalo (m) | paard (het) | [pãrt] |
| garanhão (m) | hengst (de) | [hɛŋst] |
| égua (f) | merrie (de) | ['mɛri] |
| | | |
| vaca (f) | koe (de) | [ku] |
| touro (m) | bul, stier (de) | [bʉl], [stir] |
| boi (m) | os (de) | [ɔs] |
| | | |
| ovelha (f) | schaap (het) | [sxãp] |
| carneiro (m) | ram (de) | [ram] |
| cabra (f) | geit (de) | [xɛjt] |
| bode (m) | bok (de) | [bɔk] |
| | | |
| burro (m) | ezel (de) | ['ezəl] |
| mula (f) | muilezel (de) | [mœɣlezəl] |
| | | |
| porco (m) | varken (het) | ['varkən] |
| leitão (m) | biggetje (het) | ['bixətʃə] |
| coelho (m) | konijn (het) | [kɔ'nɛjn] |
| | | |
| galinha (f) | kip (de) | [kip] |
| galo (m) | haan (de) | [ħãn] |
| | | |
| pata (f) | eend (de) | [ẽnt] |
| pato (macho) | woerd (de) | [wurt] |
| ganso (m) | gans (de) | [xans] |
| | | |
| peru (m) | kalkoen haan (de) | [kal'kun hãn] |
| perua (f) | kalkoen (de) | [kal'kun] |
| | | |
| animais (m pl) domésticos | huisdieren | ['hœɣs·'dĩrən] |
| domesticado | tam | [tam] |
| domesticar (vt) | temmen, tam maken | ['tɛmən], [tam 'makən] |
| criar (vt) | fokken | ['fɔkən] |
| | | |
| quinta (f) | boerderij (de) | [burdə'rɛj] |
| aves (f pl) domésticas | gevogelte (het) | [xə'vɔxəltə] |
| gado (m) | rundvee (het) | ['rʉntvẽ] |
| rebanho (m), manada (f) | kudde (de) | ['kʉdə] |
| | | |
| estábulo (m) | paardenstal (de) | ['pãrdən·stal] |
| pocilga (f) | zwijnenstal (de) | ['zwɛjnən·stal] |
| estábulo (m) | koeienstal (de) | ['kujen·stal] |
| coelheira (f) | konijnenhok (het) | [kɔ'nɛjnən·hɔk] |
| galinheiro (m) | kippenhok (het) | ['kipən·hɔk] |

## 177. Cães. Raças de cães

| | | |
|---|---|---|
| cão (m) | hond (de) | [hɔnt] |
| cão pastor (m) | herdershond (de) | ['hɛrdərs·hɔnt] |
| pastor-alemão (m) | Duitse herdershond (de) | ['dœɣtsə 'herdərs·hɔnt] |
| caniche (m) | poedel (de) | ['pudəl] |
| teckel (m) | teckel (de) | ['tekəl] |
| buldogue (m) | buldog (de) | ['bʉldɔx] |

| boxer (m) | boxer (de) | ['bɔksər] |
| mastim (m) | mastiff (de) | [mas'tif] |
| rottweiler (m) | rottweiler (de) | [rɔt'wɛjlər] |
| dobermann (m) | doberman (de) | ['dɔberman] |

| basset (m) | basset (de) | ['basɛt] |
| pastor inglês (m) | bobtail (de) | ['bɔbtəjl] |
| dálmata (m) | dalmatiër (de) | [dal'matʃər] |
| cocker spaniel (m) | cockerspaniël (de) | ['kɔkər·spani'el] |

| terra-nova (m) | Newfoundlander (de) | [nʉ'faundləndər] |
| são-bernardo (m) | sint-bernard (de) | [sint-'bɛrnart] |

| husky (m) | husky (de) | ['haski] |
| Chow-chow (m) | chowchow (de) | ['tʃau·tʃau] |
| spitz alemão (m) | spits (de) | [spits] |
| carlindogue (m) | mopshond (de) | ['mɔps·hɔnt] |

## 178. Sons produzidos pelos animais

| latido (m) | geblaf (het) | [xə'blaf] |
| latir (vi) | blaffen | ['blafən] |
| miar (vi) | miauwen | [mi'auən] |
| ronronar (vi) | spinnen | ['spinən] |

| mugir (vaca) | loeien | ['lʉjən] |
| bramir (touro) | brullen | ['brʉlən] |
| rosnar (vi) | grommen | ['xrɔmən] |

| uivo (m) | gehuil (het) | [xe'hœyl] |
| uivar (vi) | huilen | ['hœylən] |
| ganir (vi) | janken | ['jankən] |

| balir (vi) | mekkeren | ['mekərən] |
| grunhir (porco) | knorren | ['knɔrən] |
| guinchar (vi) | gillen | ['xilən] |

| coaxar (sapo) | kwaken | ['kwakən] |
| zumbir (inseto) | zoemen | ['zumən] |
| estridular, ziziar (vi) | tjirpen | ['tʃirpən] |

## 179. Pássaros

| pássaro (m), ave (f) | vogel (de) | ['vɔxəl] |
| pombo (m) | duif (de) | ['dœyf] |
| pardal (m) | mus (de) | [mʉs] |
| chapim-real (m) | koolmees (de) | ['kõlmēs] |
| pega-rabuda (f) | ekster (de) | ['ɛkstər] |

| corvo (m) | raaf (de) | [rãf] |
| gralha (f) cinzenta | kraai (de) | [krãj] |
| gralha-de-nuca-cinzenta (f) | kauw (de) | ['kau] |

| gralha-calva (f) | roek (de) | [ruk] |
| pato (m) | eend (de) | [ēnt] |
| ganso (m) | gans (de) | [xans] |
| faisão (m) | fazant (de) | [fa'zant] |

| águia (f) | arend (de) | ['arənt] |
| açor (m) | havik (de) | ['havik] |
| falcão (m) | valk (de) | [valk] |

| abutre (m) | gier (de) | [xir] |
| condor (m) | condor (de) | ['kɔndɔr] |

| cisne (m) | zwaan (de) | [zwān] |
| grou (m) | kraanvogel (de) | ['krān·vɔxəl] |
| cegonha (f) | ooievaar (de) | ['ōjevār] |

| papagaio (m) | papegaai (de) | [papə'xāj] |
| beija-flor (m) | kolibrie (de) | [kɔ'libri] |
| pavão (m) | pauw (de) | ['pau] |

| avestruz (m) | struisvogel (de) | ['strœys·vɔxəl] |
| garça (f) | reiger (de) | ['rɛjxər] |

| flamingo (m) | flamingo (de) | [fla'mingɔ] |
| pelicano (m) | pelikaan (de) | [peli'kān] |

| rouxinol (m) | nachtegaal (de) | ['nahtəxāl] |
| andorinha (f) | zwaluw (de) | ['zwaluv] |

| tordo-zornal (m) | lijster (de) | ['lɛjstər] |
| tordo-músico (m) | zanglijster (de) | [zaŋ·'lɛjstər] |
| melro-preto (m) | merel (de) | ['merəl] |

| andorinhão (m) | gierzwaluw (de) | [xirz'waluw] |
| cotovia (f) | leeuwerik (de) | ['lēwərik] |
| codorna (f) | kwartel (de) | ['kwartəl] |

| pica-pau (m) | specht (de) | [spɛxt] |
| cuco (m) | koekoek (de) | ['kukuk] |
| coruja (f) | uil (de) | ['œyl] |
| corujão, bufo (m) | oehoe (de) | ['uhu] |
| tetraz-grande (m) | auerhoen (het) | ['auər·hun] |

| tetraz-lira (m) | korhoen (het) | ['kɔrhun] |
| perdiz-cinzenta (f) | patrijs (de) | [pa'trɛjs] |

| estorninho (m) | spreeuw (de) | [sprēw] |
| canário (m) | kanarie (de) | [ka'nari] |
| galinha-do-mato (f) | hazelhoen (het) | ['hazəlhun] |

| tentilhão (m) | vink (de) | [vink] |
| dom-fafe (m) | goudvink (de) | ['xaudvink] |

| gaivota (f) | meeuw (de) | [mēw] |
| albatroz (m) | albatros (de) | [albatrɔs] |
| pinguim (m) | pinguïn (de) | ['piŋgwin] |

## 180. Pássaros. Canto e sons

| cantar (vi) | fluiten, zingen | ['flœvtən], ['ziŋən] |
| gritar (vi) | schreeuwen | ['sxrēwən] |
| cantar (o galo) | kraaien | ['krājən] |
| cocorocó (m) | kukeleku | [kʉkelə'kʉ] |

| cacarejar (vi) | klokken | ['klɔkən] |
| crocitar (vi) | krassen | ['krasən] |
| grasnar (vi) | kwaken | ['kwakən] |
| piar (vi) | piepen | ['pipən] |
| chilrear, gorjear (vi) | tjilpen | ['tʃilpən] |

## 181. Peixes. Animais marinhos

| brema (f) | brasem (de) | ['brasəm] |
| carpa (f) | karper (de) | ['karpər] |
| perca (f) | baars (de) | [bārs] |
| siluro (m) | meerval (de) | ['mērval] |
| lúcio (m) | snoek (de) | [snuk] |

| salmão (m) | zalm (de) | [zalm] |
| esturjão (m) | steur (de) | ['stør] |

| arenque (m) | haring (de) | ['hariŋ] |
| salmão (m) | atlantische zalm (de) | [at'lantisə zalm] |
| cavala, sarda (f) | makreel (de) | [ma'krēl] |
| solha (f) | platvis (de) | ['platvis] |

| lúcio perca (m) | snoekbaars (de) | ['snukbārs] |
| bacalhau (m) | kabeljauw (de) | [kabə'ljau] |
| atum (m) | tonijn (de) | [tɔ'nɛjn] |
| truta (f) | forel (de) | [fɔ'rɛl] |

| enguia (f) | paling (de) | [pa'liŋ] |
| raia elétrica (f) | sidderrog (de) | ['sidər·rɔx] |
| moreia (f) | murene (de) | [mʉ'rɛnə] |
| piranha (f) | piranha (de) | [pi'ranja] |

| tubarão (m) | haai (de) | [hāj] |
| golfinho (m) | dolfijn (de) | [dɔl'fɛjn] |
| baleia (f) | walvis (de) | ['walvis] |

| caranguejo (m) | krab (de) | [krab] |
| medusa, alforreca (f) | kwal (de) | ['kwal] |
| polvo (m) | octopus (de) | ['ɔktɔpʉs] |

| estrela-do-mar (f) | zeester (de) | ['zē·stər] |
| ouriço-do-mar (m) | zee-egel (de) | [zē-'exəl] |
| cavalo-marinho (m) | zeepaardje (het) | ['zē·pārtjə] |

| ostra (f) | oester (de) | ['ustər] |
| camarão (m) | garnaal (de) | [xar'nāl] |

| lavagante (m) | kreeft (de) | [krēft] |
| lagosta (f) | langoest (de) | [lan'xust] |

## 182. Amfíbios. Répteis

| serpente, cobra (f) | slang (de) | [slaŋ] |
| venenoso | giftig | ['xiftəx] |

| víbora (f) | adder (de) | ['adər] |
| cobra-capelo, naja (f) | cobra (de) | ['kɔbra] |
| pitão (m) | python (de) | ['pitɔn] |
| jiboia (f) | boa (de) | ['bɔa] |

| cobra-de-água (f) | ringslang (de) | ['riŋ·slaŋ] |
| cascavel (f) | ratelslang (de) | ['ratəl·slaŋ] |
| anaconda (f) | anaconda (de) | [ana'kɔnda] |

| lagarto (m) | hagedis (de) | ['haxədis] |
| iguana (f) | leguaan (de) | [lexʉ'ān] |
| varano (m) | varaan (de) | [va'rān] |
| salamandra (f) | salamander (de) | [sala'mandər] |
| camaleão (m) | kameleon (de) | [kamele'ɔn] |
| escorpião (m) | schorpioen (de) | [sxɔrpi'un] |

| tartaruga (f) | schildpad (de) | ['sxildpat] |
| rã (f) | kikker (de) | ['kikər] |
| sapo (m) | pad (de) | [pat] |
| crocodilo (m) | krokodil (de) | [krɔkɔ'dil] |

## 183. Insetos

| inseto (m) | insect (het) | [in'sɛkt] |
| borboleta (f) | vlinder (de) | ['vlindər] |
| formiga (f) | mier (de) | [mir] |
| mosca (f) | vlieg (de) | [vlix] |
| mosquito (m) | mug (de) | [mʉx] |
| escaravelho (m) | kever (de) | ['kevər] |

| vespa (f) | wesp (de) | [wɛsp] |
| abelha (f) | bij (de) | [bɛj] |
| mamangava (f) | hommel (de) | ['hɔməl] |
| moscardo (m) | horzel (de) | ['hɔrsəl] |

| aranha (f) | spin (de) | [spin] |
| teia (f) de aranha | spinnenweb (het) | ['spinən·wɛb] |

| libélula (f) | libel (de) | [li'bɛl] |
| gafanhoto-do-campo (m) | sprinkhaan (de) | ['sprinkhān] |
| traça (f) | nachtvlinder (de) | ['naxt·vlindər] |

| barata (f) | kakkerlak (de) | ['kakərlak] |
| carraça (f) | teek (de) | [tēk] |

| pulga (f) | vlo (de) | [vlɔ] |
| borrachudo (m) | kriebelmug (de) | ['kribəl·mʉx] |

| gafanhoto (m) | treksprinkhaan (de) | ['trɛk·sprink'hān] |
| caracol (m) | slak (de) | [slak] |
| grilo (m) | krekel (de) | ['krekəl] |
| pirilampo (m) | glimworm (de) | ['xlim·wɔrm] |
| joaninha (f) | lieveheersbeestje (het) | [livə'hērs·'bestʃə] |
| besouro (m) | meikever (de) | ['mɛjkəvər] |

| sanguessuga (f) | bloedzuiger (de) | ['blud·zœʏxər] |
| lagarta (f) | rups (de) | [rʉps] |
| minhoca (f) | aardworm (de) | ['ārd·wɔrm] |
| larva (f) | larve (de) | ['larvə] |

## 184. Animais. Partes do corpo

| bico (m) | snavel (de) | ['snavəl] |
| asas (f pl) | vleugels | ['vløxəls] |
| pata (f) | poot (de) | [pōt] |
| plumagem (f) | verenkleed (het) | [vərən·'klēt] |
| pena, pluma (f) | veer (de) | [vēr] |
| crista (f) | kuifje (het) | ['kœʏfjə] |

| brânquias, guelras (f pl) | kieuwen | ['kiuən] |
| ovas (f pl) | kuit, dril (de) | ['kœʏt], [dril] |
| larva (f) | larve (de) | ['larvə] |
| barbatana (f) | vin (de) | [vin] |
| escama (f) | schubben | ['sxʉbən] |

| canino (m) | slagtand (de) | ['slax·tant] |
| pata (f) | poot (de) | [pōt] |
| focinho (m) | muil (de) | [mœʏl] |
| boca (f) | bek (de) | [bɛk] |
| cauda (f), rabo (m) | staart (de) | [stārt] |
| bigodes (m pl) | snorharen | ['snɔrharən] |

| casco (m) | hoef (de) | [huf] |
| corno (m) | hoorn (de) | [hōrn] |

| carapaça (f) | schild (het) | [sxilt] |
| concha (f) | schelp (de) | [sxɛlp] |
| casca (f) de ovo | eierschaal (de) | ['ɛjer·sxāl] |

| pelo (m) | vacht (de) | [vaxt] |
| pele (f), couro (m) | huid (de) | ['hœʏt] |

## 185. Animais. Habitats

| hábitat | leefgebied (het) | ['lēfxəbit] |
| migração (f) | migratie (de) | [mi'xratsi] |
| montanha (f) | berg (de) | [bɛrx] |

| | | |
|---|---|---|
| recife (m) | rif (het) | [rif] |
| falésia (f) | klip (de) | [klip] |
| | | |
| floresta (f) | bos (het) | [bɔs] |
| selva (f) | jungle (de) | [dʒəngl] |
| savana (f) | savanne (de) | [sa'vanə] |
| tundra (f) | toendra (de) | ['tundra] |
| | | |
| estepe (f) | steppe (de) | ['stɛpə] |
| deserto (m) | woestijn (de) | [wus'tɛjn] |
| oásis (m) | oase (de) | [ɔ'azə] |
| | | |
| mar (m) | zee (de) | [zē] |
| lago (m) | meer (het) | [mēr] |
| oceano (m) | oceaan (de) | [ɔse'ān] |
| | | |
| pântano (m) | moeras (het) | [mu'ras] |
| de água doce | zoetwater- | [zut·'watər] |
| lagoa (f) | vijver (de) | ['vɛjvər] |
| rio (m) | rivier (de) | [ri'vir] |
| | | |
| toca (f) do urso | berenhol (het) | ['berənhɔl] |
| ninho (m) | nest (het) | [nɛst] |
| buraco (m) de árvore | boom holte (de) | [bōm 'hɔltə] |
| toca (f) | hol (het) | [hɔl] |
| formigueiro (m) | mierenhoop (de) | ['mirən·hōp] |

# Flora

## 186. Árvores

| | | |
|---|---|---|
| árvore (f) | boom (de) | [bõm] |
| decídua | loof- | [lõf] |
| conífera | dennen- | ['dɛnən] |
| perene | groenblijvend | [xrun 'blɛjvənt] |

| | | |
|---|---|---|
| macieira (f) | appelboom (de) | ['apəl·bõm] |
| pereira (f) | perenboom (de) | ['perən·bõm] |
| cerejeira (f) | zoete kers (de) | ['zutə kɛrs] |
| ginjeira (f) | zure kers (de) | ['zʉrə kɛrs] |
| ameixeira (f) | pruimelaar (de) | [prœʏmə·lãr] |

| | | |
|---|---|---|
| bétula (f) | berk (de) | [bɛrk] |
| carvalho (m) | eik (de) | [ɛjk] |
| tília (f) | linde (de) | ['lində] |
| choupo-tremedor (m) | esp (de) | [ɛsp] |
| bordo (m) | esdoorn (de) | ['ɛsdõrn] |
| espruce-europeu (m) | spar (de) | [spar] |
| pinheiro (m) | den (de) | [dɛn] |
| alerce, lariço (m) | lariks (de) | ['lariks] |
| abeto (m) | zilverspar (de) | ['zilvər·spar] |
| cedro (m) | ceder (de) | ['sedər] |

| | | |
|---|---|---|
| choupo, álamo (m) | populier (de) | [pɔpʉ'lir] |
| tramazeira (f) | lijsterbes (de) | ['lɛjstərbɛs] |
| salgueiro (m) | wilg (de) | [wilx] |
| amieiro (m) | els (de) | [ɛls] |
| faia (f) | beuk (de) | ['bøk] |
| ulmeiro (m) | iep (de) | [jep] |
| freixo (m) | es (de) | [ɛs] |
| castanheiro (m) | kastanje (de) | [kas'tanjə] |

| | | |
|---|---|---|
| magnólia (f) | magnolia (de) | [mah'nɔlija] |
| palmeira (f) | palm (de) | [palm] |
| cipreste (m) | cipres (de) | [sip'rɛs] |

| | | |
|---|---|---|
| mangue (m) | mangrove (de) | [man'xrɔvə] |
| embondeiro, baobá (m) | baobab (de) | ['baɔbap] |
| eucalipto (m) | eucalyptus (de) | [øka'liptʉs] |
| sequoia (f) | mammoetboom (de) | [ma'mut·bõm] |

## 187. Arbustos

| | | |
|---|---|---|
| arbusto (m) | struik (de) | ['strœʏk] |
| arbusto (m), moita (f) | heester (de) | ['hēstər] |

| videira (f) | wijnstok (de) | ['wɛjn·stɔk] |
| vinhedo (m) | wijngaard (de) | ['wɛjnxārt] |

| framboeseira (f) | frambozenstruik (de) | [fram'bɔsən·'strœyk] |
| groselheira-preta (f) | zwarte bes (de) | ['zwartə bɛs] |
| groselheira-vermelha (f) | rode bessenstruik (de) | ['rɔdə 'bɛsən·strœyk] |
| groselheira (f) espinhosa | kruisbessenstruik (de) | ['krœys·'bɛsənstrœyk] |

| acácia (f) | acacia (de) | [a'kaçia] |
| bérberis (f) | zuurbes (de) | ['zūr·bɛs] |
| jasmim (m) | jasmijn (de) | [jas'mɛjn] |

| junípero (m) | jeneverbes (de) | [je'nɛvərbɛs] |
| roseira (f) | rozenstruik (de) | ['rɔzən·strœyk] |
| roseira (f) brava | hondsroos (de) | ['hund·rōs] |

## 188. Cogumelos

| cogumelo (m) | paddenstoel (de) | ['padənstul] |
| cogumelo (m) comestível | eetbare paddenstoel (de) | ['ētbarə 'padənstul] |
| cogumelo (m) venenoso | giftige paddenstoel (de) | ['xiftixə 'padənstul] |
| chapéu (m) | hoed (de) | [hut] |
| pé, caule (m) | steel (de) | [stēl] |

| boleto (m) | eekhoorntjesbrood (het) | [ē'hɔntʃes·brōt] |
| boleto (m) alaranjado | rosse populierboleet (de) | ['rɔsə popu'lir·bɔlēt] |
| míscaro (m) das bétulas | berkenboleet (de) | ['bɛrkən·bɔlēt] |
| cantarela (f) | cantharel (de) | [kanta'rɛl] |
| rússula (f) | russula (de) | [ru'sula] |

| morchella (f) | morielje (de) | [mɔ'rilje] |
| agário-das-moscas (m) | vliegenzwam (de) | ['vlixən·zwam] |
| cicuta (f) verde | groene knolamaniet (de) | ['xrunə 'knɔl·ama'nit] |

## 189. Frutos. Bagas

| fruta (f) | vrucht (de) | [vruxt] |
| frutas (f pl) | vruchten | ['vruxtən] |
| maçã (f) | appel (de) | ['apəl] |
| pera (f) | peer (de) | [pēr] |
| ameixa (f) | pruim (de) | ['prœym] |

| morango (m) | aardbei (de) | ['ārd·bɛj] |
| ginja (f) | zure kers (de) | ['zurə kɛrs] |
| cereja (f) | zoete kers (de) | ['zutə kɛrs] |
| uva (f) | druif (de) | [drœyf] |

| framboesa (f) | framboos (de) | [fram'bōs] |
| groselha (f) preta | zwarte bes (de) | ['zwartə bɛs] |
| groselha (f) vermelha | rode bes (de) | ['rɔdə bɛs] |
| groselha (f) espinhosa | kruisbes (de) | ['krœysbɛs] |
| oxicoco (m) | veenbes (de) | ['vēnbɛs] |

| | | |
|---|---|---|
| laranja (f) | sinaasappel (de) | ['sināsapəl] |
| tangerina (f) | mandarijn (de) | [manda'rɛjn] |
| ananás (m) | ananas (de) | ['ananas] |
| banana (f) | banaan (de) | [ba'nān] |
| tâmara (f) | dadel (de) | ['dadəl] |
| | | |
| limão (m) | citroen (de) | [si'trun] |
| damasco (m) | abrikoos (de) | [abri'kōs] |
| pêssego (m) | perzik (de) | ['pɛrzik] |
| kiwi (m) | kiwi (de) | ['kiwi] |
| toranja (f) | grapefruit (de) | ['grepfrut] |
| | | |
| baga (f) | bes (de) | [bɛs] |
| bagas (f pl) | bessen | ['bɛsən] |
| arando (m) vermelho | vossenbes (de) | ['vosənbɛs] |
| morango-silvestre (m) | bosaardbei (de) | [bɔs·ārdbɛj] |
| mirtilo (m) | blauwe bosbes (de) | ['blauə 'bosbɛs] |

## 190. Flores. Plantas

| | | |
|---|---|---|
| flor (f) | bloem (de) | [blum] |
| ramo (m) de flores | boeket (het) | [bu'kɛt] |
| | | |
| rosa (f) | roos (de) | [rōs] |
| tulipa (f) | tulp (de) | [tʉlp] |
| cravo (m) | anjer (de) | ['anjer] |
| gladíolo (m) | gladiool (de) | [xladi'ōl] |
| | | |
| centáurea (f) | korenbloem (de) | ['korənblum] |
| campânula (f) | klokje (het) | ['klɔkjə] |
| dente-de-leão (m) | paardenbloem (de) | ['pārdən·blum] |
| camomila (f) | kamille (de) | [ka'milə] |
| | | |
| aloé (m) | aloë (de) | [a'lɔe] |
| cato (m) | cactus (de) | ['kaktʉs] |
| fícus (m) | ficus (de) | ['fikʉs] |
| | | |
| lírio (m) | lelie (de) | ['leli] |
| gerânio (m) | geranium (de) | [xə'ranijum] |
| jacinto (m) | hyacint (de) | [hia'sint] |
| | | |
| mimosa (f) | mimosa (de) | [mi'mɔza] |
| narciso (m) | narcis (de) | [nar'sis] |
| capuchinha (f) | Oost-Indische kers (de) | [ōst·'indisə kɛrs] |
| | | |
| orquídea (f) | orchidee (de) | [ɔrxi'dē] |
| peónia (f) | pioenroos (de) | [pi'un·rōs] |
| violeta (f) | viooltje (het) | [vi'jōltʃə] |
| | | |
| amor-perfeito (m) | driekleurig viooltje (het) | [dri'klørəx vi'ōltʃə] |
| não-me-esqueças (m) | vergeet-mij-nietje (het) | [vər'xēt-mɛj-'nitʃə] |
| margarida (f) | madeliefje (het) | [madɛ'lifʲə] |
| papoula (f) | papaver (de) | [pa'pavər] |
| cânhamo (m) | hennep (de) | ['hɛnəp] |

| | | |
|---|---|---|
| hortelã (f) | munt (de) | [mʉnt] |
| lírio-do-vale (m) | lelietje-van-dalen (het) | ['lelietʃe-van-'dalən] |
| campânula-branca (f) | sneeuwklokje (het) | ['snēw·'klɔkjə] |
| | | |
| urtiga (f) | brandnetel (de) | ['brant·netəl] |
| azeda (f) | veldzuring (de) | [vɛlt·'tsʉriŋ] |
| nenúfar (m) | waterlelie (de) | ['watər·leli] |
| feto (m), samambaia (f) | varen (de) | ['varən] |
| líquen (m) | korstmos (het) | ['kɔrstmɔs] |
| | | |
| estufa (f) | oranjerie (de) | [ɔranʒɛ'ri] |
| relvado (m) | gazon (het) | [xa'zɔn] |
| canteiro (m) de flores | bloemperk (het) | ['blum·pɛrk] |
| | | |
| planta (f) | plant (de) | [plant] |
| erva (f) | gras (het) | [xras] |
| folha (f) de erva | grasspriet (de) | ['xras·sprit] |
| | | |
| folha (f) | blad (het) | [blat] |
| pétala (f) | bloemblad (het) | ['blum·blat] |
| talo (m) | stengel (de) | ['stɛŋəl] |
| tubérculo (m) | knol (de) | [knɔl] |
| | | |
| broto, rebento (m) | scheut (de) | [sxøt] |
| espinho (m) | doorn (de) | [dõrn] |
| | | |
| florescer (vi) | bloeien | ['blujən] |
| murchar (vi) | verwelken | [vər'wɛlkən] |
| cheiro (m) | geur (de) | [xør] |
| cortar (flores) | snijden | ['snɛjdən] |
| colher (uma flor) | plukken | ['plʉkən] |

## 191. Cereais, grãos

| | | |
|---|---|---|
| grão (m) | graan (het) | [xrān] |
| cereais (plantas) | graangewassen | ['xrān·xɛ'wasən] |
| espiga (f) | aar (de) | [ār] |
| | | |
| trigo (m) | tarwe (de) | ['tarwə] |
| centeio (m) | rogge (de) | ['rɔxə] |
| aveia (f) | haver (de) | ['havər] |
| | | |
| milho-miúdo (m) | gierst (de) | [xirst] |
| cevada (f) | gerst (de) | [xɛrst] |
| | | |
| milho (m) | maïs (de) | [majs] |
| arroz (m) | rijst (de) | [rɛjst] |
| trigo-sarraceno (m) | boekweit (de) | ['bukwɛjt] |
| | | |
| ervilha (f) | erwt (de) | [ɛrt] |
| feijão (m) | nierboon (de) | ['nir·bõn] |
| soja (f) | soja (de) | ['sɔja] |
| lentilha (f) | linze (de) | ['linzə] |
| fava (f) | bonen | ['bɔnən] |

# GEOGRAFIA REGIONAL

## Países. Nacionalidades

### 192. Política. Governo. Parte 1

| | | |
|---|---|---|
| política (f) | **politiek (de)** | [pɔli'tik] |
| político | **politiek** | [pɔli'tik] |
| político (m) | **politicus (de)** | [pɔ'litikʉs] |
| estado (m) | **staat (de)** | [stāt] |
| cidadão (m) | **burger (de)** | ['bʉrxər] |
| cidadania (f) | **staatsburgerschap (het)** | ['bʉrxərsxap] |
| brasão (m) de armas | **nationaal wapen (het)** | [natsjo'nāl 'wapən] |
| hino (m) nacional | **volkslied (het)** | ['vɔlkslit] |
| governo (m) | **regering (de)** | [re'xɛriŋ] |
| Chefe (m) de Estado | **staatshoofd (het)** | ['stāts·hōft] |
| parlamento (m) | **parlement (het)** | [parlə'mɛnt] |
| partido (m) | **partij (de)** | [par'tɛj] |
| capitalismo (m) | **kapitalisme (het)** | [kapita'lismə] |
| capitalista | **kapitalistisch** | [kapita'listis] |
| socialismo (m) | **socialisme (het)** | [sɔʃia'lismə] |
| socialista | **socialistisch** | [sɔʃia'listis] |
| comunismo (m) | **communisme (het)** | [kɔmʉ'nismə] |
| comunista | **communistisch** | [kɔmʉ'nistis] |
| comunista (m) | **communist (de)** | [kɔmʉ'nist] |
| democracia (f) | **democratie (de)** | [demɔkra'tsi] |
| democrata (m) | **democraat (de)** | [demɔ'krāt] |
| democrático | **democratisch** | [demɔ'kratis] |
| Partido (m) Democrático | **democratische partij (de)** | [demɔ'kratisə par'tɛj] |
| liberal (m) | **liberaal (de)** | [libə'rāl] |
| liberal | **liberaal** | [libə'rāl] |
| conservador (m) | **conservator (de)** | [kɔnsər'vatɔr] |
| conservador | **conservatief** | [kɔnsərva'tif] |
| república (f) | **republiek (de)** | [repʉ'blik] |
| republicano (m) | **republikein (de)** | [repʉbli'kɛjn] |
| Partido (m) Republicano | **Republikeinse Partij (de)** | [repʉbli'kɛjnsə par'tɛj] |
| eleições (f pl) | **verkiezing (de)** | [vər'kiziŋ] |
| eleger (vt) | **kiezen** | ['kizən] |

| | | |
|---|---|---|
| eleitor (m) | kiezer (de) | ['kizər] |
| campanha (f) eleitoral | verkiezingscampagne (de) | [vər'kizɪŋs·kam'panjə] |
| | | |
| votação (f) | stemming (de) | ['stɛmɪŋ] |
| votar (vi) | stemmen | ['stɛmən] |
| direito (m) de voto | stemrecht (het) | ['stɛm·rɛxt] |
| | | |
| candidato (m) | kandidaat (de) | [kandi'dāt] |
| candidatar-se (vi) | zich kandideren | [zix kandi'derən] |
| campanha (f) | campagne (de) | [kam'panjə] |
| | | |
| da oposição | oppositie- | [ɔpɔ'zitsi] |
| oposição (f) | oppositie (de) | [ɔpɔ'zitsi] |
| | | |
| visita (f) | bezoek (het) | [bə'zuk] |
| visita (f) oficial | officieel bezoek (het) | [ɔfi'ʃēl bə'zuk] |
| internacional | internationaal | [intərnatsjɔ'nāl] |
| | | |
| negociações (f pl) | onderhandelingen | ['ɔndər'handelɪŋən] |
| negociar (vi) | onderhandelen | ['ɔndər'handələn] |

## 193. Política. Governo. Parte 2

| | | |
|---|---|---|
| sociedade (f) | maatschappij (de) | [mātsxa'pɛj] |
| constituição (f) | grondwet (de) | ['xrɔnt·wɛt] |
| poder (ir para o ~) | macht (de) | [maxt] |
| corrupção (f) | corruptie (de) | [kɔ'rʉpsi] |
| | | |
| lei (f) | wet (de) | [wɛt] |
| legal | wettelijk | ['wɛtələk] |
| | | |
| justiça (f) | rechtvaardigheid (de) | [rɛxt'vārdəxhɛjt] |
| justo | rechtvaardig | [rɛxt'vārdəx] |
| | | |
| comité (m) | comité (het) | [kɔmi'tɛ] |
| projeto-lei (m) | wetsvoorstel (het) | ['wɛtsvōrstɛl] |
| orçamento (m) | begroting (de) | [bə'xrɔtɪŋ] |
| política (f) | beleid (het) | [bə'lɛjt] |
| reforma (f) | hervorming (de) | [hɛr'vɔrmɪŋ] |
| radical | radicaal | [radi'kāl] |
| | | |
| força (f) | macht (de) | [maxt] |
| poderoso | machtig | ['mahtəx] |
| partidário (m) | aanhanger (de) | ['ānhaŋər] |
| influência (f) | invloed (de) | ['invlut] |
| | | |
| regime (m) | regime (het) | [re'ʒim] |
| conflito (m) | conflict (het) | [kɔn'flikt] |
| conspiração (f) | samenzwering (de) | ['samənzwerɪŋ] |
| provocação (f) | provocatie (de) | [prɔvɔ'katsi] |
| | | |
| derrubar (vt) | omverwerpen | ['ɔmvər'wɛrpən] |
| derrube (m), queda (f) | omverwerping (de) | ['ɔmvər'wɛrpɪŋ] |
| revolução (f) | revolutie (de) | [revɔ'lʉtsi] |

| golpe (m) de Estado | staatsgreep (de) | ['stāts·xrɛp] |
| golpe (m) militar | militaire coup (de) | ['militɛrə kup] |

| crise (f) | crisis (de) | ['krisis] |
| recessão (f) económica | economische recessie (de) | [ɛkɔ'nɔmisə rɛ'sɛsi] |
| manifestante (m) | betoger (de) | [bə'tɔxər] |
| manifestação (f) | betoging (de) | [bə'tɔxiŋ] |
| lei (f) marcial | krijgswet (de) | ['krɛjxs·wɛt] |
| base (f) militar | militaire basis (de) | ['militɛrə 'bazis] |

| estabilidade (f) | stabiliteit (de) | [stabili'tɛjt] |
| estável | stabiel | [sta'bil] |

| exploração (f) | uitbuiting (de) | ['œytbejtiŋ] |
| explorar (vt) | uitbuiten | ['œytbejtən] |

| racismo (m) | racisme (het) | [ra'sismə] |
| racista (m) | racist (de) | [ra'sist] |
| fascismo (m) | fascisme (het) | [fa'ʃismə] |
| fascista (m) | fascist (de) | [fa'ʃist] |

## 194. Países. Diversos

| estrangeiro (m) | vreemdeling (de) | ['vrēmdəliŋ] |
| estrangeiro | buitenlands | ['bœytənlants] |
| no estrangeiro | in het buitenland | [in ət 'bœytənlant] |

| emigrante (m) | emigrant (de) | [ɛmi'xrant] |
| emigração (f) | emigratie (de) | [ɛmi'xratsi] |
| emigrar (vi) | emigreren | [ɛmi'xrerən] |

| Ocidente (m) | Westen (het) | ['wɛstən] |
| Oriente (m) | Oosten (het) | ['ōstən] |
| Extremo Oriente (m) | Verre Oosten (het) | ['vɛrə 'ōstən] |

| civilização (f) | beschaving (de) | [bə'sxaviŋ] |
| humanidade (f) | mensheid (de) | ['mɛnshɛjt] |
| mundo (m) | wereld (de) | ['werəlt] |
| paz (f) | vrede (de) | ['vredə] |
| mundial | wereld- | ['werəlt] |

| pátria (f) | vaderland (het) | ['vadər·lant] |
| povo (m) | volk (het) | [vɔlk] |
| população (f) | bevolking (de) | [bə'vɔlkiŋ] |
| gente (f) | mensen | ['mɛnsən] |
| nação (f) | natie (de) | ['natsi] |
| geração (f) | generatie (de) | [xenə'ratsi] |

| território (m) | gebied (het) | [xə'bit] |
| região (f) | regio, streek (de) | ['rexiɔ], [strēk] |
| estado (m) | deelstaat (de) | ['dēlstāt] |

| tradição (f) | traditie (de) | [tra'ditsi] |
| costume (m) | gewoonte (de) | [xə'wōntə] |

| ecologia (f) | ecologie (de) | [ɛkɔlɔ'xi] |
| índio (m) | Indiaan (de) | [indi'ān] |
| cigano (m) | zigeuner (de) | [zixønər] |
| cigana (f) | zigeunerin (de) | [zixøne'rin] |
| cigano | zigeuner- | [zixønər] |

| império (m) | rijk (het) | [rɛjk] |
| colónia (f) | kolonie (de) | [kɔ'lɔni] |
| escravidão (f) | slavernij (de) | [slavər'nɛj] |
| invasão (f) | invasie (de) | [in'vazi] |
| fome (f) | hongersnood (de) | ['hɔŋərsnōt] |

## 195. Grupos religiosos mais importantes. Confissões

| religião (f) | religie (de) | [re'lixi] |
| religioso | religieus | [relixiøs] |

| crença (f) | geloof (het) | [xə'lōf] |
| crer (vt) | geloven | [xə'lɔvən] |
| crente (m) | gelovige (de) | [xə'lɔvixə] |

| ateísmo (m) | atheïsme (het) | [ate'izmə] |
| ateu (m) | atheïst (de) | [ate'ist] |

| cristianismo (m) | christendom (het) | ['kristəndɔm] |
| cristão (m) | christen (de) | ['kristən] |
| cristão | christelijk | ['kristələk] |

| catolicismo (m) | katholicisme (het) | [katɔli'sismə] |
| católico (m) | katholiek (de) | [katɔ'lik] |
| católico | katholiek | [katɔ'lik] |

| protestantismo (m) | protestantisme (het) | [prɔtɛstan'tismə] |
| Igreja (f) Protestante | Protestante Kerk (de) | [prɔtɛ'stantə kɛrk] |
| protestante (m) | protestant (de) | [prɔtɛ'stant] |

| ortodoxia (f) | orthodoxie (de) | [ɔrtɔdɔk'si] |
| Igreja (f) Ortodoxa | Orthodoxe Kerk (de) | [ɔrtɔ'dɔksə kɛrk] |
| ortodoxo (m) | orthodox | [ɔrtɔ'dɔks] |

| presbiterianismo (m) | presbyterianisme (het) | [prɛsbitəria'nismə] |
| Igreja (f) Presbiteriana | Presbyteriaanse Kerk (de) | [prɛsbitəri'ānsə kɛrk] |
| presbiteriano (m) | presbyteriaan (de) | [prɛsbitəri'ān] |

| Igreja (f) Luterana | lutheranisme (het) | [lʉtɛra'nismə] |
| luterano (m) | lutheraan (de) | [lʉtɛ'rān] |

| Igreja (f) Batista | baptisme (het) | [bap'tismə] |
| batista (m) | baptist (de) | [bap'tist] |

| Igreja (f) Anglicana | Anglicaanse kerk (de) | [anhli'kānsə kɛrk] |
| anglicano (m) | anglicaan (de) | [anhli'kān] |
| mormonismo (m) | mormonisme (het) | [mɔrmɔ'nismə] |
| mórmon (m) | mormoon (de) | [mɔr'mōn] |

| | | |
|---|---|---|
| Judaísmo (m) | **Jodendom (het)** | ['jodəndɔm] |
| judeu (m) | **jood (de)** | [jōt] |
| | | |
| budismo (m) | **boeddhisme (het)** | [bu'dismə] |
| budista (m) | **boeddhist (de)** | [bu'dist] |
| | | |
| hinduísmo (m) | **hindoeïsme (het)** | [hindu'ismə] |
| hindu (m) | **hindoe (de)** | ['hindu] |
| | | |
| Islão (m) | **islam (de)** | [is'lam] |
| muçulmano (m) | **islamiet (de)** | [isla'mit] |
| muçulmano | **islamitisch** | [isla'mitis] |
| | | |
| Xiismo (m) | **sjiisme (het)** | [ɕi'ismə] |
| xiita (m) | **sjiiet (de)** | [ɕi'it] |
| | | |
| sunismo (m) | **soennisme (het)** | [su'nismə] |
| sunita (m) | **soenniet (de)** | [su'nit] |

## 196. Religiões. Padres

| | | |
|---|---|---|
| padre (m) | **priester (de)** | ['pristər] |
| Papa (m) | **paus (de)** | ['paus] |
| | | |
| monge (m) | **monnik (de)** | ['mɔnək] |
| freira (f) | **non (de)** | [nɔn] |
| pastor (m) | **pastoor (de)** | ['pastōr] |
| | | |
| abade (m) | **abt (de)** | [apt] |
| vigário (m) | **vicaris (de)** | [vi'karis] |
| bispo (m) | **bisschop (de)** | ['bisxɔp] |
| cardeal (m) | **kardinaal (de)** | [kardi'nāl] |
| | | |
| pregador (m) | **predikant (de)** | [prədi'kant] |
| sermão (m) | **preek (de)** | [prēk] |
| paroquianos (pl) | **kerkgangers** | [kɛrk·'xaŋərs] |
| | | |
| crente (m) | **gelovige (de)** | [xə'lɔvixə] |
| ateu (m) | **atheïst (de)** | [ate'ist] |

## 197. Fé. Cristianismo. Islão

| | | |
|---|---|---|
| Adão | **Adam** | ['adam] |
| Eva | **Eva** | ['ɛva] |
| | | |
| Deus (m) | **God (de)** | [xɔt] |
| Senhor (m) | **Heer (de)** | [hēr] |
| Todo Poderoso (m) | **Almachtige (de)** | [al'mahtixə] |
| | | |
| pecado (m) | **zonde (de)** | ['zɔndə] |
| pecar (vi) | **zondigen** | ['zɔndixən] |
| pecador (m) | **zondaar (de)** | ['zɔndār] |

| pecadora (f) | zondares (de) | [zɔnda'rɛs] |
| inferno (m) | hel (de) | [hɛl] |
| paraíso (m) | paradijs (het) | [para'dajs] |

| Jesus | Jezus | ['jezʉs] |
| Jesus Cristo | Jezus Christus | ['jezʉs 'kristʉs] |

| Espírito (m) Santo | Heilige Geest (de) | ['hɛjlixə xēst] |
| Salvador (m) | Verlosser (de) | [vər'lɔsə] |
| Virgem Maria (f) | Maagd Maria (de) | [māxt ma'ria] |

| Diabo (m) | duivel (de) | ['dœyvəl] |
| diabólico | duivels | ['dœyvəls] |
| Satanás (m) | Satan | ['satan] |
| satânico | satanisch | [sa'tanis] |

| anjo (m) | engel (de) | ['ɛŋəl] |
| anjo (m) da guarda | beschermengel (de) | [bə'sxɛrm·'ɛŋəl] |
| angélico | engelachtig | ['ɛŋəlaxtəx] |

| apóstolo (m) | apostel (de) | [a'pɔstəl] |
| arcanjo (m) | aartsengel (de) | [ārts'ɛŋəl] |
| anticristo (m) | antichrist (de) | [anti'krist] |

| Igreja (f) | Kerk (de) | [kɛrk] |
| Bíblia (f) | bijbel (de) | ['bɛjbəl] |
| bíblico | bijbels | ['bɛjbəls] |

| Velho Testamento (m) | Oude Testament (het) | ['audə tɛsta'mɛnt] |
| Novo Testamento (m) | Nieuwe Testament (het) | ['niuə tɛsta'mɛnt] |
| Evangelho (m) | evangelie (het) | [ɛvaŋ'heli] |
| Sagradas Escrituras (f pl) | Heilige Schrift (de) | ['hɛjlixə sxrift] |
| Céu (m) | Hemel, Hemelrijk (de) | ['heməl], ['heməlrɛjk] |

| mandamento (m) | gebod (het) | [hə'bɔt] |
| profeta (m) | profeet (de) | [prɔ'fēt] |
| profecia (f) | profetie (de) | [prɔ'fetsi] |

| Alá | Allah | ['ala] |
| Maomé | Mohammed | [mɔ'hamət] |
| Corão, Alcorão (m) | Koran (de) | [kɔ'ran] |

| mesquita (f) | moskee (de) | [mɔs'kē] |
| mulá (m) | moellah (de) | [mula] |
| oração (f) | gebed (het) | [xə'bɛt] |
| rezar, orar (vi) | bidden | ['bidən] |

| peregrinação (f) | pelgrimstocht (de) | ['pɛlxrims·tɔxt] |
| peregrino (m) | pelgrim (de) | ['pɛlxrim] |
| Meca (f) | Mekka | ['mɛka] |

| igreja (f) | kerk (de) | [kɛrk] |
| templo (m) | tempel (de) | ['tɛmpəl] |
| catedral (f) | kathedraal (de) | [kate'drāl] |
| gótico | gotisch | ['xɔtis] |
| sinagoga (f) | synagoge (de) | [sina'xɔxə] |

| | | |
|---|---|---|
| mesquita (f) | moskee (de) | [mɔs'kē] |
| capela (f) | kapel (de) | [ka'pɛl] |
| abadia (f) | abdij (de) | [ab'dɛj] |
| convento (m) | nonnenklooster (het) | ['nɔnən·'klōstər] |
| mosteiro (m) | mannenklooster (het) | ['manən·'klōstər] |
| mosteiro (m) | klooster (het) | ['klōstər] |
| | | |
| sino (m) | klok (de) | [klɔk] |
| campanário (m) | klokkentoren (de) | ['klɔkən·'tɔrən] |
| repicar (vi) | luiden | ['lœʏdən] |
| | | |
| cruz (f) | kruis (het) | ['krœʏs] |
| cúpula (f) | koepel (de) | ['kupəl] |
| ícone (m) | icoon (de) | [i'kōn] |
| | | |
| alma (f) | ziel (de) | [zil] |
| destino (m) | lot, noodlot (het) | [lɔt], ['nōtlɔt] |
| mal (m) | kwaad (het) | ['kwāt] |
| bem (m) | goed (het) | [xut] |
| | | |
| vampiro (m) | vampier (de) | [vam'pir] |
| bruxa (f) | heks (de) | [hɛks] |
| demónio (m) | demoon (de) | [de'mōn] |
| espírito (m) | geest (de) | [xēst] |
| | | |
| redenção (f) | verzoeningsleer (de) | [vər'zunəŋslēr] |
| redimir (vt) | vrijkopen | [vrɛj'kɔpən] |
| | | |
| missa (f) | mis (de) | [mis] |
| celebrar a missa | de mis opdragen | [də mis 'ɔpdraxən] |
| confissão (f) | biecht (de) | [bixt] |
| confessar-se (vr) | biechten | ['bixtən] |
| | | |
| santo (m) | heilige (de) | ['hɛjlihə] |
| sagrado | heilig | ['hɛjləx] |
| água (f) benta | wijwater (het) | ['wɛj·watər] |
| | | |
| ritual (m) | ritueel (het) | [ritʉ'ēl] |
| ritual | ritueel | [ritʉ'ēl] |
| sacrifício (m) | offerande (de) | [ɔfɛ'randə] |
| | | |
| superstição (f) | bijgeloof (het) | ['bɛjxəlōf] |
| supersticioso | bijgelovig | ['bɛjxəlovəx] |
| vida (f) depois da morte | hiernamaals (het) | [hir'na·māls] |
| vida (f) eterna | eeuwige leven (het) | ['ēwəxə 'levən] |

# TEMAS DIVERSOS

## 198. Várias palavras úteis

| | | |
|---|---|---|
| ajuda (f) | hulp (de) | [hʉlp] |
| barreira (f) | hindernis (de) | ['hindərnis] |
| base (f) | basis (de) | ['bazis] |
| categoria (f) | categorie (de) | [katexɔ'ri] |
| causa (f) | reden (de) | ['redən] |
| | | |
| coincidência (f) | samenvallen (het) | ['samənvalən] |
| coisa (f) | ding (het) | [diŋ] |
| começo (m) | begin (het) | [bə'xin] |
| cómodo (ex. poltrona ~a) | comfortabel | [kɔmfɔr'tabəl] |
| comparação (f) | vergelijking (de) | [vɛrxə'lɛjkiŋ] |
| | | |
| compensação (f) | compensatie (de) | [kɔmpən'satsi] |
| crescimento (m) | groei (de) | [x'rui] |
| desenvolvimento (m) | ontwikkeling (de) | [ɔnt'wikəliŋ] |
| diferença (f) | onderscheid (het) | ['ɔndərsxɛjt] |
| efeito (m) | effect (het) | [ɛ'fɛkt] |
| | | |
| elemento (m) | element (het) | [ɛle'mɛnt] |
| equilíbrio (m) | balans (de) | [ba'lans] |
| erro (m) | fout (de) | ['faut] |
| esforço (m) | inspanning (de) | ['inspaniŋ] |
| estilo (m) | stijl (de) | [stɛjl] |
| | | |
| exemplo (m) | voorbeeld (het) | ['vōrbēlt] |
| facto (m) | feit (het) | [fɛjt] |
| fim (m) | einde (het) | ['ɛjndə] |
| forma (f) | vorm (de) | [vɔrm] |
| | | |
| frequente | veelvuldig | [vēl'vʉldəx] |
| fundo (ex. ~ verde) | achtergrond (de) | ['ahtər·xrɔnt] |
| género (tipo) | soort (de/het) | [sōrt] |
| grau (m) | graad (de) | [xrāt] |
| ideal (m) | ideaal (het) | [ide'āl] |
| | | |
| labirinto (m) | labyrint (het) | [labi'rint] |
| modo (m) | manier (de) | [ma'nir] |
| momento (m) | moment (het) | [mɔ'mɛnt] |
| objeto (m) | voorwerp (het) | ['vōrwərp] |
| obstáculo (m) | hinderpaal (de) | ['hindərpāl] |
| | | |
| original (m) | origineel (het) | [ɔriʒi'nēl] |
| padrão | standaard | ['standārt] |
| padrão (m) | standaard (de) | ['standārt] |
| paragem (pausa) | stop (de) | [stɔp] |
| parte (f) | deel (het) | [dēl] |

| partícula (f) | deeltje (het) | ['dēltʃə] |
| pausa (f) | pauze (de) | ['pauzə] |
| posição (f) | positie (de) | [po'zitsi] |
| princípio (m) | principe (het) | [prin'sipə] |

| problema (m) | probleem (het) | [prɔ'blēm] |
| processo (m) | proces (het) | [prɔ'sɛs] |
| progresso (m) | voortgang (de) | ['vōrtxaŋ] |
| propriedade (f) | eigenschap (de) | ['ɛjxənsxap] |

| reação (f) | reactie (de) | [re'aksi] |
| risco (m) | risico (het) | ['rizikɔ] |
| ritmo (m) | tempo (het) | ['tɛmpɔ] |
| segredo (m) | geheim (het) | [xə'hɛjm] |
| série (f) | serie (de) | ['seri] |

| sistema (m) | systeem (het) | [si'stēm] |
| situação (f) | situatie (de) | [situ'atsi] |
| solução (f) | oplossing (de) | ['ɔplɔsiŋ] |
| tabela (f) | tabel (de) | [ta'bɛl] |
| termo (ex. ~ técnico) | term (de) | [tɛrm] |

| tipo (m) | type (het) | ['tipə] |
| urgente | dringend | ['driŋənt] |
| urgentemente | dringend | ['driŋənt] |
| utilidade (f) | nut (het) | [nʉt] |

| variante (f) | variant (de) | [vari'ant] |
| variedade (f) | keuze (de) | ['køzə] |
| verdade (f) | waarheid (de) | ['wārhɛjt] |
| vez (f) | beurt (de) | ['børt] |
| zona (f) | zone (de) | ['zɔnə] |